I0646039

Three of Them

Maksim Gorky

Трое

Максим Горький

Three of Them

Copyright © 2018 Bibliotech Press
All rights reserved

ISNB: 978-1-61895-245-5

Трое

© Пресса библиотек, 2018

ISNB: 978-1-61895-245-5

ТРОЕ

Среди лесов Керженца рассеяно много одиноких могил; в них тлеют кости старцев, людей древнего благочестия, об одном из таких старцев - Антипе - в деревнях, на Керженце, рассказывают:

Суровый характером, богатый мужик Антипа Лунёв, дожив во грехе мирском до пятидесяти лет, задумался крепко, затосковал и, бросив семью, ушёл в леса. Там, на краю крутого оврага, он срубил себе келью и жил в ней восемь лет кряду, зиму и лето, не допуская к себе никого: ни знакомых, ни родных своих. Порою люди, заблудясь в лесу, случайно выходили к его келье и видели Антипу: он молился, стоя на коленях у порога её. Был он страшный: иссох в посте и молитве и весь, как зверь, оброс волосами. Завидев человека, он поднимался на ноги и молча кланялся ему до земли. Если его спрашивали, как выйти из леса, он без слов указывал рукою дорогу, ещё кланялся человеку до земли и, уходя в свою келью, запирался в ней. За восемь лет его видели часто, но никто никогда не слыхал его голоса. Жена и дети приходили к нему; он принимал от них пищу и одежду и, как всем людям, кланялся им земно, но, как всем людям, им тоже ни слова не сказал.

Умер он в год, когда разоряли скиты, и смерть его была такова:

Приехал в лес исправник с командой, и увидали они, что стоит Антипа среди кельи на коленях, безмолвно молится.

- Ты! - крикнул исправник. - Уходи! Ломать будем твоё логовище!.. - Но Антипа не слышал его.

И сколько ни кричал исправник - ни слова не ответил ему старец. Исправник велел вытащить Антипу из кельи. Но люди, видя старца, который, не замечая их, всё молился истово и неустанно, смутились пред твёрдостью его души и не послушали исправника. Тогда исправник приказал ломать келью, и осторожно, боясь ударить молящегося, они стали разбирать крышу.

Стучали над головой Антипы топоры, трещали доски, падая на землю, гулкое эхо ударов понеслось по лесу, заметались вокруг кельи птицы, встревоженные шумом, задрожала листва на деревьях. Старец молился, как бы не видя и не слыша ничего... Начали раскатывать венцы кельи, а хозяин её всё стоял неподвижно на коленях. И лишь когда откатили в сторону последние брёвна и сам исправник, подойдя к старцу, взял его за волосы, Антипа, вскинув очи в небо, тихо сказал богу:

- Господи милосливый... Прости их!

И, упав навзничь, умер.

Когда это случилось, старшему сыну Антипы, Якову, было двадцать

1

три года, а младшему, Терентию, - восемнадцать лет. Красавец и силач Яков, ещё будучи подростком, приобрёл в селе прозвище Бесшабашного, а ко времени смерти отца был первым кутилой и буяном во всей округе. На него все жаловались - мать, староста, соседи; его сажали в холодную, пороли розгами, били и просто так, без суда, но это не укрощало Якова, и всё теснее становилось ему жить в деревне, среди раскольников, людей хозяйственных, как кроты, суровых ко всяким новшествам, упорно охранявших заветы древнего благочестия. Яков курил табак, пил водку, одевался в немецкое платье, на молитвы и радения не ходил, а когда степенные люди увещевали его, напоминая ему об отце, он насмешливо отзывался:

- Погодите, старички почтенные, - всему мера есть. Нагрешу вдоволь покаюсь и я! А теперь - рано ещё. Батюшкой меня не корите, - он пять десятков лет грешил, а каялся - всего восемь!.. На мне грех - как на птенце пух, а вот вырастет греха, как на вороне пера, тогда, значит, молодцу пришла каяться пора...

- Еретик! - говорили про Якова Лунёва, ненавидели и боялись его. Года через два после смерти отца Яков женился. Он под корень подорвал разгульной жизнью крепкое, тридцатилетним трудом сколоченное хозяйство отца, и уже никто в родном селе не хотел выдать ему девушку в жёны. Где-то в дальней деревне он взял красавицу-сироту, а для того, чтоб сыграть свадьбу, продал отцов пчельник. Его брат Терентий, робкий, молчаливый горбун с длинными руками, не мешал ему жить; мать, хворая, лежала на печи и оттуда говорила ему зловещим, хриплым голосом:

- Окаянный!.. Пожалей свою душеньку!.. Опомнись!..

- Не беспокойтесь, маменька! - отвечал Яков. - Отец за меня перед богом заступится...

Сначала, почти целый год, Яков жил с женою мирно и тихо, даже начал работать, а потом опять закутил и, на целые месяца исчезая из дома, возвращался к жене избитый, оборванный, голодный... Умерла мать Якова; на поминках по ней пьяный Яков изувечил старосту, давнего своего врага, и за это был посажен в арестантские роты. Отсидев срок, он снова явился в деревню, бритоголовый, угрюмый и злой. Деревня всё более ненавидела его, перенося свою ненависть и на семью Якова, а особенно на безобидного горбуна Терентия, - он с малых лет служил посмешищем для девок и парней. Якова звали арестантом и разбойником, Терентия - уродом и колдуном. Терентий молчал в ответ на ругань и насмешки, Яков же открыто грозил всем:

- Ладно! Погодите!.. Я вам покажу!

Ему было около сорока лет, когда в деревне случился пожар; он был обвинён в поджоге и сослан в Сибирь.

На руках Терентия осталась жена Якова, помешавшаяся в уме во время пожара, и сын его Илья, десятилетний мальчик, крепкий, черноглазый, серьёзный... Когда этот мальчик появлялся на улице, ребятишки гонялись за ним и бросали в него камнями, а большие, видя его, говорили:

- У, деймонёнок! Каторжное семя!.. Чтоб те сдохнуть!..

Неспособный к работе, Терентий до пожара торговал дёгтем, нитками, иглами и всякой мелочью, но огонь, истребивший половину деревни, уничтожил избу Лунёвых и весь товар Терентия, так что после пожара у Лунёвых осталась только лошадь да сорок три рубля денег - и больше ничего. Видя, что в деревне нельзя и нечем жить, Терентий сдал жену брата на попечение бобылке за полтинник в месяц, купил старенькую телегу, посадил в неё племянника и решил ехать в губернский город, надеясь, что там ему поможет жить дальний родственник Лунёвых Петруха Филимонов, буфетчик в трактире.

Выехал Терентий из родного пепелища ночью, тихо, как вор. Правил он лошадью и всё оглядывался назад большими, точно у телёнка, чёрными глазами. Лошадь шла шагом, телегу потряхивало, и скоро Илья, зарывшись в сено, уснул крепким сном ребёнка...

Проснулся он среди ночи от какого-то жуткого и странного звука, похожего на волчий вой. Ночь была светлая, телега стояла у опушки леса, около неё лошадь, фыркая, щипала траву, покрытую росой. Большая сосна выдвинулась далеко в поле и стояла одинокая, точно её выгнали из леса. Зоркие глаза мальчика беспокойно искали дядю, в тишине ночи отчётливо звучали глухие и редкие удары копыт лошади по земле, тяжёлыми вздохами разносилось её фырканье, и уныло плавал непонятный дрожащий звук, пугая Илью.

- Дя-дя! - тихо позвал он.

- Ась? - торопливо отозвался Терентий, и вой вдруг замер.

- Ты где?

- Тут... Спи, знай...

Илья увидал, что дядя, чёрный и похожий на пень, вывороченный из земли, сидит у опушки леса на холме.

- Я боюсь, - сказал мальчик.

- Чего бояться?.. Одни мы...

- Кто-то воет...

- Приснилось тебе...

- Ей-богу, воет...

- Ну - волк это... Он - далеко... Спи...

Но Илье не спалось. Было жутко от тишины, а в ушах всё дрожал этот жалобный звук. Он пристально оглядел местность и увидал, что дядя смотрит туда, где, над горой, далеко среди леса, стоит пятиглавая белая церковь, а над нею ярко сияет большая, круглая луна. Илья узнал, что это

3

ромодановская церковь, в двух верстах от неё, среди леса, над оврагом, стоит их деревня Китежная.

- Недалеко мы уехали, - сказал он задумчиво.

- Что? - спросил дядя.

- Дальше бы уехать, говорю... Ещё придет кто-нибудь оттуда...

Илья неприязненно кивнул головой по направлению к деревне.

- Уедем, погоди! - молвил дядя.

Снова стало тихо. Илья, облокотясь на передок телеги, тоже стал смотреть туда, куда дядя смотрел. Деревню было не видно в густой, чёрной тьме леса, но ему казалось, что он видит её, со всеми избами и людьми, со старой ветлой у колодца, среди улицы. У корней ветлы лежит отец его, связанный верёвкой, в изорванной рубахе; руки у него прикручены за спину, голая грудь выпятилась вперёд, а голова будто приросла к стволу ветлы. Лежит он неподвижно, как убитый, и страшными глазами смотрит на мужиков. Их много, все они кричат, ругаются. От этого воспоминания мальчику сделалось скучно и у него начало щипать в горле. Он почувствовал, что заплачет сейчас, но ему не хотелось тревожить дядю, и он сдерживался, всё плотнее сжимая своё маленькое тельце...

Вдруг снова в воздухе раздался тихий вой. Сначала кто-то тяжко вздохнул, всхлипнул и потом нестерпимо жалобно заныл:

- О-о-у-о-о!..

Мальчик вздрогнул от страха и замер. А звук всё дрожал и рос в своей силе.

- Дядя! Это ты воешь?.. - крикнул Илья.

Терентий не ответил, не пошевелился. Тогда мальчик спрыгнул с телеги, подбежал к дяде, упал ему на ноги, вцепился в них и тоже зарыдал. Сквозь рыдания он слышал голос дяди:

- Выжили нас... Го-спо-ди! Куда пойдём... а?

А мальчик, захлёбываясь слезами, говорил:

- Погоди... вырасту большой... я им задам!..

Наплакавшись, он стал дремать. Дядя взял его на руки, снёс в телегу, а сам опять ушёл прочь и снова завыл протяжно, жалобно, как маленькая собака.

Помнил Илья, как он приехал в город. Проснулся он рано утром и увидал перед собою широкую, мутную реку, а за нею, на высокой горе, кучу домов с красными и зелёными крышами и густые сады. Дома поднимались по горе густою, красивой толпой всё выше, на самом гребне горы они вытянулись в ровную линию и гордо смотрели оттуда через реку. Золотые кресты и главы церквей поднимались над крышами, уходя глубоко в небо. Только что взошло солнце; косые его лучи отражались в окнах домов, и весь город горел яркими красками, сиял золотом.

- Вот так - а-яй! - воскликнул мальчик, широко раскрытыми глазами глядя на чудесную картину, и замер в молчаливом восхищении. Потом в душе его родилась беспокойная мысль, - где будет жить он, маленький, вихрастый мальчик в пестрядинных штанишках, и его горбатый, неуклюжий дядя? Пустят ли их туда, в этот чистый, богатый, блестящий золотом, огромный город? Он подумал, что их телега именно потому стоит здесь, на берегу реки, что в город не пускают людей бедных. Должно быть, дядя пошёл просить, чтобы пустили.

Илья с тревогой в сердце стал искать глазами дядю. Вокруг их телеги стояло ещё много возов; на одних торчали деревянные стойки с молоком, на других корзины с птицей, огурцы, лук, лукошки с ягодами, мешки с картофелем. На возах и около них сидели и стояли мужики, бабы, - совсем особенные. Говорили они громко, отчётливо, а одеты не в синюю пестрядину, а в пёстрые ситцы и ярко-красный кумач. Почти у всех на ногах сапоги, и хотя около них расхаживал человек с саблей на боку, но они не только не боялись его, а даже не кланялись ему. Это очень понравилось Илье. Сидя на телеге, он осматривал ярко освещённую солнцем живую картину и мечтал о времени, когда тоже наденет сапоги и кумачную рубаху. Вдали, среди мужиков, появился дядя Терентий. Он шёл, крепко упираясь ногами в глубокий песок, высоко подняв голову; лицо у него было весёлое, и ещё издали он улыбался Илье, протянув к нему руку, что-то показывая.

- Господь за нас, Илюха! Дядю-то сразу нашёл я... На-ка вот, погрызи пока что!..

И дал Илье баранку.

Мальчик почти с благоговением взял её, сунул за пазуху и беспокойно спросил:

- Не пускают в город-то?
- Сейчас пустят... Вот придёт паром - и поедем.
- И мы?
- А как же? И мы!
- Ух! А я думал - нас не пустят... А там где мы будем жить-то?
- Это неизвестно...
- Вон бы в том большом-то, красном...
- Это казарма!.. Там солдаты живут...
- Ну, ин вон в том, - в-вон в этом!
- Ишь ты! Высоко нам до него!..
- Ничего! - уверенно сказал Илья. - Долезем!..
- Э-эх ты! - вздохнул дядя Терентий и снова куда-то ушёл.

Жить им пришлось на краю города, около базарной площади, в огромном сером доме. Со всех сторон к его стенам прилипли разные пристройки, одни поновее, другие - такие же серо-грязные, как сам он.

5

Окна и двери в этом доме были кривые, и всё в нём скрипело. Пристройки, забор, ворота - всё наваливалось друг на друга, объединяясь в большую кучу полугнилого дерева. Стёкла в окнах тусклы от старости, несколько брёвен в фасаде выпятились вперёд, от этого дом был похож на своего хозяина, который держал в нём трактир. Хозяин тоже старый и серый; глаза на его дряхлом лице были похожи на стёкла в окнах; он ходил, опираясь на толстую палку; ему, должно быть, тяжело было носить выпяченный живот.

Первые дни жизни в этом доме Илья всюду лазил и всё осматривал в нём. Дом поразил его своей удивительной ёмкостью. Он был так тесно набит людьми, что казалось - людей в нём больше, чем во всей деревне Китежной. В обоих этажах помещался трактир, всегда полный народа, на чердаках жили какие-то пьяные бабы; одна из них, по прозвищу Матица, - чёрная, огромная, басовитая, - пугала мальчика сердитыми, тёмными глазами. В подвале жил сапожник Перфишка с больной, безногою женой и дочкой лет семи, тряпичник дедушка Еремей, нищая старуха, худая, крикливая, её звали Полоротой, и извозчик Макар Степаныч, человек пожилой, смирный, молчаливый. В углу двора помещалась кузница; в ней с утра до вечера горел огонь, наваривали шины, ковали лошадей, стучали молотки, высокий, жилистый кузнец Савёл густым, угрюмым голосом пел песни. Иногда в кузнице являлась Савёлова жена, небольшая, полная женщина, русоволосая, с голубыми глазами. Она всегда накрывала голову белым платком, и было странно видеть эту белую голову в чёрной дыре кузницы. Она смеялась серебристым смехом, а Савёл вторил ей громко, точно молотом бил. Но - чаще он в ответ на её смех рычал.

В каждой щели дома сидел человек, и с утра до поздней ночи дом сотрясался от крика и шума, точно в нём, как в старом, ржавом котле, что-то кипело и варилось. Вечерами все люди выползали из щелей на двор и на лавочку к воротам дома; сапожник Перфишка играл на гармонике, Савёл мычал песни, а Матица - если она была выпивши - пела что-то особенное, очень грустное, никому не понятными словами, пела и о чём-то горько плакала.

Где-нибудь в углу на дворе около дедушки Еремея собирались все жившие в доме ребятишки и, усевшись в кружок, просили его:

- Де-едушка! Расскажи сказочку!..

Дедушка смотрел на них болящими, красными глазами, из которых, не иссякая, текли по морщинам лица мутные слёзы, и, крепко нахлобучив на голову старую, рыжую шапку, заводил нараспев дрожащим, тонким голосом:

- "А и в некоторыем царствии, вот и в некоторыем государствии уродился фармазон-еретик от неведомых родителей, за грехи сыном наказанных богом господом всевидящим..."

Длинная седая борода дедушки Еремея вздрагивала и тряслась, когда он открывал свой чёрный, беззубый рот, тряслась и голова, а по морщинам щёк одна за другой всё катились слёзы.

- "А и дерзок был сей сын-еретик: во Христа-бога не веровал, не любил матери божией, мимо церкви шёл - не кланялся, отца, матери не слушался..."

Ребятишки слушали тонкий голос старика и молча смотрели в его лицо.

Всех внимательнее слушал русый Яшка, сын буфетчика Петрухи, тощий, остроносый, с большой головой на тонкой шее. Когда он бежал, его голова так болталась от плеча к плечу, точно готова была оторваться. Глаза у него тоже большие и беспокойные. Они всегда пугливо скользили по всем предметам, точно боясь остановиться на чём-либо, а остановившись, странно выкатывались, придавая лицу мальчика овечье выражение. Он выделялся из кучи ребят тонким бескровным лицом и чистой, крепкой одеждой. Илья сразу подружился с ним, в первый же день знакомства Яков таинственно спросил нового товарища:

- У вас в деревне колдунов много?

- Есть, - ответил Илья. - У нас шабер колдун был.

- Рыжий? - шёпотом осведомился Яков.

- Седой... они все седые...

- Седые - ничего... Седые - добрые... А вот которые рыжие - ух ты! Те кровь пьют...

Они сидели в лучшем, самом уютном углу двора, за кучей мусора под бузиной, тут же росла большая, старая липа. Сюда можно было попасть через узкую щель между сараем и домом; здесь было тихо, и, кроме неба над головой да стены дома с тремя окнами, из которых два были заколочены, из этого уголка не видно ничего. На ветках липы чирикали воробьи, на земле, у корней её, сидели мальчики и тихо беседовали обо всём, что занимало их.

Целые дни перед глазами Ильи вертелось с криком и шумом что-то большущее, пёстрое и ослепляло, оглушало его. Сначала он растерялся и как-то поглупел в кипучей сутолоке этой жизни. Стоя в трактире около стола, на котором дядя Терентий, потный и мокрый, мыл посуду, Илья смотрел, как люди приходят, пьют, едят, кричат, целуются, дерутся, поют песни. Тучи табачного дыма плавают вокруг них, и в этом дыму они возятся, как полоумные...

- Эй-эй! - говорил ему дядя, потряхивая горбом и неустанно звеня стаканами. - Ты чего тут? Иди-ка на двор! А то хозяин увидит - заругает!..

"Вот так - а-яй!" - мысленно произносил Илья свое любимое восклицание и, ошеломлённый шумом трактирной жизни, уходил на двор. А на дворе Савёл стучал молотом и ругался с подмастерьем, из

7

подвала на волю рвалась весёлая песня сапожника Перфишки, сверху сыпались ругань и крики пьяных баб. Пашка, Савёлов сын, скакал верхом на палке и кричал сердитым голосом:

- Тпру, дьявол!

Его круглая, задорная рожица вся испачкана грязью и сажей; на лбу у него шишка; рубаха рваная, и сквозь её бесчисленные дыры просвечивает крепкое тело. Это первый озорник и драчун на дворе; он уже успел дважды очень больно поколотить неловкого Илью, а когда Илья, заплакав, пожаловался дяде, тот только руками развёл, говоря:

- Ну что сделаешь? Потерпи!..

- Я вот пойду да так его вздую! - сквозь слёзы пообещал Илья.

- Не моги! - строго молвил дядя. - Никак этого нельзя!..

- А он что?

- То - он!.. Он тутошний... свой... А ты - чужой...

Илья продолжал угрожать Пашке, но дядя рассердился и закричал на него, что с ним бывало редко. Тогда Илья смутно почувствовал, что ему нельзя равняться с "тутошними" ребятишками, и, затаив неприязнь к Пашке, ещё больше сдружился с Яковом.

Яков вёл себя степенно: он никогда ни с кем не дрался, даже кричал редко. Он почти не играл, но любил говорить о том, в какие игры играют дети во дворах у богатых людей и в городском саду. Из всех детей на дворе, кроме Ильи, Яков дружился только с семилетней Машкой, дочерью сапожника Перфишки, чумазой тоненькой девчоночкой, - её маленькая головка, осыпанная тёмными кудрями, с утра до вечера торчала на дворе. Её мать тоже всегда сидела у двери в подвал. Высокая, с большой косой на спине, она постоянно шила, низко согнувшись над работой, а когда поднимала голову, чтобы посмотреть на дочь, Илья видел её лицо. Оно было толстое, синее, неподвижное, как у покойника, чёрные, добрые глаза на этом неприятном лице тоже неподвижны. Она никогда ни с кем не разговаривала и даже дочь свою подзывала к себе знаками, лишь иногда - очень редко - вскрикивая хриплым, задушенным голосом:

- Маша!

Сначала Илье что-то нравилось в этой женщине, но, когда он узнал, что она уже третий год не владеет ногами и скоро помрёт, - он стал бояться её.

Однажды, когда "Илья проходил вблизи неё, она протянула руку, схватила его за рубаху и привлекла испуганного мальчика к себе.

- Попрошу я тебя, - сказала она, - не обижай Машу!..

Ей трудно было говорить: она задыхалась отчего-то.

- Не обижай, - милый!..

И, жалобно взглянув в лицо Ильи, отпустила его. С этого дня Илья вместе с Яковом стал внимательно ухаживать за дочерью сапожника, стараясь оберечь её от разных неприятностей жизни. Он не мог не оценить просьбы со стороны взрослого человека, потому что все другие большие люди только приказывали и всегда били маленьких. Извозчик Макар лягался ногами и шлёпал ребятишек по лицу мокрой тряпкой, если они подходили близко к нему, когда он мыл пролётку. Савёл сердился на всех, кто заглядывал в его кузницу не по делу, и бросал в детей угольными мешками. Перфишка швырял чем попало во всякого, кто, останавливаясь пред его окном, закрывал ему свет... Иногда били и просто так, от скуки, из желания пошутить с детьми. Только дедушка Еремей не дрался.

Вскоре Илье стало казаться, что в деревне лучше жить, чем в городе. В деревне можно гулять, где хочешь, а здесь дядя запретил уходить со двора. Там просторнее, тише, там все люди делают одно и то же всем понятное дело, - здесь каждый делает, что хочет, и все - бедные, все живут чужим хлебом, впроголодь.

Однажды за обедом дядя Терентий сказал племяннику, тяжело вздыхая:

- Осень идёт, Илюха... Подвернёт она нам с тобой гайки-то!.. О, господи!..

Он задумался, уныло глядя в чашку со щами. Задумался и мальчик. Обедали они на том же столе, на котором горбун мыл посуду.

- Петруха говорит, чтобы тебя с Яшуткой в училище отдать. Надо, я понимаю... Без грамоты здесь - как без глаз!.. Да ведь одеть, обуть надо тебя для училища!.. О, господи! На тебя надежда!..

От вздохов дяди, от грустного его лица у Ильи защемило сердце, он тихо предложил:

- Давай уйдём отсюда!..

- Ку-уда-а? - протяжно и уныло спросил горбун.

- А - в лес?! - сказал Илья и вдруг воодушевился. - Дедушка, ты говорил, сколько годов в лесу жил - один! А нас - двое! Лыки бы драли!.. Лис, белок били бы... Ты бы ружьё завёл, а я - силки!.. Птицу буду ловить. Ей-богу! Ягоды там, грибы... Уйдём?..

Дядя поглядел на него ласковыми глазами и с улыбкой спросил:

- А волки? А медведи?

- С ружьём-то? - горячо воскликнул Илья. - Да я, когда большой вырасту, я зверей не побоюся!.. Я их руками душить стану!.. Я и теперь уж никого не боюсь! Здесь - житьё тугое! Я хоть и маленький, а вижу! Здесь больнее дерутся, чем в деревне! Кузнец как треснет по башке, так там аж гудит весь день после того!..

- Эх ты, сирота божия! - сказал Терентий и, бросив ложку, поспешно ушёл куда-то.

Вечером этого дня Илья, устав бродить по двору, сидел на полу около стола дяди и сквозь дрёму слушал разговор Терентия с дедушкой Еремеем, который пришёл в трактир попить чайку. Тряпичник очень подружился с горбуном и всегда усаживался пить чай рядом со столом Терентия.

- Ничего-о! - слышал Илья скрипучий голос Еремея. - Ты только одно знай - бог! Ты вроде крепостного у него... Сказано - раб! Бог твою жизнь видит. Придёт светлый день твой, скажет он ангелу: "Слуга мой небесный! иди, облегчи житьё Терентию, мирному рабу моему..."

- Я, дедушка, уповаю на господа, - что больше могу я? - тихо говорил Терентий.

Голосом, похожим на голос буфетчика Петрухи, когда он сердился, - дед сказал Терентию:

- На снаряженье Илюшки в училище я тебе дам!.. Поскребусь и наберу... Взаймы. Богат будешь - отдашь...

- Дедушка! - тихо воскликнул Терентий.

- Стой, молчи! А покамест ты его, мальчишку-то, дай-ка мне, - нечего тут ему делать!.. А мне заместо процента он и послужит... Тряпку поднимет, кость подаст... Всё мне, старику, спины не гнуть...

- Ах ты!.. Господь тебе!.. - вскричал горбун звенящим голосом.

- Господь - мне, я - тебе, ты - ему, а он - опять господу, так оно у нас колесом и завертится... И никто никому не должен будет... Ми-ила-й! Э-эх, брат ты мой! Жил я, жил, глядел, глядел, - ничего, окромя бога, не вижу. Всё его, всё ему, всё от него да для него!..

Илья заснул под эти речи. А на другой день рано утром дед Еремей разбудил его, весело говоря:

- Айда гулять, Илюшка! Ну-ка, живенько!

Хорошо зажил Илья под ласковой рукой тряпичника Еремея. Каждый день, рано утром, дед будил мальчика, и они, вплоть до позднего вечера, ходили по городу, собирая тряпки, кости, рваную бумагу, обломки железа, куски кожи. Велик город, и много любопытного в нём, так что первое время Илья плохо помогал деду, а всё только разглядывал людей, дома, удивлялся всему и обо всём расспрашивал старика... Еремей был словоохотлив. Низко наклонив голову и глядя в землю, он ходил со двора на двор и, постукивая палкой с железным концом, утирал слёзы рукавом своих лохмотьев или концом грязного мешка и, не умолкая, певуче, однотонно рассказывал своему помощнику:

- А этот дом Пчелина купца, Саввы Петровича. Богатый человек купец Пчелин!..

- Дедушка, - спрашивал Илья, - а как богатыми делаются?

- Трудятся для этого, работают, значит... И день работают, и ночь, и всё деньги копят. Накопят - выстроят дом, заведут лошадей, посуду разную и всякое такое, эдакое. Новое всё! Наймут приказчиков, дворников и разных людей, чтобы они работали, а сами отдыхают - живут. Ну, тогда говорится: разжился человек честным трудом... н-да!.. А то есть, которые от греха богатеют. Про Пчелина-купца говорят люди, будто он душу погубил, когда молодой был. Может, это от зависти сказано, а может, и правда. Злой он, Пчелин-то, глаз у него пугливой... Всё бегает глаз, прячется... Может, и врут про Пчелина... Бывает, что человек богатеет сразу... Удача ему... Удача на него взглянула... Один бог в правде живёт, а мы все ничего не знаем!.. Люди мы! А люди - семена божии... семена, душа, люди-то! Посеял нас господь на земле - растите! А я погляжу, - какой хлеб насущный будет из вас?.. Так-то! А вот это вот - Сабанеев дом, Митрия Павлыча... Он ещё Пчелина богаче. Уж он настоящий злодей, - я знаю... Не сужу - богу судить, - а знаю верно... В нашей деревне бурмистром он был и всех нас продал, всех ограбил!.. Долго ему бог терпел это, да и начал с ним считаться. Перво-наперво - оглох Митрий Павлов, потом сына у него лошади убили... А недавно вот дочь сбежала из дома...

Илья внимательно слушал его, поглядывая на огромные дома, и порой говорил:

- Хоть бы глазом одним в нутро-то взглянуть!..

- Увидишь! Знай - учись, вырастешь - всё увидишь! Может, и сам разбогатеешь... Живи, знай... Охо-хо-о! Вот я жил-жил, глядел-глядел глаза-то себе и испортил... Вот они, слёзы-то, текут да текут у меня... и оттого стал я тощой да хилый... Истёк, значит, слезой-то!

Приятно было Илье слушать уверенные и любовные речи старика о боге, от ласковых слов в сердце мальчика рождалось бодрое, крепкое чувство надежды на что-то хорошее, что ожидает его впереди. Он повеселел и стал больше ребёнком, чем был первое время жизни в городе.

Он с увлечением помогал старику рыться в мусоре. Очень интересно раскапывать кучи разного хлама, а особенно приятно было видеть радость старика, когда в мусоре находилось что-нибудь особенное. Однажды Илья нашёл большую серебряную ложку, - дед купил ему за это полфунта мятных пряников. Потом он откопал маленький, покрытый зелёной плесенью кошелёк, а в нём оказалось больше рубля денег. Порой попадались ножи, вилки, гайки, изломанные медные вещи, а в овраге, где сваливался мусор со всего города, Илья отрыл тяжёлый медный подсвечник. За каждую из таких ценных находок дед покупал Илье гостинцев.

Находя такую диковину, Илья радостно кричал:

- Дедушка, гляди-ка! Вот так - а-яй!

А дед, беспокойно оглядываясь, увещевал его:

- Да ты не кричи! Не кричи ты!.. ах, господи!..

Он всегда пугался, когда находили необыкновенные вещи, и, быстро выхватывая их из рук мальчика, прятал в свой огромный мешок.

11

- Молчи, знай, - помалкивай!.. - ласково говорил старик, а слёзы всё текли и текли из его красных глаз.

Он дал Илье небольшой мешок, палку с железным концом, - мальчик гордился этим орудием. В свой мешок он собирал разные коробки, поломанные игрушки, красивые черепки, ему нравилось чувствовать все эти вещи у себя за спиной, слышать, как они постукивают там. Собирать всё это научил его дед Еремей.

- А ты собирай эти штучки и тащи их домой. Принесёшь, ребятишек обделишь, радость им дашь. Это хорошо - радость людям дать, любит это господь... Все люди радости хотят, а её на свете ма-ало-мало! Так-то ли мало, что иной человек живёт-живёт и никогда её не встретит, - никогда!..

Городские свалки нравились Илье больше, чем хождение по дворам. На свалках не было никого, кроме двух-трёх стариков, таких же, как Еремей, здесь не нужно было оглядываться по сторонам, ожидая дворника с метлой руках, который явится, обругает нехорошими словами а ещё и ударит, выгоняя со двора.

Каждый день, порывшись в свалках часа два, Еремей говорил мальчику:

- Будет, Илюша! Отдохнём давай, поедим!

Вынимал из-за пазухи ломоть хлеба, крестясь, разламывал его, и они ели, а поев, отдыхали с полчаса, лёжа на краю оврага. Овраг выходил устьем на реку, её видно было им. Широкая, серебристо-синяя, она тихо катила мимо оврага свои волны, и, глядя на неё, Илье хотелось плыть по ней. За рекою развёртывались луга, стоги сена стояли там серыми башнями, и далеко, на краю земли, в синее небо упиралась тёмная зубчатая стена леса. Было в лугах тихо, ласково, и чувствовалось, что воздух там чистый, прозрачный и сладко пахучий... А здесь душно от запаха преющего мусора; запах этот давил грудь, щипал в носу, у Ильи, как у деда, тоже слёзы из глаз текли...

Лёжа на спине, мальчик смотрел в небо, не видя конца высоте его. Грусть и дрёма овладевали им, какие-то неясные образы зарождались в его воображении. Казалось ему, что в небе, неуловимо глазу, плавает кто-то огромный, прозрачно светлый, ласково греющий, добрый и строгий и что он, мальчик, вместе с дедом и всею землёй поднимается к нему туда, в бездонную высь, в голубое сиянье, в чистоту и свет... И сердце его сладко замирало в чувстве тихой радости.

Вечером, возвращаясь домой, Илья входил на двор с важным видом человека, который хорошо поработал, желает отдохнуть и совсем не имеет времени заниматься пустяками, как все другие мальчишки и девчонки. Всем детям он внушал почтение к себе солидной осанкой и мешком за плечами, в котором всегда лежали разные интересные штуки...

Дед, улыбаясь ребятишкам, говорил им какую-нибудь шутку.

- Вот и пришли Лазари, весь город облазили, везде напроказили!.. Илька! Иди, помой рожу да приходи в трактир чай пить!..

Илья вразвалку шёл к себе в подвал, а ребятишки гурьбой следовали за ним, осторожно ощупывая содержимое его мешка. Только Пашка дерзко, загораживая дорогу Илье, говорил:

- Эй, ветошник! Ну-ка, кажи, что принёс...

- Погодишь! - говорил Илья сурово. - Напьюсь чаю, покажу...

В трактире его встречал дядя, ласково улыбаясь.

- Пришёл, работник? Ах ты, сердяга!.. Устал?

Илье было приятно слышать, что его называют работником, а слышал это он не от дяди только. Однажды Пашка что-то созорничал; Савёл поймал его, ущемил в колени Пашкину голову и, нахлёстывая его верёвкой, приговаривал:

- Не озоруй, шельма, не озоруй! На вот тебе, на! на! Другие ребята в твои годы сами себе хлеб добывают, а ты только жрёшь да одёжу дерёшь!..

Пашка визжал на весь двор и дрягал ногами, а верёвка всё шлёпалась об его спину. Илья со странным удовольствием слушал болезненные и злые крики своего врага, но слова кузнеца наполнили его сознанием своего превосходства над Пашкой, и тогда ему стало жаль мальчика.

- Дядя Савёл, брось! - вдруг закричал он.

Кузнец ударил сына ещё раз и, взглянув на Илью, сказал сердито:

- А ты - цыц! Заступник!.. Вот я те дам!.. - Отшвырнув сына в сторону, он ушёл в кузницу. Пашка встал на ноги и, спотыкаясь, как слепой, пошёл в тёмный угол двора. Илья отправился за ним, полный жалости к нему. В углу Пашка встал на колени, упёрся лбом в забор и, держа руки на ягодицах, стал выть ещё громче. Илье захотелось сказать что-нибудь ласковое избитому врагу, но он только спросил Пашку:

- Больно?

- У-уйди! - крикнул тот.

Этот крик обидел Илью, он поучительно заговорил:

- Вот - ты всех колотишь, вот и...

Но раньше, чем договорил он, Пашка бросился на него и сшиб с ног. Илья тоже освирепел, и оба они комом покатились по земле. Пашка кусался и царапался, а Илья, схватив его за волосы, колотил о землю его голову до поры, пока Пашка не закричал:

- Пусти-и!

- То-то! - сказал Илья, вставая на ноги, гордый своей победой. Видал? Я сильнее! Значит - ты меня не задирай теперь!

Он отошёл прочь, отирая рукавом рубахи в кровь расцарапанное лицо. Среди двора стоял кузнец, мрачно нахмурив брови. Илья, увидев его, вздрогнул от страха и остановился, уверенный, что сейчас кузнец изобьёт его за сына. Но тот повёл плечами и сказал:

13

- Ну, чего уставил буркалы на меня? Не видал раньше? Иди, куда идёшь!..

А вечером, поймав Илью за воротами, Савёл легонько щёлкнул его пальцем в темя и, сумрачно улыбнувшись, спросил:

- Как делишки, мусорщик?

Илья радостно хихикнул, - он был счастлив. Сердитый кузнец, самый сильный мужик на дворе, которого все боялись и уважали, шутит с ним! Кузнец схватил его железными пальцами за плечо и добавил ему ещё радости:

- Ого-о! - сказал он. - Да ты - крепкий мальчишка! Не скоро износишься, нет, парень!.. Ну, расти!.. Вырастешь - я тебя в кузню возьму!..

Илья охватил у колена огромную ногу кузнеца и крепко прижался к ней грудью. Должно быть, Савёл ощутил трепет маленького сердца, задыхавшегося от его ласки: он положил на голову Ильи тяжёлую руку, помолчал немножко и густо молвил:

- Э-эх, сирота!.. Ну-ка, пусти-ка!..

Сияющий и весёлый принялся Илья в этот вечер за обычное своё занятие раздачу собранных за день диковин. Дети уселись на землю и жадными глазами глядели на грязный мешок. Илья доставал из мешка лоскутки ситца, деревянного солдатика, полинявшего от невзгод, коробку из-под ваксы, помадную банку, чайную чашку без ручки и с выбитым краем.

- Это мне, мне, мне! - раздавались завистливые крики, и маленькие, грязные ручонки тянулись со всех сторон к редкостным вещам.

- Погоди! Не хватай! - командовал Илья. - Разве игра будет, коли вы всё сразу растащите? Ну, открываю лавочку! Продаю кусок ситцу... Самый лучший ситец! Цена - полтина!.. Машка, покупай!

- Купила! - отвечал Яков за сапожникову дочь и, доставая из кармана заранее приготовленный черепок, совал его в руку торговцу. Но Илья не брал.

- Ну - какая это игра? А ты торгуйся, чё-орт! Никогда ты не торгуешься!.. Разве так бывает?

- Я забыл! - оправдывался Яков.

Начинался упорный торг; продавец и покупатели увлекались им, а в это время Пашка ловко похищал из кучи то, что ему нравилось, убегал прочь и, приплясывая, дразнил их:

- А я украл! Разини вы! Дураки, черти!

Он такими выходками приводил всех в исступление: маленькие кричали и плакали, Яков и Илья бегали по двору за вором и почти никогда не могли схватить его. Потом к его выходкам привыкли, уже не ждали от него ничего хорошего, единодушно невзлюбили его и не играли с ним. Пашка жил в стороне и усердно старался делать всем что-нибудь неприятное. А большеголовый Яков возился, как нянька, с курчавой дочерью сапожника. Она принимала его заботы о ней как должное, и хотя звала его Яшечка, но часто царапала и била. Дружба с Ильёй крепла у него, и он постоянно рассказывал товарищу какие-то странные сны.

- Будто у меня множество денег и всё рубли - агромадный мешок! И вот я тащу его по лесу. Вдруг - разбойники идут. С ножами, страшные! Я - бежать! И вдруг будто в мешке-то затрепыхалось что-то... Как я его брошу! А из него птицы разные ф-р-р!.. Чижи, синицы, щеглята - видимо-невидимо! Подхватили они меня и понесли, высоко-высоко!

Он прерывал рассказ, глаза его выкатывались, лицо принимало овечье выражение...

- Ну? - поощрял его Илья, нетерпеливо ожидая конца.

- Так я совсем и улетел!.. - задумчиво доканчивал Яков.

- Куда?

- А... совсем!

- Эх ты! - разочарованно и пренебрежительно говорил Илья. - Ничего не помнишь!..

Из трактира выходил дед Еремей и, приставив ладонь ко лбу, кричал:

- Илюшка! Ты где? Иди-ка спать, пора!..

Илья послушно шёл за стариком и укладывался на своё ложе - большой куль, набитый сеном. Сладко спалось ему на этом куле, хорошо жил он с тряпичником, но быстро промелькнула эта приятная и лёгкая жизнь.

Дедушка Еремей купил Илье сапоги, большое, тяжёлое пальто, шапку, и мальчика отдали в школу. Он пошёл туда с любопытством и страхом, а воротился обиженный, унылый, со слезами на глазах: мальчики узнали в нём спутника дедушки Еремея и хором начали дразнить:

- Тряпичник! Вонючий!

Иные щипали его, другие показывали языки, а один подошёл к нему, потянул воздух носом и с гримасой отскочил, громко крикнув:

- Вот так вонько пахнет!

- Что они дразнятся? - с недоумением и обидой спрашивал он дядю. - Али это зазорно, тряпки-то собирать?

- Ничего-о! - гладя мальчика по голове, говорил Терентий, скрывая своё лицо от вопрошающих и пытливых глаз племянника. - Это они так... просто озоруют... Ты потерпи!.. Привыкнешь...

- И над сапогами смеются, и над пальтом!.. Чужое, говорят, из помойной ямы вытащено!..

Дед Еремей, весело подмигивая глазом, тоже утешал его:

- Терпи, знай! Бог зачтёт!.. Кроме его - никого!

Старик говорил о боге с такой радостью и верой в его справедливость, точно знал все мысли бога и проник во все его намерения. Слова Еремея

15

на время гасили обиду в сердце мальчика, но на другой же день она вспыхивала ещё сильнее. Илья уже привык считать себя величиной, работником; с ним даже кузнец Савёл говорил благосклонно, а школьники смеялись над ним, дразнили его. Он не мог помириться с этим: обидные и горькие впечатления школы, с каждым днём увеличиваясь, всё глубже врезывались в его сердце. Посещение школы стало тяжёлой обязанностью. Он сразу обратил на себя внимание учителя своей понятливостью; учитель стал ставить его в пример другим, - это ещё более обостряло отношение мальчиков к нему. Сидя на первой парте, он чувствовал у себя за спиной врагов, а они, постоянно имея его перед своими глазами, тонко и ловко подмечали в нём всё, над чем можно было посмеяться, и - смеялись. Яков учился в этой же школе и тоже был на худом счету у товарищей; они прозвали его Бараном. Рассеянный, неспособный, он постоянно подвергался наказаниям, но относился к ним равнодушно. Он вообще плохо замечал то, что творилось вокруг него, живя своей особенной жизнью в школе, дома, и почти каждый день он вызывал удивление Ильи непонятными вопросами.

- Илька! Это отчего, - глаза у людей маленькие, а видят всё!.. Целый город видят. Вот - всю улицу... Как она в глаза убирается, большая такая?

Сначала Илья задумывался над этими речами, но потом они стали мешать ему, отводя мысли куда-то в сторону от событий, которые задевали его. А таких событий было много, и мальчик уже научился тонко подмечать их.

Однажды он пришёл из школы домой и, оскалив зубы, сказал Еремею:

- Учитель-то?! Гы-ы!.. Тоже понятливый!.. Вчера лавошника Малафеева сын стекло разбил в окошке, так он его только пожурил легонько, а стекло-то сегодня на свои деньги вставил...

- Видишь, какой добрый человек! - с умилением сказал Еремей.

- Добрый, да-а! А как Ванька Ключарев разбил стекло, так он его без обеда оставил да потом Ванькина отца позвал и говорит: "Подай на стекло сорок копеек!.." А отец Ваньку выпорол!..

- А ты этого не замечай себе, Илюша! - посоветовал дед, беспокойно мигая глазами. - Ты так гляди, будто не твоё дело. Неправду разбирать богу принадлежит, не нам! Мы не можем. А он всему меру знает!.. Я вот, видишь, жил-жил, глядел-глядел, - столько неправды видел - сосчитать невозможно! А правды не видал!.. Восьмой десяток мне пошёл однако... И не может того быть, чтобы за такое большое время не было правды около меня на земле-то... А я не видал... не знаю её!..

- Ну-у! - недоверчиво сказал Илья. - Тут чего знать-то? Коли с одного сорок, так и с другого сорок: вот и правда!..

Старик не согласился с этим. Он ещё много говорил о слепоте людей и о том, что не могут они правильно судить друг друга, а только божий

16

суд справедлив. Илья слушал его внимательно, но всё угрюмее становилось его лицо, и глаза всё темнели...

- Когда бог судить-то будет? - вдруг спросил он деда.

- Неведомо! Ударит час, снизойдёт он со облак судити живых и мертвых... а когда? Неведомо... Ты вот что, пойдём-ка со мной ко всенощной!

В субботу Илья стоял со стариком на церковной паперти, рядом с нищими, между двух дверей. Когда отворялась наружная дверь, Илью обдавало морозным воздухом с улицы, у него зябли ноги, и он тихонько топал ими по каменному полу. Сквозь стёкла двери он видел, как огни свечей, сливаясь в красивые узоры трепетно живых точек золота, освещали металл риз, чёрные головы людей, лики икон, красивую резьбу иконостаса.

Люди в церкви казались более добрыми и смирными, чем они были на улице. Они были и красивее в золотом блеске, освещавшем их тёмные, молчаливо и смирно стоящие фигуры. Когда дверь из церкви растворялась, на паперть вылетала душистая, тёплая волна пения; она ласково обливала мальчика, и он с наслаждением вдыхал её. Ему было хорошо стоять около дедушки Еремея, шептавшего молитвы. Он слушал, как по храму носились красивые звуки, и с нетерпением ожидал, когда отворится дверь, они хлынут на него и опахнут лицо его душистым теплом. Он знал, что на клиросе поёт Гришка Бубнов, один из самых злых насмешников в школе, и Федька Долганов, силач и драчун. Но теперь он не чувствовал ни обиды на них, ни злобы к ним, а только немножко завидовал. Ему самому хотелось бы петь на клиросе и смотреть оттуда на людей. Должно быть, это очень хорошо - петь, стоя у золотых царских врат выше всех. Он ушёл из церкви, чувствуя себя добрым и готовый помириться с Бубновым, Долгановым, со всеми учениками. Но в понедельник он пришёл из школы такой же, каким и прежде приходил, - угрюмый и обиженный.

Во всякой толпе есть человек, которому тяжело в ней, и не всегда для этого нужно быть лучше или хуже её. Можно возбудить в ней злое внимание к себе и не обладая выдающимся умом или смешным носом: толпа выбирает человека для забавы, руководствуясь только желанием забавляться. В данном случае выбор пал на Илью Лунёва. Наверное, это кончилось бы плохо для Ильи, но как раз в этот момент его жизни произошли события, которые сделали школу окончательно не интересной для него, в то же время приподняли его над нею.

Началось с того, что однажды, подходя к дому вместе с Яковом, Илья увидал какую-то суету у ворот.

- Гляди! - сказал он товарищу, - опять, видно, дерутся?.. Бежим!

Они стремглав бросились вперёд и, прибежав, увидали, что по двору испуганно мечутся чужие люди, кричат:

- Полицию зовите! Связать его надо!

Около кузницы люди собрались большой, плотной кучей. Ребятишки пролезли в центр толпы и попятились назад. У ног их, на снегу, лежала вниз лицом женщина; затылок у неё был в крови и каком-то тесте, снег вокруг головы был густо красен. Около неё валялся смятый белый платок и большие кузнечные клещи. В дверях кузни, скорчившись, сидел Савёл и смотрел на руки женщины. Они были вытянуты вперёд, кисти их глубоко вцепились в снег. Брови кузнеца сурово нахмурены, лицо осунулось; видно, что он сжал зубы: скулы торчали двумя большими шишками. Правой рукой он упирался в косяк двери; чёрные пальцы его шевелились, и, кроме пальцев, всё в нём было неподвижно.

Люди смотрели на него молча; лица у всех были строгие, и, хотя на дворе было шумно и суетно, здесь, около кузницы, - тихо. Вот из толпы вылез дедушка Еремей, растрёпанный, потный; он дрожащей рукой протянул кузнецу ковш воды:

- На-ка, испей-ка...

- Не воды ему, разбойнику, а петлю на шею, - сказал кто-то вполголоса.

Савёл взял ковш левой рукою и пил долго, долго. А когда выпил всю воду, то посмотрел в пустой ковш и заговорил глухим своим голосом:

- Я её упреждал, - перестань, стерво! Говорил - убью! Прощал ей... сколько разов прощал... Не вникла... Ну и вот!.. Пашка-то... сирота теперь... Дедушка... Погляди за ним... Тебя вот бог любит...

- И-эх ты-ы! - печально сказал дед и потрогал кузнеца за плечо дрожащей рукой, а из толпы снова сказали:

- Злодей!.. про бога говорит тоже!..

Тогда кузнец вскинул брови и зверем заревел:

- Чего надо? Прочь все!

Крик его, как плетью, ударил толпу. Она глухо заворчала и отхлынула прочь. Кузнец поднялся на ноги, шагнул к мёртвой жене, но круто повернулся назад и - огромный, прямой - ушёл в кузню. Все видели, что, войдя туда, он сел на наковальню, схватил руками голову, точно она вдруг нестерпимо заболела у него, и начал качаться вперёд и назад. Илье стало жалко кузнеца; он ушёл прочь от кузницы и, как во сне, стал ходить по двору от одной кучки людей к другой, слушая говор, но ничего не понимая.

Явилась полиция и начала гонять людей по двору, а потом кузнеца забрали и повели.

- Прощай, дедушка! - крикнул Савёл, выходя из ворот.

18

- Прощай, Савёл Иваныч, прощай, милый! - торопливо и тонко крикнул Еремей, порываясь за ним.

Кроме его - никто не простился с кузнецом...

Стоя на дворе маленькими кучками, люди разговаривали, сумрачно поглядывая на тело убитой, кто-то прикрыл голову её мешком из-под углей. В дверях кузни, на место, где сидел Савелий, сел городовой с трубкой в зубах. Он курил, сплёвывал слюну и, мутными глазами глядя на деда Еремея, слушал его речь.

- Разве он убил? - таинственно и тихо говорил старик. - Чёрная сила это, она это! Человек человека не может убить... Не он убивает, люди добрые!

Еремей прикладывал руки к своей груди, отмахивал ими что-то от себя и кашлял, объясняя людям тайну события.

- Однако клещами-то её не чёрт двинул, а кузнец, - сказал полицейский и сплюнул.

- А кто ему внушил? - вскричал дед. - Ты разгляди, кто внушил?

- Погоди! - сказал полицейский. - Он кто тебе, кузнец этот? Сын?

- Нет, где там!..

- Погоди! Родня он тебе?

- Не-ет. Нет у меня родни...

- Так чего же ты беспокоишься?

- Я-то? Господи...

- Я тебе вот что скажу, - строго молвил полицейский, - всё это ты от старости лопочешь... Пошёл прочь!

Полицейский выпустил из угла губ густую струю дыма и отвернулся от старика. Но Еремей взмахнул руками и вновь заговорил быстро, визгливо.

Илья, бледный, с расширенными глазами, отошёл от кузницы и остановился у группы людей, в которой стояли извозчик Макар, Перфишка, Матица и другие женщины с чердака.

- Она, милые, ещё до свадьбы погуливала! - говорила одна из женщин. Может, Пашка-то не кузнеца сын, а - учителя, что у лавошника Малафеева жил...

- Это застрелился который? - спросил Перфишка.

- Вот! Она с ним и начала...

Безногая жена Перфишки тоже вылезла на двор и, закутавшись в какие-то лохмотья, сидела на своём месте у входа в подвал. Руки её неподвижно лежали на коленях; она, подняв голову, смотрела чёрными глазами на небо. Губы её были плотно сжаты, уголки их опустились. Илья тоже стал смотреть то в глаза женщины, то в глубину неба, и ему подумалось, что, может быть, Перфишкина жена видит бога и молча просит его о чём-то.

Вскоре все ребятишки тоже собрались в тесную кучку у входа в подвал. Зябко кутаясь в свои одёжки, они сидели на ступенях лестницы и, подавленные жутким любопытством, слушали рассказ Савёлова сына. Лицо у Пашки осунулось, а его лукавые глаза глядели на всех беспокойно и растерянно. Но он чувствовал себя героем: никогда ещё люди не обращали на него столько внимания, как сегодня. Рассказывая в десятый раз одно и то же, он говорил как бы нехотя, равнодушно:

- Как ушла она третьего дня, так ещё тогда отец зубами заскрипел и с той поры так и был злющий, рычит. Меня то и дело за волосья дерёт... Я уж вижу - ого! И вот она пришла. А квартира-то заперта была - мы в кузне были. Я стоял у мехов. Вот вижу, она подошла, встала в двери и говорит: "Дай-ка ключ!" А отец-то взял клещи и пошёл на неё... Идёт это он тихо так, будто крадётся... Я даже глаза зажмурил - страшно! Хотел ей крикнуть: "Беги, мамка!" Не крикнул... Открыл глаза, и он всё идёт ещё! Глазищи горят! Тут она пятиться начала... А потом обернулась задом к нему, бежать хотела...

Лицо у Пашки дрогнуло, всё его худое, угловатое тело задергалось. Глубоким вздохом он глотнул много воздуха и выдохнул его протяжно, сказав:

- Тут он её клещами ка-ак брякнет!

Неподвижно сидевшие дети зашевелились.

- Она взмахнула руками и упала... как в воду мыр-нула...

Он взял в руки какую-то щепочку, внимательно осмотрел её и бросил её через головы детей. Они все сидели неподвижно, как будто ожидая от него чего-то ещё. Но он молчал, низко наклонив голову.

- Совсем убил? - спросила Маша тонким, дрожащим голосом.

- Дура! - не подняв головы, сказал Пашка.

Яков обнял девочку и подвинул её ближе к себе, а Илья подвинулся к Пашке, тихо спросив его:

- Тебе её жалко?

- А что тебе за дело? - сердито отозвался Пашка.

Все сразу и молча взглянули на него.

- Вот она всё гуляла, - раздался звонкий голос Маши, но Яков торопливо и беспокойно перебил её речь:

- Загуляешь! Вон он какой был, кузнец-то!.. Чёрный всегда, страшный, урчит!.. А она весёлая была, как Перфишка...

Пашка взглянул на него и заговорил угрюмо, солидно, как большой:

- Я ей говорил: "Смотри, мамка! Он тебя убьёт!.." Не слушала... Только просит, чтоб я ему не сказывал ничего... Гостинцы за это покупала. А фетьфебель всё пятаки мне дарил. Я ему принесу записку, а он мне сейчас пятак даст... Он - добрый!.. Силач такой... Усищи у него...

- А сабля есть? - спросила Маша.

20

- Ещё какая! - ответил Пашка и с гордостью прибавил: - Я её раз вынимал из ножен, - чижолая, дьявол!

Яков задумчиво сказал:

- Вот и ты теперь сирота... как Илюшка...

- Как бы не так, - недовольно отозвался сирота. - Ты думаешь, я тоже в тряпичники пойду? Наплевал я!

- Я не про то...

- Я теперь что хочу, то и делаю!.. - подняв голову и сердито сверкая глазами, говорил Пашка гордым голосом. - Я не сирота... а просто... один буду жить. Вот отец-то не хотел меня в училище отдать, а теперь его в острог посадят... А я пойду в училище да и выучусь... ещё получше вашего!

- А где одёжу возьмёшь? - спросил его Илья, усмехаясь с торжеством. В училище драного-то не больно примут!..

- Одёжу? А я - кузницу продам!

Все взглянули на Пашку с уважением, а Илья почувствовал себя побеждённым. Пашка заметил впечатление и понёсся ещё выше.

- Я ещё лошадь себе куплю... живую, всамделишную лошадь! Буду ездить в училище верхом!..

Ему так понравилась эта мысль, что он даже улыбнулся, хотя улыбка была какая-то пугливая, - мелькнув, тотчас же исчезла.

- Бить тебя уж никто теперь не будет, - вдруг сказала Маша Пашке, глядя на него с завистью.

- Найдутся охотники! - уверенно возразил Илья. Пашка взглянул на него и, ухарски сплюнув в сторону, спросил:

- Ты, что ли? Сунься-ка!

Снова вмешался Яков.

- А как чудно, братцы!.. был человек и ходил, говорил и всё... как все, - живой был, а ударили клещами по голове - его и нет!..

Ребятишки, все трое, внимательно посмотрели на Якова, а у него глаза полезли на лоб и остановились, смешно выпученные.

- Да-а! - сказал Илья. - Я тоже думаю про это...

- Говорят - умер, - тихо и таинственно продолжал Яков, - а что такое умер?

- Душа улетела, - сумрачно пояснил Пашка.

- На небо, - добавила Маша и, прижавшись к Якову, взглянула на небо. Там уже загорались звёзды; одна из них - большая, яркая и немерцающая была ближе всех к земле и смотрела на неё холодным, неподвижным оком. За Машей подняли головы кверху и трое мальчиков. Пашка взглянул и тотчас же убежал куда-то. Илья смотрел долго, пристально, со страхом в глазах, а большие глаза Якова блуждали в синеве небес, точно он искал там чего-то.

- Яшка! - окликнул его товарищ, опуская голову.

- А?

- Я вот всё думаю... - голос Ильи оборвался.

- Про что? - тихонько спросил Яков.

- Как они... Убили человека... суетятся, бегают... говорят разное... А никто не заплакал... никто не пожалел...

- Еремей плакал...

- Он всегда уж... А Пашка-то какой? Ровно сказку рассказывал...

- Форсит... Ему - жаль, только он стыдится. А вот теперь побежал и, чай, так-то ли ревёт, - держись!

Они посидели несколько минут молча, плотно прижавшись друг к другу.

Маша уснула на коленях Якова, лицо её так и осталось обращённым к небу.

- А страшно тебе? - шёпотом спросил Яков.

- Страшно, - так же ответил Илья.

- Теперь душа её ходить будет тут...

- Да-а... Машка-то спит...

- Надо стащить её домой... А и шевелиться-то боязно...

- Идём вместе.

Яков положил голову спящей девочки на плечо себе, охватил руками её тонкое тельце и с усилием поднялся на ноги, шёпотом говоря:

- Погоди, Илья, я вперёд пойду...

Он пошёл, покачиваясь под тяжестью ноши, а Илья шёл сзади, почти упираясь носом в затылок товарища. И ему чудилось, что кто-то невидимый идёт за ним, дышит холодом в его шею и вот-вот схватит его. Он толкнул товарища в спину и чуть слышно шепнул ему:

- Иди скорее!..

Вслед за этим событием начал прихварывать дедушка Еремей. Он всё реже выходил собирать тряпки, оставался дома и скучно бродил по двору или лежал в своей тёмной конуре. Приближалась весна, и в те дни, когда на небе ласково сияло тёплое солнце, - старик сидел где-нибудь на припёке, озабоченно высчитывая что-то на пальцах и беззвучно шевеля губами. Сказки детям он стал рассказывать реже и хуже. Заговорит и вдруг закашляется. В груди у него что-то хрипело, точно просилось на волю.

- Будет тебе! - увещевала его Маша, любившая сказки больше всех.

- По...г-годи!.. - задыхаясь, говорил старик. - Сейчас... отступит...

Но кашель не отступал, а всё сильнее тряс иссохшее тело старика. Иногда ребятишки так и расходились, не дождавшись конца сказки, и, когда они уходили, дед смотрел на них особенно жалобно.

Илья заметил, что болезнь деда очень беспокоит буфетчика Петруху и дядю Терентия. Петруха по нескольку раз в день появлялся на чёрном крыльце трактира и, отыскав весёлыми серыми глазами старика, спрашивал его:

- Как делишки, дедка? Полегче, что ли?

Коренастый, в розовой ситцевой рубахе, он ходил, засунув руки в карманы широких суконных штанов, заправленных в блестящие сапоги с мелким набором. В карманах у него всегда побрякивали деньги. Его круглая голова уже начинала лысеть со лба, но на ней ещё много было кудрявых русых волос, и он молодецки встряхивал ими. Илья не любил его и раньше, но теперь это чувство возросло у мальчика. Он знал, что Петруха не любит деда Еремея, и слышал, как буфетчик однажды учил дядю Терентия:

- Ты, Терёха, надзирай за ним! Он - скаред!.. У него в подушке-то, поди, накоплено немало. Не зевай! Ему, старому кроту, веку немного осталось; ты с ним в дружбе, а у него - ни души родной!.. Сообрази, красавец!..

Вечера дедушка Еремей по-прежнему проводил в трактире около Терентия, разговаривая с горбуном о боге и делах человеческих. Горбун, живя в городе, стал ещё уродливее. Он как-то отсырел в своей работе; глаза у него стали тусклые, пугливые, тело точно растаяло в трактирной жаре. Грязная рубашка постоянно всползала на горб, обнажая поясницу. Разговаривая с кем-нибудь, Терентий всё время держал руки за спиной и оправлял рубашку быстрым движением рук, - казалось, он прячет что-то в свой горб.

Когда дед Еремей сидел на дворе, Терентий выходил на крыльцо и смотрел на него, прищуривая глаза и прислоняя ладонь ко лбу. Жёлтая бородёнка на его остром лице вздрагивала, он спрашивал виноватым голосом:

- Дедушка Ерёма! Не надо ли чего?

- Спасибо!.. Не надо... ничего не надо... - отвечал старик.

Горбун медленно повёртывался на тонких ногах и уходил.

- Не оправиться мне, - всё чаще говорил Еремей. - Видно, - время помирать!

И однажды, ложась спать в норе своей, он, после приступа кашля, забормотал:

- Рано, господи! Дела я моего не сделал!.. Деньги-то... сколько годов копил... На церковь. В деревне своей. Нужны людям божий храмы, убежище нам... Мало накопил я... Господи! Ворон летает, чует кус!.. Илюша, знай: деньги у меня... Не говори никому! Знай!..

Илья, выслушав бред старика, почувствовал себя носителем важной тайны и понял, кто ворон.

Через несколько дней, придя из школы и раздеваясь в своём углу, Илья услыхал, что Еремей всхлипывает и хрипит, точно его душат:

23

- Кш... кшш... про-очь!..

Мальчик боязливо толкнулся в дверь к деду, - она была заперта.

За нею раздавался торопливый шёпот:

- Кшш!.. Господи... помилуй... помилуй...

Илья прислонил лицо к щели в переборке, замер, присмотрелся и увидал, что старик лежит на своей постели вверх грудью, размахивая руками.

- Дедушка! - тоскливо окрикнул мальчик.

Старик вздрогнул, приподнял голову и громко забормотал:

- Петруха, - гляди, - бо-ог! Это ему! Это - на храм... Кш... Ворон ты... Господи... тво-оё!.. Сохрани... помилуй... помилуй...

Илья дрожал от страха, но не мог уйти, глядя, как бессильно мотавшаяся в воздухе чёрная, сухая рука Еремея грозит крючковатым пальцем.

- Гляди - богово!.. Не моги!..

Потом дед весь подобрался и - вдруг сел на своём ложе. Белая борода его трепетала, как крыло летящего голубя. Он протянул руки вперёд и, сильно толкнув ими кого-то, свалился на пол.

Илья, взвизгнув, бросился вон. В ушах у него шипело, преследуя его: "Кш... кш..."

Мальчик вбежал в трактир и, задыхаясь, крикнул:

- Помер...

Терентий охнул, затопал ногами на одном месте и стал судорожно оправлять рубаху, глядя на Петруху, стоявшего за буфетом.

- Ну что ж? - перекрестясь, строго сказал буфетчик. - Царство небесное! Хороший был старичок, между прочим... Пойду... погляжу... Илья, ты побудь здесь, - понадобится что, прибеги за мной, - слышишь? Яков, постой за буфетом...

Петруха пошёл, не торопясь, громко стукая каблуками... Мальчики слышали, как за дверями он сказал горбуну:

- Иди, иди, - дурья голова!..

Илья был сильно испуган, но испуг не мешал ему замечать всё, что творилось вокруг.

- Ты видел, как он помирал? - спросил Яков из-за стойки.

Илья посмотрел на него и ответил вопросом:

- А зачем они пошли туда?..

- Смотреть!.. Ты же их позвал!..

Илья крепко закрыл глаза, говоря:

- Как он его толкал!..

- Кого? - любопытно вытянув голову, спросил Яков.

- Чёрта! - ответил Илья не сразу.

24

- Ты видел чёрта? - подбегая к нему, тихо крикнул Яков. Но товарищ его снова закрыл глаза, не отвечая.

- Испугался? - дёргая его за рукав, спрашивал Яков.

- Погоди! - вдруг сказал Илья. - Я... выбегу на минуту... Ты отцу не говори, - ладно?

Подгоняемый своей догадкой, он через несколько секунд был в подвале, бесшумно, как мышонок, подкрался к щели в двери и вновь прильнул к ней. Дед был ещё жив, - хрипел... тело его валялось на полу у ног двух чёрных фигур.

Во мгле они обе сливались в одну - большую, уродливую. Илья разглядел, что дядя, стоя на коленях у ложа старика, торопливо зашивает подушку. Был ясно слышен шорох нитки, продёргиваемой сквозь материю. Петруха, стоя сзади Терентия, наклонясь над ним, шептал:

- Скорее... Говорил я тебе - держи наготове иглу с ниткой... Так нет, вздевать пришлось... Эх ты!

Шёпот Петрухи, вздохи умирающего, шорох нитки и жалобный звук воды, стекавшей в яму пред окном, - все эти звуки сливались в глухой шум, от него сознание мальчика помутилось. Он тихо откачнулся от стены и пошёл вон из подвала. Большое чёрное пятно вертелось колесом перед его глазами и шипело. Идя по лестнице, он крепко цеплялся руками за перила, с трудом поднимал ноги, а дойдя до двери, встал и тихо заплакал. Пред ним вертелся Яков, что-то говорил ему. Потом его толкнули в спину и раздался голос Перфишки:

- Кто - кого? Чем - почему? Помер? Ах, - ч-чёрт!.. - И, вновь толкнув Илью, сапожник побежал по лестнице так, что она затрещала под ударами его ног. Но внизу он громко и жалобно вскричал:

- Э-эхма-а!

Илья слышал, что по лестнице идут дядя, Петруха, ему не хотелось плакать при них, но он не мог сдержать своих слёз.

- Ах ты!.. - восклицал Перфишка. - Так вы были уж там?

Терентий прошёл мимо племянника, не взглянув на него, а Петруха, положив руку на плечо Ильи, сказал:

- Плачешь? Это хорошо... Значит, ты паренёк благодарный и содеянное тебе добро можешь понимать. Старик был тебе ба-альшим благодетелем!..

И, легонько оттолкнув Илью в сторону, добавил:

- Но, между прочим, в дверях не стой...

Илья вытер лицо рукавом рубахи и посмотрел на всех. Петруха уже стоял за буфетом, встряхивая кудрями. Пред ним стоял Перфишка и лукаво ухмылялся. Но лицо у него, несмотря на улыбку, было такое, как будто он только что проиграл в орлянку последний свой пятак.

- Ну-с, чего тебе, Перфил? - поводя бровями, строго спросил Петруха.

- Могарыча не будет? - сказал Перфишка.

- По какому такому случаю? - медленно и строго спросил буфетчик.

- Эхма! - вскричал сапожник, притопнув ногой по полу. - И рот широк, да не мне пирог! Так тому и быть! Одно слово - желаю здравствовать вам, Пётр Якимыч!

- Что ты мелешь? - миролюбиво спросил Петруха.

- Так я, - от простоты сердца!

- Стало быть, поднести тебе стаканчик, - к этому ты клонил? Хе-хе!

- Ха, ха, ха! - раскатился по трактиру звонкий смех сапожника.

Илья качнул головой, словно вытряхивая из неё что-то, и ушёл.

Он лёг спать не у себя в каморке, а в трактире, под столом, на котором Терентий мыл посуду. Горбун уложил племянничка, а сам начал вытирать столы. На стойке горела лампа, освещая бока пузатых чайников и бутылки в шкафу. В трактире было темно, в окна стучал мелкий дождь, толкался ветер... Терентий, похожий на огромного ежа, двигал столами и вздыхал. Когда он подходил близко к лампе, от него на пол ложилась густая тень, - Илье казалось, что это ползёт душа дедушки Еремея и шипит на дядю:

"Кш... кшш!.."

Мальчику было холодно и страшно. Душила сырость, - была суббота, пол только что вымыли, от него пахло гнилью. Ему хотелось попросить, чтобы дядя скорее лёг под стол, рядом с ним, но тяжёлое, нехорошее чувство мешало ему говорить с дядей. Воображение рисовало сутулую фигуру деда Еремея с его белой бородой, в памяти звучал ласковый скрипучий голос:

"Господь меру знает... Ничего-о!.."

- Ложился бы ты! - не вытерпев, сказал Илья жалобным голосом.

Горбун вздрогнул и замер. Потом тихо, робко ответил:

- Сейчас! Сейчас!.. - и завертелся около столов быстро, как кубарь. Илья, поняв, что дяде тоже страшно, подумал:

"Так тебе и надо!.."

Дробно стучал дождь. Огонь в лампе вздрагивал, а чайники и бутылки молча ухмылялись. Илья закрылся с головой дядиным полушубком и лежал, затаив дыхание. Но вот около него что-то завозилось. Он весь похолодел, высунул голову и увидал, что Терентий стоит на коленях, наклонив голову, так что подбородок его упирался в грудь, и шепчет:

- Господи, батюшка!.. Господи!

Шёпот был похож на хрип деда Еремея. Тьма в комнате как бы двигалась, и пол качался вместе с ней, а в трубах выл ветер.

- Не молись! - звонко крикнул Илья.

- Ой, что ты это? - вполголоса сказал горбун. - Спи, Христа ради!

- Не молись! - настойчиво повторил мальчик.

- Н-ну - не буду!..

Темнота и сырость всё тяжелее давили Илью, ему трудно было дышать, а внутри клокотал страх, жалость к деду, злое чувство к дяде. Он завозился на полу, сел и застонал.

- Что ты? Что!.. - испуганно шептал дядя, хватая его руками. Илья отталкивал его и со слезами в голосе, с тоской и ужасом говорил:

- Господи! Хоть бы спрятаться куда-нибудь... Господи!

Слёзы перехватили ему голос. Он с усилием глотнул гнилого воздуха и зарыдал, ткнув лицо в подушку.

Сильно изменился характер мальчика после этих событий. Раньше он держался в стороне только от учеников школы, не находя в себе желания уступать им, сближаться с ними. Но дома он был общителен со всеми, внимание взрослых доставляло ему удовольствие. Теперь он начал держаться одиноко и не по летам серьёзно. Выражение его лица стало сухим, губы плотно сжались, он зорко присматривался ко взрослым и с подстрекающим блеском в глазах вслушивался в их речи. Его тяготило воспоминание о том, что он видел в день смерти деда Еремея, ему казалось, что и он вместе с Петрухой и дядей тоже виноват пред стариком. Может быть, дед, умирая и видя, как его грабят, подумал, что это он, Илья, сказал Петрухе про деньги. Эта мысль родилась в Илье незаметно для него и наполнила душу мальчика скорбной тяжестью и всё более возбуждала подозрительное чувство к людям. Когда он замечал за ними что-нибудь нехорошее, ему становилось легче от этого, - как будто вина его пред дедом уменьшалась.

А нехорошего он видел много. Все во дворе называли буфетчика Петруху приёмщиком краденого, мошенником, но все ласкались к нему, уважительно раскланивались и называли Петром Якимычем. Бабу Матицу звали бранным словом; когда она напивалась пьяная, её толкали, били; однажды она, выпивши, села под окно кухни, а повар облил её помоями... И все постоянно пользовались её услугами, никогда ничем не вознаграждая её, кроме ругани и побоев, - Перфишка приглашал её мыть свою больную жену, Петруха заставлял бесплатно убирать трактир перед праздниками, Терентию она шила рубахи. Она ко всем шла, всё делала безропотно и хорошо, любила ухаживать за больными, любила водиться с детьми...

Илья видел, что самый работящий человек во дворе - сапожник Перфишка живёт у всех на смеху, замечают его лишь тогда, когда он, пьяный, с гармоникой в руках, сидит в трактире или шляется по двору, наигрывая и распевая веселые, смешные песенки. Но никто не хотел видеть, как осторожно этот Перфишка вытаскивал на крыльцо свою безногую жену, как укладывал спать дочь, осыпая её поцелуями и строя, для её потехи, смешные рожи. И никто не смотрел на сапожника, когда он, смеясь и шутя, учил Машу варить обед, убирать комнату, а потом садился работать и шил до поздней ночи, согнувшись в три погибели над худым, грязным сапогом.

Когда кузнеца увели в острог, никто не позаботился о его сыне, кроме сапожника. Он тотчас же взял Пашку к себе, Пашка сучил дратву, мёл комнату, бегал за водой и в лавочку - за хлебом, квасом, луком. Все видели сапожника пьяным в праздники, но никто не слыхал, как на другой день, трезвый, он разговаривал с женой:

- Ты меня, Дуня, прости! Ведь я пью не потому, что потерянный пьяница, а - с устатку. Целую неделю работаешь, - скушно! Ну, и - хватишь!..

- Да разве я виню? О, господи! Жалею я тебя!.. - хриплым голосом говорила жена, и в горле у неё что-то переливалось. - Разве, думаешь, я твоих трудов не вижу? Камнем господь положил меня на шею тебе. Умереть бы!.. Освободить бы мне тебя!..

- Не моги так говорить! Я не люблю этих твоих речей. Я тебя обижаю, не ты меня!.. Но я это не потому, что злой, а потому, что - ослаб. Вот, однажды, переедем на другую улицу, и начнётся всё другое... окна, двери... всё! Окна на улицу будут. Вырежем из бумаги сапог и на стёкла наклеим. Вывеска! И повалит к нам нар-род! За-акипит дело!.. Э-эх ты! Дуй, бей, давай углей! Шибко живём, деньги куём!

Илья знал до мелочей жизнь Перфишки, видел, что он бьётся, как рыба об лёд, и уважал его за то, что он всегда со всеми шутил, всегда смеялся и великолепно играл на гармонии.

А Петруха сидел за буфетом, играл в шашки да с утра до вечера пил чай и ругал половых. Вскоре после смерти Еремея он стал приучать Терентия к торговле за буфетом, а сам всё только расхаживал по двору да посвистывал, разглядывая дом со всех сторон и стукая в стены кулаками.

Много замечал Илья, но всё было нехорошее, скучное и толкало его в сторону от людей. Иногда впечатления, скопляясь в нём, вызывали настойчивое желание поговорить с кем-нибудь. Но говорить с дядей не хотелось: после смерти Еремея между Ильёй и дядей выросло что-то невидимое, но плотное и мешало мальчику подходить к горбуну так свободно и близко, как раньше. А Яков ничего не мог объяснить ему, живя тоже в стороне ото всего, но на свой особый лад.

Его опечалила смерть старого тряпичника. Он часто с жалобой в голосе и на лице вспоминал о нём.

- Скушно стало!.. Кабы жив был дедушка Ерёма - сказки бы рассказывал нам; ничего нет лучше сказок!

Однажды Яков таинственно сказал товарищу:

- Хочешь - я покажу тебе одну штуку? Только - сперва побожись, что никому не скажешь! Будь я, анафема, проклят, - скажи!..

Илья повторил клятву, и тогда Яков отвёл его в угол двора, к старой липе. Там он снял со ствола искусно прикреплённый к нему кусок коры, и под нею в дереве открылось большое отверстие. Это было дупло, расширенное ножом и красиво убранное внутри разноцветными тряпочками и бумажками, свинцом от чая, кусочками фольги. В глубине этой дыры стоял маленький, литой из меди образок, а пред ним был укреплён огарок восковой свечи.

- Видал? - спросил Яков, снова прилаживая кусок коры.

- Это зачем?

- Часовня! - объяснил Яков. - Я буду, по ночам, тихонечко уходить сюда молиться... Ладно?

Илье понравилась мысль товарища, но он тотчас же сообразил опасность затеи.

- А увидят огонь-то? Выпорет тогда отец тебя!..

- Ночью - кто увидит? Ночью все спят; на земле совсем тихо... Я маленький: днём мою молитву богу не слышно... А ночью-то будет слышно!.. Будет?

- Не знаю!.. Может, услышит!.. - задумчиво сказал Илья, глядя на большеглазое бледное лицо товарища.

- Ты со мной будешь молиться? - спросил Яков.

- А ты о чём хочешь молиться? Я о том, чтобы умным быть... И ещё чтобы у меня всё было, чего захочу!.. А ты?

- И я тоже...

Но подумав, Яков объяснил:

- Я просто так хотел, - безо всего... Просто бы молился, и всё тут!.. А он как хочет!.. Что даст...

Они уговорились начать молиться в эту же ночь, и оба легли спать с твёрдым намерением проснуться в полночь. Но не проснулись ни в эту, ни в следующую и так проспали много ночей. А потом у Ильи явились новые впечатления, заслонив часовню.

На той же липе, в которой Яков устроил часовню, - Пашка вешал западни на чижей и синиц. Ему жилось тяжело, он похудел, осунулся. Бегать по двору ему было некогда: он целые дни работал у Перфишки, и только по праздникам, когда сапожник был пьян, товарищи видели его. Пашка спрашивал их о том, что они учат в школе, и завистливо хмурился, слушая их рассказы, полные сознанием превосходства над ним.

- Не больно зазнавайтесь, - выучусь и я!..

- Перфишка-то не пустит!..

- А я убегу, - решительно говорил Пашка.

И действительно, вскоре сапожник говорил, посмеиваясь:

- Подмастерье-то мой! Сбежал, дьяволёнок!..

День был дождливый. Илья поглядел на растрёпанного Перфишку, на серое, угрюмое небо, и ему стало жалко товарища. Он стоял под навесом

29

сарая, прижавшись к стене, и смотрел на дом, - казалось, что дом становится всё ниже, точно уходит в землю. Старые рёбра выпячивались всё более, как будто грязь, накопленная в его внутренностях за десятки лет, распирала дом и он уже не мог сдерживать её. Насквозь пропитанный несчастьями, всю жизнь свою всасывая пьяные крики, пьяные, горькие песни, расшатанный, избитый ударами ног по доскам его пола, - дом не мог больше жить и медленно разваливался, печально глядя на свет божий тусклыми стёклами окон.

- Эхма! - говорил сапожник. - Скоро лопнет лукошко, рассыплются грибы. Поползём мы, жители, кто куда... Будем искать себе щёлочек по другим местам!.. Найдём и жить по-другому будем... Всё другое заведётся: и окна, и двери, и даже клопы другие будут нас кусать!.. Скорее бы! А то надоел мне этот дворец...

Но сапожник напрасно мечтал: дом не разорвало, его купил буфетчик Петруха. Купив, он дня два озабоченно щупал и ковырял эту кучу старого дерева. Потом привезли кирпичей, досок, обставили дом лесами, и месяца два он стонал и вздрагивал под ударами топоров. Его пилили, рубили, вколачивали в него гвозди, с треском и пылью выламывали его гнилые рёбра, вставляли новые и наконец, увеличив дом в ширину новой пристройкой, - обшили его тёсом. Приземистый, широкий, он теперь стоял на земле прямо, точно пустил в неё новые корни. На его фасаде Петруха повесил большую вывеску - золотом по синему полю было написано:

"Весёлое убежище друзей П.Я.Филимонова".

- А внутри он всё-таки гнилой! - сказал Перфишка.

Илья, слыша это, сочувственно улыбнулся. И ему перестроенный дом казался обманом. Он вспомнил о Пашке, который жил где-то в другом месте и видел всё иное. Илья, как и сапожник, тоже мечтал о других окнах, дверях, людях... Теперь в доме стало ещё хуже, чем раньше. Старую липу срубили, укромный уголок около неё исчез, занятый постройкой. Исчезли и другие любимые места, где, бывало, беседовали ребятишки. Только на месте кузницы, за огромной кучей щеп и гнилушек, образовался уютный угол, но там было страшно сидеть, - всё чудилось, что под этой кучей лежит Савёлова жена с разбитой головой.

Петруха отвёл дяде Терентию новое помещение - маленькую комнатку за буфетом. В неё сквозь тонкую переборку, заклеенную зелёными обоями, проникали все звуки из трактира, и запах водки, и табачный дым. В ней было чисто, сухо, но хуже, чем в подвале. Окно упиралось в серую стену сарая; стена загораживала небо, солнце, звёзды, а из окошка подвала всё это можно было видеть, встав пред ним на колени...

Дядя Терентий оделся в сиреневую рубаху, надел сверх её пиджак,

30

который висел на нём, как на ящике, и с утра до вечера торчал за буфетом. Теперь он стал говорить с людьми на "вы", отрывисто, сухим голосом, точно лаял, и смотрел на них из-за стойки глазами собаки, охраняющей хозяйское добро. Илье он купил серую суконную курточку, сапоги, пальто и картуз, и, когда мальчик надел эти вещи, ему вспомнился старый тряпичник. Он почти не разговаривал с дядей, жизнь его тянулась однообразно, медленно. Всё чаще он вспоминал о деревне; теперь ему особенно ясно казалось, что там лучше жить: тише, понятнее, проще. Вспоминались густые леса Керженца, рассказы дяди Терентия об отшельнике Антипе, а мысль об Антипе рождала другую - о Пашке. Где он? Может быть, тоже убежал в лес, вырыл там пещеру и живёт в ней. Гудит в лесу вьюга, воют волки. Это страшно, но сладко слышать. А зимой, в хорошую погоду, там всё блестит серебром и бывает так тихо, что ничего не слыхать, кроме того, как снег хрустит под ногой, и если стоять неподвижно, тогда услышишь только одно своё сердце.

В городе всегда шумно и бестолково, даже ночь полна звуков. Поют песни, кричат, стонут, ездят извозчики, от стука их пролёток и телег вздрагивают стёкла в окнах. Озорничают мальчишки в школе, большие ругаются, дерутся, пьянствуют. Люди все какие-то взбалмошные - то жулики, как Петруха, то злые, как Савёл, или никчемные вроде Перфишки, дяди Терентия, Матицы... Сапожник всех больше поражал Илью своей жизнью.

Однажды утром, когда Илья собрался в школу, Перфишка пришёл в трактир растрёпанный, не выспавшийся и молча встал у буфета, глядя на Терентия. Левый глаз у него вздрагивал и прищуривался, нижняя губа смешно отвисла. Дядя Терентий взглянул на него, улыбнулся и налил сапожнику стаканчик за три копейки, обычную Перфишкину порцию утром. Перфишка взял стакан дрожащей рукой, опрокинул его в рот, но не крякнул, не выругался, как всегда. Он снова уставился на буфетчика странно вздрагивающим левым глазом, а правый был тускл, неподвижен и как будто не видал ничего.

- Что это у вас с глазом-то? - спросил Терентий.

Перфишка потёр глаз рукой, поглядел на палец и вдруг громко, внятно сказал:

- Супруга наша Авдотья Петровна скончалась...

Терентий, взглянув на образ, перекрестился.

- Царствие ей небесное!

- А? - спросил Перфишка, упорно разглядывая лицо Терентия.

- Говорю: царствие ей небесное!

- Да-с... Померли!.. - сказал сапожник, круто повернулся и ушёл.

- Чудак! - сокрушённо качая головой, проговорил Терентий. Илье сапожник тоже показался чудаком... Идя в школу, он на минутку зашёл в подвал посмотреть на покойницу. Там было темно и тесно. Пришли бабы сверху и, собравшись кучей в углу, где стояла постель, вполголоса разговаривали. Матица примеривала Маше какое-то платьишко и спрашивала:

- Подмышками режет?

А Маша растопырила руки и тянула капризным голосом:

- Да-а-а!..

Сапожник, согнувшись, сидел на столе, смотрел на дочь, и глаз у него всё мигал. Илья взглянул на белое, пухлое лицо усопшей, вспомнил её тёмные глаза, теперь навсегда закрывшиеся, и ушёл, унося тяжёлое, жуткое чувство.

А когда он воротился из школы и вошёл в трактир, то услыхал, что Перфишка играет на гармонии и удалым голосом поёт:

Эх ты, моя милая,
Моё сердце вынула.
Зачем сердце вынула,
Д'куды его кинула?

- Их - ты!.. Выгнали меня бабы! Пошёл, кричат, вон, изверг неестественный! Морда, говорят, пьяная... Я не сержусь... я терпеливый... Ругай меня, бей! только дай мне пожить немножко!.. дай, пожалуйста! Эхма! Братья! Всем пожить хочется, - вот в чём штука! У всех душа одинакова, что у Васьки, что у Якова!..

Кто там рыдает?
Чего ожидает?
Молчи, не тужи,
Сухи корочки гложи!

Рожа у Перфишки была отчаянно весёлая; Илья смотрел на него с отвращением и страхом. Ему подумалось, что бог жестоко накажет сапожника за такое поведение в день смерти жены. Но Перфишка был пьян и на другой день, за гробом жены он шёл спотыкаясь, мигал глазом и даже улыбался. Все его ругали, кто-то даже ударил по шее...

- Вот так - а-яй!.. - сказал Илья товарищу вечером после похорон. Перфишка-то? Настоящий еретик!

- Пёс с ним! - равнодушно отозвался Яков.

Илья и раньше замечал, что с некоторого времени Яков изменился. Он почти не выходил гулять на двор, а всё сидел дома и даже как бы нарочно избегал встречи с Ильёй. Сначала Илья подумал, что Яков, завидуя его успехам в школе, учит уроки. Но и учиться он стал хуже; учитель постоянно ругал его за рассеянность и непонимание самых простых вещей. Отношение Якова к Перфишке не удивило Илью: Яков почти не обращал внимания на жизнь в доме, но Илье захотелось узнать, что творится с товарищем, и он спросил его:

- Ты что какой стал? Не хочешь, что ли, дружиться со мной?

- Я? Что ты врёшь? - удивлённо воскликнул Яков и вдруг быстро заговорил: - Слушай, ты - иди домой!.. Иди, я сейчас тоже приду... Что я тебе покажу!

Он сорвался с места и убежал, а Илья, заинтересованный, пошёл в свою комнату. Яков прибежал, запер за собой дверь и, подойдя к окну, вынул из-за пазухи какую-то красную книжку.

- Иди сюда! - тихо сказал он, усевшись на постель дяди Терентия и указывая Илье место рядом с собою. Потом развернул книжку, положил её на колени, согнулся над нею и начал читать:

- "Вдали храбрый рыцарь увидал гору... высотою до небес, а в середине её железную дверь. Огнём отваги запылало... его мужественное сердце, он наклонил копьё и с громким криком помчался вперёд, приш...порив коня, и со всей своей могучей силой ударил в ворота. Тогда раздался страшный гром... железо ворот разлетелось в куски... и в то же время из горы хлынуло пламя и дым и раздался громовой голос... от которого сотряслась земля и с горы посыпались камни к ногам рыцарева коня. "Ага! ты явился... дерзкий безумец!.. Я и смерть давно ждали тебя!.." Ослеплённый дымом рыцарь..."

- Кто это? - удивлённо спросил Илья, вслушиваясь в дрожащий от волнения голос товарища.

- А? - откликнулся Яков, подняв от книги бледное лицо.

- Кто это - рыцарь?

- Это такой... верхом на коне... с копьём... Рауль Бесстрашный... у него дракон невесту утащил... Прекрасная Луиза... да - ты слушай, чёрт!.. нетерпеливо крикнул Яков.

- Валяй, валяй!.. Погоди, - а дракон кто?

- Змея с крыльями... и с ногами... когтищи у неё железные... Три головы... и все дышат огнём - понимаешь?

- Здо-орово! - сказал Илья, широко открыв глаза. - Эдак-то он этому за-адаст!..

Плотно прижавшись друг к другу, мальчики с трепетом любопытства и странной, согревающей душу радостью входили в новый, волшебный мир, где огромные, злые чудовища погибали под могучими ударами храбрых рыцарей, где всё было величественно, красиво и чудесно и не было ничего похожего на эту серую, скучную жизнь. Не было пьяных, маленьких людей, одетых в лохмотья, вместо полугнилых деревянных домов стояли дворцы, сверкая золотом, неприступные замки из железа возвышались до небес. Дети входили в страну чудесных вымыслов, а рядом с ними играла гармоника и разудалый сапожник Перфишка отчётливо выговаривал:

Меня после смерти
Не утащат черти!
Я живой того добьюсь,
Как до чёртиков напьюсь!

- Наяривай! Бог весёлых любит!
Гармоника захлёбывалась звуками, торопясь догнать звонкий голос сапожника, а он вперегонку с ней отчеканивал плясовой мотив:

И не пищи, что смолоду
Н-натерпелся холоду,
Сдохнешь - в ад попадёшь,
А там - будет жарко!

Каждый куплет частушки вызывал рёв одобрений, взрывы хохота.
А в маленькой конуре, отделённой от этой бури звуков тонкими досками, два мальчика согнулись над книгой, и один из них тихо шептал:
- "Тогда рыцарь стиснул чудовище в своих железных объятиях, и оно громоподобно заревело от боли и ужаса..."
После книги о рыцаре и драконе явился "Гуак, или непреоборимая верность", "История о храбром принце Францыле Венециане и прекрасной королевне Ренцивене". Впечатления действительности уступили в душе Ильи место рыцарям и дамам. Товарищи по очереди крали из выручки двугривенные, и недостатка в книгах у них не было. Они ознакомились с похождениями "Яшки Смертенского", восхищались "Японачой, татарским наездником" и всё дальше уходили от неприглядной жизни в область, где люди всегда разрушали злые ковы судьбы, всегда достигали счастья.
Однажды Перфишку вызвали в полицию. Он ушёл встревоженный, а воротился весёлый и привёл с собой Пашку Грачёва, крепко держа его за руку. Пашка был такой же остроглазый, только страшно похудел, пожелтел, и лицо у него стало менее задорным. Сапожник притащил его в трактир и там рассказывал, судорожно подмигивая глазом:
- А вот вам, люди добрые, сам Павлуха Грачёв! Только что прибыл из города Пензы по этапу... Вот какой народ нарождается, - не сидя на печи, счастья дожидается, а как только на задние лапы встаёт - сам искать счастья идёт!
Пашка стоял рядом с ним, засунув одну руку в карман драных штанов, а другую всё пытался выдернуть из руки сапожника, искоса, угрюмо

поглядывая на него. Кто-то посоветовал сапожнику выпороть Пашку, но Перфишка серьёзно возразил:

- Зачем? Пускай его ходит, авось, счастье найдёт.

- А ведь он, поди-ка, голодный! - догадался Терентий и, протянув мальчику кусок хлеба, сказал ему:

- Пашка, на!

Мальчик, не торопясь, взял хлеб и пошёл вон из трактира.

- Фи-ю-ю! - свистнул сапожник вслед ему. - До свидания, нежное создание!

Илья, наблюдавший эту сцену из двери своей комнаты, поманил Пашку к себе, но, прежде чем войти к нему, Пашка нерешительно остановился, а войдя, подозрительно оглядел комнату и сурово спросил:

- Что надо?

- Здравствуй!..

- Ну, здравствуй!..

- Садись!..

- А зачем?

- Так!.. Поговорим!..

Илью смущали сердитые вопросы Грачёва и его сиповатый голос. Ему хотелось расспросить Пашку, где он был, что видел. Но Пашка уселся на стул и с решительным видом, кусая хлеб, сам начал расспрашивать:

- Кончил учиться-то?

- Весной кончу!

- А я уж выучился!..

- Н-ну? - недоверчиво воскликнул Илья.

- У меня живо!

- А где ты учился?

- В остроге, у арестантов!..

Илья подошёл ближе к нему и, с уважением глядя на его худое лицо, спросил:

- Страшно там?

- Ничего не страшно!.. Я во многих острогах был... в разных городах... Я, брат, к господам прилип там... И барыни были тоже... настоящие! На разных языках говорят. Я им камеры убирал! Весёлые, черти, даром что арестанты!..

- Разбойники?

- Самые настоящие воры, - с гордостью выговорил Пашка.

Илья мигнул глазами и почувствовал ещё больше уважения к Пашке.

- Русские они? - спросил он.

- Некоторые жиды... Первый сорт народ!.. Они, брат, ого-го какие! Грабили всех как следует!.. Ну, их поймали да - в Сибирь!

- Как же ты выучился?

35

- А так... Говорю: выучите меня, - они и выучили...

- И читать и писать?

- Писать плохо!.. А читать - сколько хочешь могу! Я уж много книжек читал!..

Речь о книжках оживила Илью.

- И я с Яковом читаю!

Оба они наперебой друг перед другом стали называть прочитанные книжки. Вскоре Павел со вздохом сказал:

- Да-а, вы, черти, больше прочитали! А я - всё стихи... Там много было всяких, но хорошие-то только стихи...

Пришёл Яков, удивлённо выкатил глаза и засмеялся.

- Овца! - встретил его Пашка. - Чего хохочешь?

- Ты где был?

- Тебе туда не дойти!..

- Знаешь, - сказал Илья товарищу, - и он тоже книжки читал...

- О? - воскликнул Яков и тотчас же заговорил с Пашкой более дружески. Три мальчика уселись рядом, и между ними загорелся бессвязный, быстрый, удивительно интересный разговор.

- Я такие штуки видал - рассказать нельзя! - с гордостью и воодушевлённо говорил Пашка. - Один раз не жрал двое суток... совсем ничего! В лесу ночевал... Один.

- Боязно? - спросил Яков.

- Поди, ночуй, - узнаешь! А то собаки меня загрызли было... Был в городе Казани... Там есть памятник одному, - за то, что стихи сочинял, поставили... Огромный был мужик!.. Ножищи у него во какие! А кулак с твою голову, Яшка! Я, братцы, тоже стихи сочинять буду, я уж научился немножко!..

Он вдруг съёжился, подобрал под себя ноги и, пристально глядя в одну точку, - нахмуренный, важный, - скороговоркой сказал:

По улице люди идут,
Все они одеты и сыты,
А попроси у них поесть,
Так они скажут - поди ты
Прочь!..

Он кончил, взглянул на мальчиков и тихо опустил голову. С минуту длилось неловкое молчание. Потом Илья осторожно спросил:

- Это разве стихи?

- А ты не слышишь? - сердито крикнул Пашка. - Сказано: сыты - поди ты, - значит, стихи!..

36

- Конечно, стихи! - торопливо воскликнул Яков. - Ты всегда придираешься, Илья!

- Я и ещё сочинил, - оживлённо обратился Пашка к Якову и тотчас же быстро выпалил:

Тучи - серы, а земля - сыра,

Вот приходит осенняя пора,

А у меня ни кола, ни двора,

И вся одёжа - на дыре дыра!

- О-г-го-о! - протянул Яков, широко раскрыв глаза.

- Вот это уж - прямо стихи! - в тон ему подтвердил Илья.

Лицо Пашки вспыхнуло слабым румянцем, и глаза его так сощурились, точно в них откуда-то дым попал.

- Я и длинные стихи буду сочинять! - похвалялся он. - Это ведь не больно трудно! Идёшь и видишь - лес - леса, небо - небеса!.. А то поле - воля!.. Само собой выходит!

- А теперь что ты будешь делать? - спросил его Илья.

Пашка мигнул глазами, оглянулся вокруг, помолчал и, наконец, негромко и неуверенно сказал:

- Что-нибудь!..

Но тотчас же снова решительным голосом объявил:

- А потом - опять убегу!..

Он стал жить у сапожника, и каждый вечер ребятишки собирались к нему. В подвале было тише и лучше, чем в каморке Терентия. Перфишка редко бывал дома - он пропил всё, что можно было пропить, и теперь ходил работать подённо по чужим мастерским, а если работы не было - сидел в трактире. Он ходил полуголый, босый, и всегда подмышкой у него торчала старенькая гармония. Она как бы срослась с его телом, он вложил в неё частицу своей весёлой души, и оба стали похожи друг на друга - оборванные, угловатые, полные задорных песен и трелей. Вся мастеровщина в городе знала Перфишку как неистощимого творца разудалых и смешных "частушек", - сапожник был желанным гостем в каждой мастерской. Его любили за то, что тяжёлую, скучную жизнь рабочего люда он скрашивал песнями и складными, шутливыми рассказами о разных разностях.

Когда ему удавалось заработать несколько копеек, он половину отдавал дочери - этим и ограничивались его заботы о ней. Она была полной хозяйкой своей судьбы. Она очень выросла, её чёрные кудри спустились до плеч, тёмные глаза стали серьёзнее и больше, и - тоненькая, гибкая - она хорошо играла роль хозяйки в своей норе: собирала щепы на постройках, пробовала варить какие-то похлёбки и до полудня ходила с подоткнутым подолом, вся испачканная сажей, мокрая, озабоченная. А состряпав обед, убирала комнату, мылась, одевала чистое платье и садилась за стол к окну чинить что-нибудь из одёжи.

К ней часто приходила Матица, принося с собой булки, чай, сахар, а однажды она даже подарила Маше голубое платье. Маша вела себя с этой женщиной, как взрослый человек и хозяйка дома; ставила маленький жестяной самовар, и, попивая горячий, вкусный чай, они говорили о разных делах и ругали Перфишку. Матица ругалась с увлечением, Маша вторила ей тонким голосом, но - без злобы, только из вежливости. Во всём, что она говорила про отца, звучало снисхождение к нему.

- А чтоб в него печёнки зсохлись! - гудела Матица, свирепо поводя бровями. - Что ж? Забыл он, пьянчуга, что в него дитя малое зосталось? Гадка его морда, чтоб здох, як пёс!

- Он ведь знает, что я уж большая и всё сама могу... - говорила Маша.

- Боже мой, боже! - тяжело вздыхала Матица. - Что же это творится на свете белом? Что будет с девочкой? Вот и у меня была девочка, как ты!.. Зосталась она там, дома, у городи Хороли... И это так далеко - город Хорол, что если б меня и пустили туда, так не нашла бы я до него дороги... Вот так-то бывает с человеком!.. Живёт он, живёт на земле и забывает, где его родина...

Маше нравилось слушать густой голос этой женщины с глазами коровы. И, хотя от Матицы всегда пахло водкой, - это не мешало Маше влезать на колени бабе, крепко прижимаясь к её большой, бугром выступавшей вперёд груди, и целовать её в толстые губы красиво очерченного рта. Матица приходила по утрам, а вечером у Маши собирались ребятишки. Они играли в карты, если не было книг, но это случалось редко. Маша тоже с большим интересом слушала чтение, а в особенно страшных местах даже вскрикивала тихонько.

Яков относился к девочке ещё более заботливо, чем прежде. Он постоянно таскал ей из дома куски хлеба и мяса, чай, сахар, керосин в бутылках из-под пива, иногда давал деньги, оставшиеся от покупки книг. Он привык делать всё это, и всё выходило у него как-то незаметно, а Маша относилась к его заботам как к чему-то вполне естественному и тоже не замечала их.

- Яша! - говорила она, - углей нет!

Через некоторое время он или приносил ей угли, или давал семишник, говоря:

- Ступай, купи!.. Украсть нельзя было!

Илья тоже привык к этим отношениям, да и все на дворе как-то не замечали их. Порой Илья и сам, по поручению товарища, крал что-нибудь из кухни или буфета и тащил в подвал к сапожнику. Ему нравилась смуглая и тонкая девочка, такая же сирота, как сам он, а особенно нравилось, что она умеет жить одна и всё делает, как большая. Он любил видеть, как она смеётся, и постоянно старался смешить Машу. А когда это не удавалось ему Илья сердился и дразнил девочку:

- Черномазая чумичка!

Она прищуривала глаза и говорила:

- Скуластый чёрт!..

Слово за слово, и они ссорились серьёзно: Маша быстро свирепела и бросалась на Илью с намерением поцарапать его, но он со смехом удовольствия убегал от неё.

Однажды, за картами, он уличил Машу в плутовстве и в ярости крикнул ей:

- Яшкина любовница!

А затем прибавил ещё одно грязное слово, значение которого было известно ему. Яков был тут же. Сначала он засмеялся, но, увидав, что лицо его подруги исказилось от обиды, а на глазах её блестят слёзы, он замолчал и побледнел. И вдруг вскочил со стула, бросился на Илью, ударил его в нос и, схватив его за волосы, повалил на пол. Всё это произошло так быстро, что Илья даже защититься не успел. А когда он, ослеплённый болью и обидой, встал с пола и, наклонив голову, быком пошёл на Якова, говоря ему: "Н-ну, держись! Я тебя..." - он увидал, что Яков жалобно плачет, облокотясь на стол, а Маша стоит около него и говорит тоже со слезами в голосе:

- Не дружись с ним. Он поганый... Он злющий! Они все злые - у него отец в каторге... а дядя горбатый!.. У него тоже горб вырастет! Пакостник ты! - смело наступая на Илью, кричала она. - Дрянь паршивая!.. тряпичная душа! Ну-ка, иди? Как я тебе рожу-то расцарапаю! Ну-ка, сунься!?

Илья не сунулся. Ему стало нехорошо при виде плачущего Якова, которого он не хотел обижать, и было стыдно драться с девчонкой. А она стала бы драться, это он видел. Он ушёл из подвала, не сказав ни слова, и долго ходил по двору, нося в себе тяжёлое, нехорошее чувство. Потом, подойдя к окну Перфишкиной квартиры, он осторожно заглянул в неё сверху вниз. Яков с подругой снова играли в карты. Маша, закрыв половину лица веером карт, должно быть, смеялась, а Яков смотрел в свои карты и нерешительно трогал рукой то одну, то другую. Илье стало грустно. Он походил по двору ещё немного и смело пошёл в подвал.

- Примите меня! - сказал он, подходя к столу. Сердце у него билось, а лицо горело и глаза были опущены. Яков и Маша молчали.

- Я не буду ругаться!.. ей-богу, не буду! - сказал Илья, взглянув на них.

- Ну, уж садись, - эх ты! - сказала Маша. А Яков строго добавил:

- Дурачина! Не маленький... Понимай, что говоришь...

- А как ты меня? - с упрёком сказал Илья Якову.

- За дело! - резонным тоном сказала ему Маша.

39

- Ну, ладно! Я ведь не сержусь... я виноват-то!.. - сознался Илья и смущённо улыбнулся Якову. - И ты не сердись - ладно?

- Ладно! Держи карты...

- Дикий чёрт! - сказала Маша, и этим всё закончилось.

Через минуту Илья, нахмурив брови, погрузился в игру. Он всегда садился так, чтобы ему можно было ходить к Маше: ему страшно нравилось, когда она проигрывала, и во всё время игры Илья упорно заботился об этом. Но девочка играла ловко, и чаще всего проигрывал Яков.

- Эх ты, лупоглазый! - с ласковым сожалением говорила Маша. - Опять дурак!

- Ну их к лешему, карты! Надоело! Давайте читать!

Они доставали растрёпанную и испачканную книжку и читали о страданиях и подвигах любви.

Когда Пашка Грачёв присмотрелся к их жизни, он сказал тоном бывалого человека:

- А вы, черти, здорово живёте!

Потом он поглядел на Якова и Машу и с усмешкой, но серьёзно добавил:

- А потом ты, Яков, возьми замуж Машку!

- Дурак!.. - смеясь, сказала Маша, и все четверо захохотали.

Когда прочитывали книжку или уставали читать, Пашка рассказывал о своих приключениях, - его рассказы были интересны не менее книг.

- Как уразумел я, братцы, что нет мне ходу без пач-порта, - начал я хитрить. Увижу будочника - иду скоро, будто кто послал меня куда, а то так держусь около какого-нибудь мужика, будто он хозяин мой, или там отец, или кто... Будочник поглядит и ничего, - не хватает... В деревнях хорошо, там будочников совсем нет: одни старики да старухи и ребятишки, а мужики в поле. Спросят: "Кто такой?" - "Нищий..." - "Чей?" - "Без роду..." "Откуда?" - "Из города". Вот и всё! Поят, кормят хорошо. Идёшь это... идёшь, как хочется: хоть бегом лупи, хоть на брюхе ползи... Поле везде, лес... жаворонки поют... так бы к ним и полетел! Коли сыт - ничего не хочется, всё бы и шёл до самого до края света. Как будто кто тащит тебя вперёд... как мать несёт. А то и голодал я - фью-ю! Бывало, кишки трещали вот до чего брюхо высыхало! Хоть землю жри! В башке мутилось... Зато как добьёшься хлебца да воткнёшь в него зубы-то - ы-ых! День и ночь ел бы. Хорошо было!.. А всё-таки как в тюрьму попал - обрадовался... Сначала испугался, а уж потом радостно стало! Очень я будочников боялся. Думаю, схватят меня да ка-ак начнут пороть - и запорют! А он меня легонько... подошёл сзади да за шиворот - цап! Я у магазина на часы смотрел... Множество часов - золотые и разные. Цап! Я как зареву! А он меня ласково: "Кто ты, да откуда?" Ну, я и сказал, - всё равно они узнали бы: они всё знают... Он меня в полицию... Там разные господа... "Куда идёшь?" "Странствую..." Хохочут... Потом в тюрьму... Там тоже все хохочут. А потом господа эти меня к себе приспособили... Вот черти были! Ого-го!

О господах он говорил больше междометиями, - очевидно, они очень поразили его воображение, но их фигуры как-то расплылись в памяти и смешались в одно большое, мутное пятно. Прожив у сапожника около месяца, Пашка снова исчез куда-то. Потом Перфишка узнал, что он поступил в типографию и живёт где-то далеко в городе. Услышав об этом, Илья с завистью вздохнул и сказал Якову:

- А мы с тобой, видно, так тут и прокиснем...

Первое время после исчезновения Пашки Илье чего-то не хватало, но вскоре он снова попал в колею чудесного и чуждого жизни. Снова началось чтение книжек, и душа Ильи погрузилась в сладкое состояние полудремоты.

Пробуждение было грубо и неожиданно - однажды утром дядя разбудил его, говоря:

- Умойся почище, да скорее...

- Куда? - сонно спросил Илья.

- На место! Слава богу! Нашлось!.. В рыбной лавке будешь служить.

У Ильи сжалось сердце от неприятного предчувствия. Желание уйти из этого дома, где он всё знал и ко всему привык, вдруг исчезло, комната, которую он не любил, теперь показалась ему такой чистой, светлой. Сидя на кровати, он смотрел в пол, и ему не хотелось одеваться... Пришёл Яков, хмурый и нечёсаный, склонил голову к левому плечу и, вскользь взглянув на товарища, сказал:

- Иди скорее, отец ждёт... Ты приходить сюда будешь?

- Буду...

- То-то... К Маньке зайди проститься.

- Чай, я не навсегда ухожу, - сердито молвил Илья.

Манька сама пришла. Она встала у дверей и, поглядев на Илью, грустно сказала:

- Вот тебе и прощай!

Илья с сердцем рванул курточку, которую надевал, и выругался. Манька и Яков, оба враз, глубоко вздохнули.

- Так приходи же! - сказал Яков.

- Да ла-адно! - сурово ответил Илья.

- Ишь зафорсил, приказчик!.. - заметила Маша.

- Эх ты - ду-ура! - тихо и с укором ответил Илья. Через несколько минут он шёл по улице с Петрухой, парадно одетым в длинный сюртук и скрипучие сапоги, и буфетчик внушительно говорил ему:

- Веду я тебя служить человеку почтенному, всему городу известному,

41

Кириллу Иванычу Строганому... Он за доброту свою и благодеяния медали получал - не токмо что! Состоит он гласным в думе, а может, будет избран даже в градские головы. Служи ему верой и правдой, а он тебя, между прочим, в люди произведёт... Ты парнишка сурьёзный, не баловник... А для него оказать человеку благодеяние - всё равно что - плюнуть...

Илья слушал и пытался представить себе купца Строганого. Ему почему-то стало казаться, что купец этот должен быть похож на дедушку Еремея, - такой же тощий, добрый и приятный. Но когда он пришёл в лавку, там за конторкой стоял высокий мужик с огромным животом. На голове у него не было ни волоса, но лицо от глаз до шеи заросло густой рыжей бородой. Брови тоже были густые и рыжие, под ними сердито бегали маленькие, зеленоватые глазки.

- Кланяйся! - шепнул Петруха Илье, указывая глазами на рыжего мужика. Илья разочарованно опустил голову.

- Как зовут? - загудел в лавке густой бас. - Ну, Илья, гляди у меня в оба, а зри - в три! Теперь у тебя, кроме хозяина, никого нет! Ни родных, ни знакомых - понял? Я тебе мать и отец, - а больше от меня никаких речей не будет...

Илья исподлобья осматривал лавку. В корзинах со льдом лежали огромные сомы и осетры, на полках были сложены сушёные судаки, сазаны, и всюду блестели жестяные коробки. Густой запах тузлука стоял в воздухе, в лавке было душно, тесно. На полу в больших чанах плавала живая рыба - стерляди, налимы, окуни, язи. Но одна небольшая щука дерзко металась в воде, толкала других рыб и сильными ударами хвоста разбрызгивала воду на пол. Илье стало жалко её.

Один из приказчиков - маленький, толстый, с круглыми глазами и крючковатым носом, очень похожий на филина, - заставил Илью выбирать из чана уснувшую рыбу. Мальчик засучил рукава и начал хватать рыб как попало.

- За башки бери, дубина! - вполголоса сказал приказчик.

Иногда Илья по ошибке хватал живую неподвижно стоявшую рыбу; она выскальзывала из его пальцев и, судорожно извиваясь, тыкалась головой в стены чана.

Илья уколол себе палец костью плавника и, сунув его в рот, стал сосать.

- Вынь палец! - басом крикнул хозяин.

Потом мальчику дали тяжёлый топор, велели ему слезть в подвал и разбивать там лёд так, чтоб он улёгся ровно. Осколки льда прыгали ему в лицо, попадали за ворот, в подвале было холодно и темно, топор при неосторожном размахе задевал за потолок. Через несколько минут Илья, весь мокрый, вылез из подвала и заявил хозяину:

- Я разбил там какую-то банку...

Хозяин внимательно поглядел на него и молвил:

- На первый раз прощаю. За то прощаю, что - сам сказал... За второй раз - нарву уши...

И завертелся Илья незаметно и однообразно, как винтик в большой, шумной машине. Он вставал в пять часов утра, чистил обувь хозяина, его семьи и приказчиков, потом шёл в лавку, мёл её, мыл столы и весы. Являлись покупатели, - он подавал товар, выносил покупки, потом шёл домой за обедом. После обеда делать было нечего, и, если его не посылали куда-нибудь, он стоял у дверей лавки, смотрел на суету базара и думал о том, как много на свете людей и как много едят они рыбы, мяса, овощей. Однажды он спросил приказчика, похожего на филина:

- Михаил Игнатьич!

- Ну-с?

- А что будут люди есть, когда выловят всю рыбу и зарежут весь скот?

- Дурак! - ответил ему приказчик.

Другой раз он взял газету с прилавка и, стоя у двери, стал читать её. Но приказчик вырвал газету из его рук, щёлкнул его пальцем по носу и угрожающе спросил:

- Кто тебе позволил, а? Осёл...

Этот приказчик не нравился Илье. Говоря с хозяином, он почти ко всякому слову прибавлял почтительный свистящий звук, а за глаза называл купца Строганого мошенником и рыжим чёртом. По субботам и перед праздниками хозяин уезжал из лавки ко всенощной, а к приказчику приходила его жена или сестра, и он отправлял с ними домой кулёк рыбы, икры, консервов. Любил он издеваться над нищими, среди которых было много стариков, напоминавших Илье о дедушке Еремее. Когда к дверям лавки подходил какой-нибудь старик и, кланяясь, тихо просил милостыню, приказчик брал за голову маленькую рыбку и совал её в руку нищего хвостом - так, чтоб кости плавников вонзились в мякоть ладони просящего. И, когда нищий, вздрагивая от боли, отдёргивал руку, приказчик насмешливо и сердито кричал:

- Не хочешь? Мало? Пшёл прочь...

Однажды старуха-нищая взяла тихонько сушёного судака и спрятала его в своих лохмотьях; приказчик видел это; он схватил старуху за ворот, отнял украденную рыбу, а потом нагнул голову старухи и правой рукой, снизу вверх, ударил её по лицу. Она не охнула и не сказала ни слова, а, наклонив голову, молча пошла прочь, и Илья видел, как из её разбитого носа в два ручья текла тёмная кровь.

- Получила? - крикнул приказчик вслед ей.

И, обращаясь к другому приказчику, Карпу, сказал:

- Ненавижу я нищих!.. Дармоеды! Ходят, просят и - сыты! И хорошо живут... Братия Христова, говорят про них. А я кто Христу? Чужой? Я всю жизнь верчусь, как червь на солнце, а нет мне ни покоя, ни уважения...

Другой приказчик, Карп, был человек богомольный, разговаривал только о храмах, певчих, архиерейской службе и каждую субботу беспокоился, что опоздает ко всенощной. Ещё его интересовали фокусы, и каждый раз, когда в городе появлялся какой-нибудь "маг и чародей", Карп непременно шёл смотреть на него... Был он высок, худ и очень ловок; когда в лавке скоплялось много покупателей, он извивался среди них, как змея, всем улыбаясь, со всеми разговаривая, и всё поглядывал на большую фигуру хозяина, точно хвастаясь пред ним своим уменьем делать дело. К Илье относился пренебрежительно и насмешливо, и мальчик тоже не взлюбил его. Но хозяин нравился Илье. С утра до вечера купец стоял за конторкой, открывал ящик и швырял в него деньги. Илья видел, что он делал это равнодушно, без жадности, и мальчику почему-то было приятно это. Приятно было и то, что хозяин разговаривал с ним чаще и ласковее, чем с приказчиками. В тихое время, когда покупателей не было, купец иногда обращался к Илье, понуро стоявшему у двери:

- Эй, Илья, дремлешь?

- Нет...

- А чего ты сурьёзный всегда?

- Не знаю...

- Скушно, что ли?

- Да-а...

- Ну, поскучай! И я скучал, было время... С девяти до тридцати двух лет скучал по чужим людям... А теперь - двадцать третий год гляжу, как другие скучают...

И он покачивал головой, как бы договаривая:

"Ничего не поделаешь больше-то!"

После двух-трёх таких разговоров Илью стал занимать вопрос: зачем этот богатый, почётный человек торчит целый день в грязной лавке и дышит кислым, едким запахом солёной рыбы, когда у него есть такой большой, чистый дом? Это был странный дом: в нём всё было строго и тихо, всё совершалось в незыблемом порядке. И было в нём тесно, хотя в обоих этажах, кроме хозяина, хозяйки и трёх дочерей, жили только кухарка, горничная и дворник, он же кучер. Все в доме говорили неполным голосом, а проходя по огромному, чистому двору, жались к сторонке, точно боясь выйти на открытое пространство. Сравнивая этот спокойный, солидный дом с домом Петрухи, Илья неожиданно пришёл к мысли, что в доме Петрухи лучше жить, хотя там и бедно, шумно, грязно. Мальчику страшно захотелось спросить купца: зачем он беспокоит себя, живя весь день на базаре, в шуме и суете, а не дома, где тихо и смирно?

Однажды, когда Карп ушёл куда-то, а Михаил отбирал в подвале попорченную рыбу для богадельни, хозяин заговорил с Ильёй, и мальчик сказал ему:

- Вам бы, Кирилл Иванович, бросить торговлю-то... Вы уже ведь богатый... Дома у вас хорошо, а здесь вонь... и скука!..

Строганый, облокотясь о конторку, зорко смотрел на него, рыжие брови у купца вздрагивали.

- Ну? - спросил он, когда Илья замолчал. - Всё сказал?

- Всё... - смущённо, с испугом в сердце, отозвался Илья.

- Подь-ка сюда!

Илья подошёл. Тогда купец взял его за подбородок, поднял его голову кверху и, прищуренными глазами глядя в лицо ему, спросил:

- Это тебя научили, или ты сам выдумал?

- Ей-богу, сам.

- Н-да... Коли сам, так - ладно! Ну, скажу я тебе вот что: больше ты со мной, хозяином твоим - понимаешь? - хозяином! - говорить так не смей! Запомни! Пошёл на своё место...

А когда пришёл Карп, хозяин вдруг, ни с того ни с сего, заговорил, обращаясь к приказчику, но искоса и заметно для Ильи поглядывая на него:

- Человек всю жизнь должен какое-нибудь дело делать - всю жизнь!.. Дурак тот, кто этого не понимает. Как можно зря жить, ничего не делая? Никакого смыслу нет в человеке, который к делу своему не привержен...

- Совершенно справедливо, Кирилл Иванович! - отозвался приказчик и внимательно повёл глазами по лавке, отыскивая дело для себя. Илья взглянул на хозяина и задумался. Всё скучнее жилось ему среди этих людей. Дни тянулись один за другим, как длинные, серые нити, разматываясь с какого-то невидимого клубка, и мальчику стало казаться, что конца не будет этим дням, всю жизнь он простоит у дверей, слушая базарный шум. Но его мысль, возбуждённая ранее пережитыми впечатлениями и прочитанными книжками, не поддавалась умиротворяющему влиянию однообразия этой жизни и тихо, но неустанно работала. Порой ему - молчаливому и серьёзному - становилось так скучно смотреть на людей, что хотелось закрыть глаза и уйти куда-нибудь далеко - дальше, чем Пашка Грачёв ходил, - уйти и уж не возвращаться в эту серую скуку и непонятную людскую суету.

В праздники его посылали в церковь. Он возвращался оттуда всегда с таким чувством, как будто сердце его омыли душистою, тёплою влагой. К дяде за полгода службы его отпускали два раза. Там всё шло по-прежнему. Горбун худел, а Петруха посвистывал всё громче, и лицо у него из розового становилось красным. Яков жаловался, что отец притесняет его.

- Всё журит: "Дело, говорит, делай... Я, говорит, книжника не хочу..." Но ежели мне противно за стойкой торчать? Шум, гам, вой, самого себя не слышно!.. Я говорю: "Отдай меня в приказчики, в лавку, где иконами торгуют... Покупателя там бывает мало, а иконы я люблю..."

Глаза у Якова грустно мигали, кожа на лбу отчего-то пожелтела и светилась, как лысина на голове его отца.

- Книжки-то читаете? - спросил Илья.

- А как же? Только и радости... Пока читаешь, словно в другом городе живёшь... а кончишь - как с колокольни упал...

Илья посмотрел на него и сказал:

- Какой ты старый стал... А Машутка где?

- В богадельню пошла за милостыней. Теперь я ей не много помогаю: отец-то следит... А Перфишка всё хворает... Манька-то начала в богадельню ходить, - щей там дают ей и всего... Матица помогает ещё... Сильно бьётся Маша...

- Тоже и у вас скушно, - задумчиво сказал Илья.

- А тебе очень скушно?

- Смерть!.. У вас хоть книжки... а у нас во всём доме один "Новейший фокусник и чародей" у приказчика в сундуке лежит, да и того я не добьюсь почитать... не даёт, жулик! Плохо зажили мы, Яков...

- Плохо, брат...

Они поговорили ещё немного и простились, оба грустные.

Прошло ещё несколько недель, и вдруг судьба сурово, но всё же милостиво улыбнулась Илье. Однажды утром, во время оживлённой торговли, хозяин, стоя за конторкой, вдруг быстро начал перебирать всё на ней. Лоб его покраснел, густо налившись кровью, и на шее туго вздулись жилы.

- Илья! - крикнул он. - Погляди-ка на полу, - не лежит ли где десятирублёвка...

Илья взглянул на купца, потом быстрым взглядом окинул пол и спокойно сказал:

- Нет...

- Я те говорю - погляди как следует!.. - рявкнул хозяин густым басом.

- Да я глядел...

- Хорошо же, упрямая шельма! - пригрозил ему хозяин.

А когда покупатели ушли, он позвал Илью, схватил крепкими и толстыми пальцами его ухо и начал рвать из стороны в сторону, приговаривая рычащим голосом:

- Велят глядеть - гляди, велят глядеть - гляди...

Илья упёрся обеими руками в брюхо хозяина, сильно оттолкнулся, вырвал ухо из его пальцев и злым голосом, с дрожью обиды во всём теле, громко закричал:

- Что вы дерётесь? Деньги Михаил Игнатьич утащил... Они у него в левом кармане, в жилетке...

Совиное лицо приказчика изумлённо вытянулось, дрогнуло, и вдруг, размахнувшись правой рукой, он ударил Илью по голове. Мальчик упал со стоном и, заливаясь слезами, пополз по полу в угол лавки. Как сквозь сон, он слышал звериный рёв хозяина:

- Стой! Куда? Подай деньги...

- Он врёт-с... - раздавался тонкий голос приказчика.

- Гирей кину в башку!

- Кирилл Иваныч... Мои это-с... Р-разрази меня...

- Молчать!..

И стало тихо. Хозяин ушёл в свою комнату, оттуда донеслось громкое щёлканье косточек на счётах. Илья, держась за голову руками, сидел на полу и с ненавистью смотрел на приказчика, а он стоял в другом углу лавки и тоже смотрел на мальчика нехорошими глазами.

- Что, сволочь, здорово я тебя двинул? - тихо спросил он, оскалив зубы.

Илья дёрнул плечами и промолчал.

- А сейчас я тебе ещё дам, памятку!

Он, не торопясь, пошёл на мальчика, уставив в лицо его свои круглые, злые глаза. Но Илья встал на ноги, твёрдым движением взял с прилавка длинный и тонкий нож и сказал:

- Иди!

Тогда приказчик остановился, неподвижными глазами измеряя коренастую, крепкую фигурку с ножом в руке, остановился и презрительно протянул:

- А, ка-аторжное отродье...

- Ну, иди, иди! - повторил мальчик, шагнув навстречу ему. Пред глазами его всё вздрагивало и кружилось, а в груди он ощущал большую силу, смело толкавшую его вперёд.

- Брось нож! - раздался голос хозяина.

Илья вздрогнул, взглянул на рыжую бороду и налитое кровью лицо, но пе тронулся с места.

- Положи, говорю, нож! - тише сказал хозяин. Илья положил нож на прилавок, громко всхлипнул и снова сел на пол. Голова у него кружилась, болела, ухо саднило, он задыхался от тяжести в груди. Она затрудняла биение сердца, медленно поднималась к горлу и мешала говорить. Голос хозяина донёсся до него откуда-то издали:

- Получи расчёт, Мишка...

- Позвольте-с...

- Вон! А то полицию позову...

- Хорошо-с! Я - уйду... Но и за этим мальчиком вы поглядывайте... Он с ножичком... хе-хе!

- Вон!

Снова в лавке стало тихо. Илья вздрогнул от неприятного ощущения: ему показалось, что по лицу его что-то ползёт. Он провёл рукой по щеке, отёр слёзы и увидал, что из-за конторки на него смотрит хозяин царапающим взглядом. Тогда он встал и пошёл нетвёрдым шагом к двери, на своё место.

— Стой, погоди! — сказал хозяин. — Мог ты ударить его ножом?

— Ударил бы! — тихо, но твёрдо ответил мальчик.

— Та-ак... У тебя отец за что в каторгу ушёл — убил?

— Поджёг...

— И то хорошо...

Пришел Карп, смиренно сел у двери на табуретку и стал смотреть на улицу.

— Карпушка! — с усмешкой глядя на него, сказал хозяин. — Михаила-то я прогнал...

— Воля ваша, Кирилл Иванович!

— Воровать стал, а?

— А-я-яй! — тихонько и с испугом воскликнул Карп. — Да неужто? А-а?

Рыжая борода хозяина вздрогнула от усмешки, и он расхохотался, покачиваясь за конторкой.

— Ах, Карпушка... фокусник ты у меня...

Потом он вдруг перестал смеяться, глубоко вздохнул и задумчиво, сурово сказал:

— Эх, люди, люди! Все-то вы жить хотите, всем жрать надо! Н-ну, Илья, скажи-ка мне, — замечал ты раньше, что Михайло ворует?

— Замечал...

— А что же ты мне не сказал про это? Боялся его, что ли?

— Нет, не боялся...

— Значит, — теперь ты мне со зла сказал...

— Да, — твёрдо ответил Илья.

— Ишь ты, — какой! — воскликнул хозяин. Потом он долго гладил свою рыжую бороду, не говоря ни слова и серьёзно разглядывая Илью.

— Ну, а сам ты, Илья, воровал?

— Нет...

— Верю... Ты — не воровал... Ну, а Карп, — вот этот самый Карп, — он как — ворует?

— Ворует! — повторил мальчик.

Карп с удивлением посмотрел на него, мигнул глазами и спокойно отвернулся в сторону. Хозяин угрюмо сдвинул брови и снова начал гладить бороду. Илья чувствовал, что происходит что-то странное, и напряжённо ждал конца. В пахучем воздухе лавки жужжали мухи, был слышен тихий плеск воды в чане с живой рыбой.

- Карпушка! - окрикнул купец приказчика, неподвижно и со вниманием смотревшего на улицу.

- Чего изволите? - откликнулся Карп, быстро подходя к хозяину и глядя в лицо ему своими вежливо-ласковыми глазами.

- Слышал ты, что про тебя сказано? - с усмешкой спросил Строганый.

- Слышал...

- Ну и что же?

- Ничего!.. - пожав плечами, сказал Карп.

- Это как же - ничего?

- Очень просто, Кирилл Иванович. Я, Кирилл Иванович, имею свое достоинство, будучи человеком, уважающим себя, и потому на мальчика мне не подобает обижаться. Как сами изволите видеть, мальчик откровенно глуп, не имеет никаких понятий...

- Ты мне зубов не заговаривай! ты скажи - правду он говорил?

- Что такое правда, Кирилл Иванович? - воскликнул Карп, снова пожимая плечами, и склонил голову набок. - Конечно, ежели вам угодно - то вы его слова примете за правду... Воля ваша!..

Карп вздохнул и обиженно развёл руками.

- Н-да, на всё здесь воля моя... - согласился хозяин. - Так, по-твоему, мальчонка-то глуп?

- Совершенно глуп, - с глубокой уверенностью сказал Карп.

- Ну, это ты, пожалуй, врёшь... - неопределённо сказал Строганый и вдруг захохотал.

- Нет, как это он ляпнул прямо в зенки тебе - хо-хо! "Ворует Карп?" "Ворует!" Хо-хо-хо!

Когда хозяин засмеялся, Илья почувствовал, что в сердце его вспыхнула мстительная радость, он с торжеством взглянул на Карпа и с благодарностью на хозяина. Карп прислушался к хозяйскому смеху и тоже выпустил из горла осторожный смешок:

- Хе-хе-хе!..

Но Строганый, услыхав эти жиденькие звуки, сурово скомандовал:

- Запирай лавку!..

Когда Илья шёл домой, Карп, потрясая головою, говорил ему:

- Дурак ты, дурак! Ну, сообрази, зачем затеял ты канитель эту? Разве так пред хозяевами выслуживаются на первое место? Дубина! Ты думаешь, он не знал, что мы с Мишкой воровали? Да он сам с того жизнь начинал... Что он Мишку прогнал - за это я обязан, по моей совести, сказать тебе спасибо! А что ты про меня сказал - это тебе не простится никогда! Это называется глупая дерзость! При мне, про меня - эдакое слово сказать! Я тебе его припомню!.. Оно указывает, что ты меня не уважаешь...

Илья слушал эту речь, но плохо понимал её. По его разумению, Карп должен был сердиться на него не так: он был уверен, что приказчик

49

дорогой поколотит его, и даже боялся идти домой... Но вместо злобы в словах Карпа звучала только насмешка, и угрозы его не пугали Илью. Вечером хозяин позвал Илью к себе, наверх.

- Ага! Ну-ка, поди-ка! - проводил его Карп зловещим восклицанием.

Войдя наверх, Илья остановился у двери большой комнаты, среди неё, под тяжёлой лампой, опускавшейся с потолка, стоял круглый стол с огромным самоваром на нём. Вокруг стола сидел хозяин с женой и дочерями, - все три девочки были на голову ниже одна другой, волосы у всех рыжие, и белая кожа на их длинных лицах была густо усеяна веснушками. Когда Илья вошёл, они плотно придвинулись одна к другой и со страхом уставились на него тремя парами голубых глаз.

- Вот он! - сказал хозяин.

- Скажите, пожалуйста, какой! - опасливо воскликнула хозяйка и так посмотрела на Илью, точно раньше она никогда не видала его. Строганый усмехнулся, погладил бороду, постучал пальцами по столу и внушительно заговорил:

- Позвал я тебя, Илья, затем, чтобы сказать тебе - ты мне больше не нужен, стало быть, собирай свою хурду-мурду и уходи...

Илья вздрогнул, удивлённо раскрыл рот и, повернувшись, пошёл вон из комнаты.

- Стой! - сказал купец, протянув к нему руку, и, стукнув по столу ладонью, повторил тоном ниже: - Стой!

Затем он поднял палец кверху и солидно, медленно заговорил:

- Позвал я тебя не за одним этим... Нет!.. Поучить тебя надо... Надо объяснить тебе, - почему ты стал мне вреден? Худа ты мне не сделал, паренёк грамотный, не ленивый... честный и здоровый... Всё это - козыри. Но и с козырями ты мне не нужен... Не ко двору... Почему, - вопрос?..

Илья удивился: его хвалят и - гонят вон. Это не объединялось в его голове, вызывало в нём двойственное чувство удовольствия и обиды. Ему казалось, что хозяин сам не понимает того, что он делает... Мальчик шагнул вперёд и почтительно спросил:

- Вы меня за то прогоняете, что я - с ножом давеча?..

- А, батюшки! - испуганно воскликнула хозяйка. - Какой дерзкий! Ах, господи!..

- Вот! - сказал хозяин с удовольствием, улыбаясь Илье и тыкая пальцем по направлению к нему. - Ты - дерзок! Именно так! Ты - дерзок... Служащий мальчик должен быть смирен, - смиренномудр, как сказано в писании... Он живёт на всём хозяйском... У него пища хозяйская, и ум хозяйский, и честность тоже... А у тебя - своё... Ты, например, в глаза человеку лепишь - вор! Это нехорошо, это дерзко... Ты - ежели честный - мне скажи об этом тихонько скажи... Я уж сам определю всё, я - хозяин!.. А ты вслух - вор!.. Нет, ты погоди... Коли из троих один честен - это для меня ничего не значит... Тут особый счёт надобен... Если же один честен, а девять подлецы, никто не выигрывает... Но человек пропадает. А ежели семеро честных на трёх подлецов - твоя взяла... Понял? Которых больше, те и правы... Вот как о честности рассуждать надо...

Строганый отёр ладонью пот со лба и продолжал:

- Опять же - хватаешь ты ножик...

- О господи Исусе! - с ужасом воскликнула хозяйка, а девочки ещё плотнее прислонились одна к другой.

- Сказано - взявши нож, от него и погибнешь... Вот почему ты мне лишний... Так-то... На вот тебе полтинку, и - иди... Уходи... Помни - ты мне ничего худого, я тебе - тоже... Даже - вот, на! Дарю полтинник... И разговор вёл я с тобой, мальчишкой, серьёзный, как надо быть и... всё такое... Может, мне даже жалко тебя... но неподходящий ты! Коли чека не по оси - её надо бросить... Ну, иди...

Речь хозяина Илья понял просто - купец прогонял его потому, что не мог прогнать Карпа, боясь остаться без приказчика. От этого Илье стало легко и радостно. И хозяин показался ему простым, милым.

- Прощайте! - сказал Илья, крепко сжав в руке серебряную монету. Покорно благодарю!

- Не на чем! - ответил Строганый, кивнув ему головой.

- А-я-яй! Ни слезинки не выронил!.. - донёсся вслед Илье укоризненный возглас хозяйки.

Когда Илья, с узлом на спине, вышел из крепких ворот купеческого дома, ему показалось, что он идёт из серой, пустой страны, о которой он читал в одной книжке, - там не было ни людей, ни деревьев, только одни камни, а среди камней жил добрый волшебник, ласково указывавший дорогу всем, кто попадал в эту страну.

Был вечер ясного дня весны. Заходило солнце, на стёклах окон пылал красный огонь. Это напомнило мальчику день, когда он впервые увидал город с берега реки. Тяжесть узла с пожитками давила ему спину, - он замедлил шаги. По тротуару шли люди, задевая его ношу, с грохотом ехали экипажи; в косых лучах солнца носилась пыль, было шумно, суетливо, весело. В памяти мальчика вставало всё то, что он пережил в городе за эти годы. Он чувствовал себя взрослым человеком, сердце его билось гордо и смело, и в ушах его звучали слова купца: "Ты мальчик грамотный, неглупый, здоровый, не ленивый... Это твои козыри..."

Илья снова ускорил шаги, чувствуя в себе крепкую радость и улыбаясь при мысли, что завтра не надо идти в рыбную лавку...

Возвратясь в дом Петрухи Филимонова, Илья с гордостью убедился, что он действительно очень вырос за время службы в рыбной лавке. Все в доме относились к нему со вниманием и лестным любопытством. Перфишка подал ему руку.

51

- Приказчику - почтение! Что, брат, отслужил? Слышал я о твоих подвигах - ха-ха! Они, брат, любят, когда язык им пятки лижет, а не когда правду режет...

Маша, увидав его, радостно вскричала:

- О-го-о! Какой ты стал!

Яков тоже обрадовался.

- Ну вот, и опять вместе будем жить... А у меня книжка есть "Альбигойцы", - ну история, я тебе скажу! Есть там один - Симон Монфор... вот так чудище!

И Яков торопливо, сбивчиво начал рассказывать содержание книжки. А Илья, глядя на него, с удовольствием подумал, что его большеголовый товарищ остался таким же, каков был. В поведении Ильи у Строганого Яков не увидал ничего особенного. Он просто сказал ему:

- Так и надо было...

Петруха был удивлён поведением Ильи и не скрыл этого, одобрительно сказав:

- Ловко ты их поддел, ловко, брат! Ну, а Кириллу Ивановичу, конечно, нельзя менять Карпа на тебя. Карп дело знает, цена ему высокая. Ты по правде хочешь, в открытую пошёл... Потому он тебя и перевесил...

Но на другой день дядя Терентий тихонько сказал племяннику:

- Ты с Петрухой-то не тово... не очень разговаривай... Осторожненько... Он тебя ругает... Ишь, говорит, какой правдолюб!

Илья засмеялся.

- А вчера он меня хвалил!

Отношение Петрухи не умерило в Илье повышенной самооценки. Он чувствовал себя героем, он понимал, что вёл себя у купца лучше, чем вёл бы себя другой в таких обстоятельствах.

Месяца через два, после тщетных поисков нового места, у Ильи с дядей завязался такой разговор:

- Да-а!.. - уныло тянул горбун. - Нету местов для тебя... Везде говорят - велик... Как же будем жить, милачок?

А Илья солидно и убедительно говорил:

- Мне пятнадцать лет, я грамотный. А ежели я дерзкий, так меня и с другого места прогонят... всё равно!

- Что же делать будем? - опасливо спрашивал Терентий, сидя на своей постели и крепко упираясь в неё руками.

- Вот что: закажи ты мне ящик и купи товару. Мылов, духов, иголок, книжек - всякой всячины!.. И буду я ходить, торговать!

- Что-то я не понимаю этого, Илюша, - у меня трактир в голове, шумит!.. Тук, тук, тук... Мне слабо думаться стало... И в глазах и в душе всё одно... Всё - это самое...

В глазах горбуна действительно застыло напряжённое выражение, точно он всегда что-то считал и не мог сосчитать.

- Да ты попробуй! Ты пусти меня... - упрашивал его Илья, увлечённый своею мыслью, сулившей ему свободу.

- Ну, господь с тобой! Попробуем!..

- Увидишь, что будет! - радостно вскричал Илья.

- Эх! - глубоко вздохнул Терентий и с тоской заговорил: - Рос бы ты поскорее! Будь-ка ты побольше - охо-хо! Ушёл бы я... А то - как якорь ты мне, - из-за тебя стою я в гнилом озере этом... Ушёл бы я ко святым угодникам... Сказал бы им. - "Угодники божий! Милостивцы и заступники! Согрешил я, окаянный!"

Горбун беззвучно заплакал. Илья понял, о каком грехе говорит дядя, и сам вспомнил этот грех. Сердце у него вздрогнуло. Ему было жалко дядю, и, видя, что всё обильнее льются слёзы из робких глаз горбуна, он проговорил:

- Ну, не плачь уж... - Замолчал, подумал и утешительно добавил: Ничего, - простят!..

И вот Илья начал торговать. С утра до вечера он ходил по улицам города с ящиком на груди и, подняв нос кверху, с достоинством поглядывал на людей. Нахлобучив картуз глубоко на голову, он выгибал кадык и кричал молодым, ломким голосом:

- Мыло! Вакса! Шпильки, булавки! Нитки, иголки!

Пёстрой, шумной волной текла жизнь вокруг, он плыл в этой волне свободно и легко, толкался на базарах, заходил в трактиры, важно спрашивал себе пару чая и пил его с белым хлебом долго, солидно, - как человек, знающий себе цену. Жизнь казалась ему простой, лёгкой, приятной. Его мечты принимали простые и ясные формы: он представлял себя чрез несколько лет хозяином маленькой, чистенькой лавочки, где-нибудь на хорошей, не очень шумной улице города, а в лавке у него - лёгкий и чистый галантерейный товар, который не пачкает, не портит одёжи. Сам он тоже чистый, здоровый, красивый. Все в улице уважают его, девушки смотрят ласковыми глазами. Вечером, закрыв лавку, он сидит в чистой, светлой комнате, пьёт чай и читает книжку. Чистота во всём казалась ему необходимым и главным условием порядочной жизни. Так мечталось ему, когда никто не обижал его грубым обращением, ибо с той поры, как он понял себя самостоятельным человеком, он стал чуток и обидчив.

Но когда ему не удавалось ничего продать, и он, усталый, сидел в трактире или где-нибудь на улице, ему вспоминались грубые окрики и толчки полицейских, подозрительное и обидное отношение покупателей, ругательства и насмешки конкурентов, таких же разносчиков, как он, - тогда в нём смутно шевелилось большое, беспокойное чувство. Его глаза раскрывались шире, смотрели глубже в жизнь, а память, богатая впечатлениями, подкладывала их одно за другим в механизм его рассудка. Он ясно видел, что все люди идут к одной с ним цели, - ищут той же спокойной, сытой и чистой жизни, какой хочется и ему. И никто не стесняется оттолкнуть со своей дороги другого, если он мешает ему; все жадны, безжалостны, часто обижают друг друга, не имея в этом надобности, без пользы для себя, только ради удовольствия обидеть человека. Иногда оскорбляют со смехом, и редко кто-нибудь жалеет обиженного...

От этих дум торговля казалась ему скучным делом, мечта о чистой, маленькой лавочке как будто таяла в нём, он чувствовал в груди пустоту, в теле вялость и лень. Ему казалось, что он никогда не выторгует столько денег, сколько нужно для того, чтоб открыть лавочку, и до старости будет шляться по пыльным, жарким улицам с ящиком на груди, с болью в плечах и спине от ремня. Но удача в торговле, вновь возбуждая его бодрость, оживляла мечту.

На одной из бойких улиц города Илья увидал Пашку Грачёва. Сын кузнеца шёл по тротуару беспечной походкой гуляющего человека, руки его были засунуты в карманы дырявых штанов, на плечах болталась не по росту длинная синяя блуза, тоже рваная и грязная, большие опорки звучно щёлкали каблуками по камню панели, картуз со сломанным козырьком молодецки сдвинут на левое ухо, половину головы пекло солнце, а лицо и шею Пашки покрывал густой налёт маслянистой грязи. Он издали узнал Илью, весело кивнул ему головой, но не ускорил шага навстречу ему.

- Каким ты фертом... - сказал Илья.

Пашка крепко стиснул его руку и засмеялся. Его зубы и глаза блестели под маской грязи весело.

- Как живёшь?

- Живём, как можем, есть пища - гложем, нет - попищим, да так и ляжем!.. А я ведь рад, что тебя встретил, чёрт те дери!

Ты что никогда не придёшь? - спросил Илья, улыбаясь. Ему тоже было приятно видеть старого товарища таким весёлым и чумазым. Он поглядел на Пашкины опорки, потом на свои новые сапоги, ценою в девять рублей, и самодовольно улыбнулся.

- А я почём знаю, где ты живёшь!.. - сказал Грачёв.

- Всё там, у Филимонова...

- А Яшка говорил, что ты где-то рыбой торгуешь...

Илья с гордостью рассказал Пашке о своей службе у Строганого.

- Ай да наши - чуваши! - одобрительно воскликнул Грачёв. - А я тоже, из типографии прогнали за озорство, так я к живописцу поступил краски тереть и всякое там... Да, чёрт её, на сырую вывеску сел однажды... ну

54

начали они меня пороть! Вот пороли, черти! И хозяин, и хозяйка, и мастер... прямо того и жди, что помрут с устатка... Теперь я у водопроводчика работаю. Шесть целковых в месяц... Ходил обедать, а теперь на работу иду...

- Не торопишься.

- А пёс с ней! Разве всю её когда переделаешь? Надо будет зайти к вам...

- Приходи! - дружески сказал Илья.

- Книжки-то читаете?

- Как же! А ты?

- И я клюю помалу...

- А стихи сочиняешь?..

- И стихи...

Пашка снова весело захохотал.

- Приходи, а? Стихи тащи...

- Приду... Водочки принесу...

- Пьёшь?

- Хлещем... Однако - прощай!..

- Прощай! - сказал Илья.

Он пошёл своей дорогой, думая о Пашке. Ему казалось странным, что этот оборванный паренёк не выказал зависти к его крепким сапогам и чистой одежде, даже как будто не заметил этого. А когда Илья рассказал о своей самостоятельной жизни, - Пашка обрадовался. Илья тревожно подумал: неужели Грачёв не хочет того, чего все хотят, - чистой, спокойной, независимой жизни?

Особенно ясно чувствовал Илья грусть и тревогу после посещения церкви. Он редко пропускал обедни и всенощные. Он не молился, а просто стоял где-нибудь в углу и, ни о чём не думая, слушал пение. Люди стояли неподвижно, молча, и было в их молчании единодушие. Волны пения носились по храму вместе с дымом ладана, порой Илье казалось, что и он поднимается вверх, плавает в тёплой, ласковой пустоте, теряя себя в ней. Торжественное настроение миротворно веяло на душу, и было в нём что-то совершенно чуждое суете жизни, непримиримое с её стремлениями. Сначала в душе Ильи это впечатление укладывалось отдельно от обычных впечатлений дня, не смешивалось с ними, не беспокоило юношу. Но потом он заметил, что в сердце его живёт нечто, всегда наблюдающее за ним. Оно пугливо скрывается где-то глубоко, оно безмолвно в суете жизни, но в церкви оно растёт и вызывает что-то особенное, тревожное, противоречивое его мечтам о чистой жизни. В эти моменты ему всегда вспоминались рассказы об отшельнике Антипе и любовные речи тряпичника: "Господь всё видит, всему меру знает! Кроме его - никого!"

Илья приходил домой полный смутного беспокойства, чувствуя, что его мечта о будущем выцвела и что в нём в самом есть кто-то, не желающий открыть галантерейную лавочку. Но жизнь брала своё, и этот кто-то скрывался в глубь души...

Разговаривая с Яковом обо всём, Илья однако не говорил ему о своём раздвоении. Он и сам думал о нём только по необходимости, никогда своей волей не останавливая мысль на этом непонятном ему чувстве.

Вечера он проводил приятно. Возвращаясь из города, шёл в подвал к Маше и хозяйским тоном спрашивал:

- Машутка! Как у нас насчёт самоварчика?

Самоварчик уже был готов и стоял на столе, курлыкая и посвистывая. Илья всегда приносил с собой чего-нибудь вкусного: баранок, мятных пряников, медовой коврижки, а иногда и варенья паточного, - и Маша любила поить его чаем. Девочка тоже начала зарабатывать деньги: Матица научила её делать из бумаги цветы, и Маше нравилось составлять из тонких, весело шуршавших бумажек яркие розы. Иногда она зарабатывала до гривенника в день. Её отец заболел тифом, слишком два месяца пролежал в больнице и пришёл оттуда сухой, тонкий, с прекрасными тёмными кудрями на голове. Он сбрил свою растрёпанную, бесшабашную бородёнку и, несмотря на жёлтые, ввалившиеся щёки, казался помолодевшим. По-прежнему он работал у чужих людей и даже ночевать домой являлся редко, предоставив квартиру в полное распоряжение дочери. Она тоже стала звать отца, как все, - Перфишкой. Сапожник забавлялся её отношением к нему и, видимо, чувствовал уважение к своей кудрявой девочке, умевшей хохотать так же весело, как сам он.

Вечернее чаепитие у Маши вошло в привычку Ильи и Якова. Они пили долго, много, обливаясь потом, разговаривая обо всём, что задевало их. Илья рассказывал о том, что видел в городе, Яков, читавший целыми днями, - о книгах, о скандалах в трактире, жаловался на отца, а иногда - всё чаще говорил нечто такое, что Илье и Маше казалось несуразным, непонятным. Чай был необыкновенно вкусен, а самовар, весь покрытый окисями, имел славную старческую рожу, ласково-хитрую. Почти всегда, когда ребята только что входили во вкус чаепития, самовар с добродушным ехидством начинал гудеть, ворчать, и в нём не оказывалось воды. Маша хватала его и тащила доливать; каждый вечер ей приходилось делать это по нескольку раз.

Если всходила луна, то и её луч попадал в компанию детей.

В этой яме, стиснутой полугнилыми стенами, накрытой тяжёлым, низким потолком, всегда чувствовался недостаток воздуха, света, но в ней было весело и каждый вечер рождалось много хороших чувств и наивных, юных мыслей.

Иногда при чаепитии присутствовал Перфишка. Обыкновенно он

помещался в тёмном углу комнаты на подмостках около коренастой, осевшей в землю печи или влезал на печь, свешивал оттуда голову, и в сумраке блестели его белые, мелкие зубы. Дочь подавала ему большую кружку чаю, сахар и хлеб; он, посмеиваясь, говорил:

- Покорнейше благодарю, Марья Перфильевна. Чувствительно растрясён!

Иногда он со вздохом зависти восклицал:

- А хорошо вы живёте, ребята, чтоб вас дождём размочило! Совсем как люди.

И потом, улыбаясь и вздыхая, рассказывал:

- Житьё-то? Всё улучшается! Всё приятнее жить человеку год от года. Я в ваши года, бывало, только со шпандырем беседы вёл. Начнёт это он меня по спине гладить, а я от удовольствия вою что есть мочи. Перестанет он - спина обидится, надуется и ноет, по милом друге тоскует. Ну, он долго себя ждать не заставлял, - чувствительный был шпандырь! Только всего и удовольствия видел я, ей-богу! Вот вы теперь вырастете большие и будете всё это вспоминать, - разговоры, случаи разные и всю вашу приятную жизнь. А я вот вырос - сорок шестой год мне, - а вспомнить нечего! Ни искры! Совсем нечего вспомнить. Вроде как бы слеп и глух был я в ваши годы. Только и помню, что во рту у меня всегда зубы щёлкали с голоду да холоду, на роже синяки росли, - а уж как у меня кости, уши, волосы целы остались - этого я не могу понять. Не били меня, милого, только печкой, а об печку - сколько угодно! Н-да, старались, учили, как верёвочку сучили... А хоть меня и били, и кожу с меня лупили, и кровь сосали, и на пол бросали - русский человек живуч! Хоть толки его в ступе - он всё на своё место вступит! Ха-ароший, крепкий человек... Вот я: меня и мололи, и в щепы кололи, а я живу себе кукушкой, порхаю по трактирам, доволен всем миром! Бог меня любит... Раз взглянул на меня, засмеялся, ах, говорит, - такой-сякой! И махнул на меня рукой...

Молодёжь, слушая складные речи сапожника, смеялась. И Илья смеялся, но, в то же время, речи Перфишки будили в нём всегда одну и ту же навязчивую мысль. Однажды он с недоверчивой усмешкой спросил сапожника:

- Будто ты ничего и не хочешь?

- Кто говорит? Мне, примерно, всегда выпить хочется...

- Нет, ты правду скажи: ведь хочется чего-нибудь? - настойчиво спросил Илья.

- Вправду? Н-ну, тогда... гармонию бы!.. Ха-аро-шую бы гармонию желал я иметь... Целковых эдак в двадцать... пять! С-с-с!

Он тихо засмеялся, но тотчас же умолк, что-то сообразил и уже с полным убеждением сказал Илье:

- Нет, брат, и гармония тоже ни к чему мне... Во-первых - дорогую я обязательно пропью! Во-вторых - а вдруг она объявит себя хуже моей? Ведь теперь у меня какая гармония? Ей нет цены! В ней - душа моя квартирует! У меня гармония редкостная, - она, может, одна такая-то и живёт на свете... Гармония - как жена... У меня вот жена тоже была - ангел, а не человек! И ежели мне теперь жениться, - как можно? Другую такую, как была, - не найдёшь... К новой-то жене - обязательно старую мерку прикинешь, а она окажется уже... и будет оттого и мне и ей хуже!.. Эх, брат, не то ведь хорошо, что хорошо, а то - что любо!

С похвалами сапожника своей гармонии Илья соглашался. Перфишкин инструмент своей звучностью у всех вызывал единодушное удивление. Но Илья не мог поверить тому, что у сапожника нет никаких желаний. Пред Лунёвым вставал определённый вопрос: неужели, всю жизнь живя в грязи, гуляя в отрепьях, пьянствуя и умея играть на гармонии, можно не желать ничего лучшего? Эта мысль позволяла ему относиться к Перфишке как к блаженненькому, но в то же время он всегда с интересом и недоверием присматривался к беспечному человеку и чувствовал, что сапожник по душе своей лучше всех людей в этом доме, - хотя он пьяница никчемный...

Иногда молодёжь подходила к тем огромным и глубоким вопросам, которые, раскрываясь пред человеком, как бездонные пропасти, властно влекут его пытливый ум и сердце в свою таинственную тьму. Эти вопросы возбуждал Яков. У него образовалась странная привычка: он стал ко всему прижиматься, точно чувствовал себя нетвёрдым на ногах. Сидя, он или опирался плечом на ближайший предмет, или крепко клал на него руку. Идя по улице быстрым, но неровным шагом, он зачем-то дотрогивался рукою до тумб, точно считал их, или тыкал ею в заборы, как бы пробуя их устойчивость. За чаем у Маши он сидел под окном, прижимаясь спиною к стене, и длинные пальцы его рук всегда цеплялись за стул или за край стола. Склонив набок большую голову, покрытую гладкими и мягкими волосами цвета сырого мочала, он поглядывал на собеседников, и голубые глаза на его бледном лице то прищуривались, то широко открывались. По прежнему он любил рассказывать свои сны и никогда не мог изложить содержание прочитанной им книжки, не прибавив от себя чего-то странного. Илья уличал его в этом, но Яков не смущался и просто говорил:

- Так, как я рассказывал, - лучше. Ведь это только священное писание нельзя толковать, как хочется, а простые книжки - можно! Людьми писано, и я - человек. Я могу поправить, если не нравится мне... Нет, ты мне вот что скажи: когда ты спишь - где душа?

- А я почему знаю? - отвечал Илья, не любивший таких вопросов, - они вызывали в нём какую-то неприятную смуту.

- Я думаю, это верно, что она улетает, - объявил Яков.

58

- Конечно, улетает, - с уверенностью говорила Маша.

- А ты почему знаешь? - строго спрашивал Илья.

- Так...

- Улетает, - задумчиво улыбаясь, говорил Яков. - Ей тоже отдохнуть надо... Оттого и - сны...

Не зная, что сказать на это, Илья молчал, хотя всегда чувствовал в себе сильное желание возражать товарищу. И все молчали некоторое время, иногда несколько минут. В тёмной яме становилось как будто ещё темнее. Коптила лампа, пахло углями из самовара, долетал глухой, странный шум: гудел и выл трактир, там, наверху. И снова рвался тихий голос Якова:

- Шумят люди... работают и всё такое. Говорится - живут. Потом - хлоп! Человек умер... Что это значит? Ты, Илья, как думаешь, а?

- Ничего не значит... Пришла старость, надо умирать...

- Умирают и молодые и дети... Умирают здоровые.

- Значит, не здоровы, коли умирают...

- А зачем живут все?

- Повёз! - насмешливо восклицал Илья. - Затем и живут, чтобы жить. Работают, добиваются удачи. Всякий хочет хорошо жить, ищет случая в люди выйти. Все ищут случаев таких, чтобы разбогатеть да жить чисто...

- Так это - бедные. А богатые? У них всё есть... Им чего искать?

- Ну, голова! Богатые! Коли их не будет - на кого бедным работать?

Яков подумал и спросил:

- Значит, все для работы живут, по-твоему?

- Ну да... Не совсем - все... Одни - работают, а другие просто так. Они уж наработали, накопили денег... и живут.

- А зачем?

- Да - чёрт! Хочется им, или - нет? Ведь тебе жить хочется? - кричал Илья, сердясь на товарища. Но ему было бы трудно ответить, почему он сердится: потому ли, что Яков спрашивает о таких вещах, или потому, что он плохо спрашивает?

- Ты зачем живёшь, - ну? - кричал он товарищу.

- Вот я и не знаю! - покорно говорил Яков. - Я бы и умер... Страшно... а всё-таки - любопытно...

И вдруг он начинал говорить голосом ласковым и упрекающим:

- Ты сердишься, а - напрасно. Ты подумай: люди живут для работы, а работа для них... а они? Выходит - колесо... Вертится, вертится, а всё на одном месте. И непонятно, - зачем? И где бог? Ведь вот она, ось-то, - бог! Сказано им Адаму и Еве: плодитесь, множьтесь и населяйте землю, - а зачем?

И, наклоняясь к товарищу, Яков таинственным шёпотом, с испугом в голубых глазах сказал:

- Знаешь что? Было и это сказано, сказано было - зачем? А кто-нибудь ограбил бога, - украл и спрятал объяснение-то... И это сатана! Кто другой? Сатана! Оттого никто и не знает - зачем?

Илья слушал бессвязную речь товарища, чувствовал, что она захватывает его, и молчал.

А Яков говорил всё торопливее, тише, глаза у него выкатывались, на бледном лице дрожал страх, и ничего нельзя было понять в его словах.

- Чего бог от тебя хочет - знаешь? Ага?! - вдруг выделялось из потока произносимых им слов торжествующее восклицание. И снова из его уст сыпались бессвязные слова. Маша смотрела на своего друга и покровителя, удивлённо раскрыв рот. Илья сердито хмурил брови. Ему было обидно не понимать. Он считал себя умнее Якова, но Яков поражал его своей удивительной памятью и уменьем говорить о разных премудростях. Уставши слушать и молчать, чувствуя, что у него в голове вырос тяжёлый туман, он, наконец, сердито прерывал оратора:

- Ну те к чёрту! Зачитался ты, сам ничего не понимаешь...

- Да я же про то и говорю, что ничего не понимаю! - с удивлением восклицал Яков.

- Так прямо и говори: не понимаю! А то лопочешь, как сумасшедший... А я его - слушай!

- Нет, ты погоди! - не отставал Яков. - Ведь ничего и нельзя понять... Примерно... вот тебе лампа. Огонь. Откуда он? Вдруг - есть, вдруг - нет! Чиркнул спичку - горит... Стало быть - он всегда есть... В воздухе, что ли, летает он невидимо?

Илью снова захватил этот вопрос. Пренебрежительное выражение сползло с его лица, он посмотрел на лампу и сказал:

- Кабы в воздухе он был, - тепло всегда было бы, а спичку и на морозе зажжёшь... Значит, не в воздухе...

- А где? - с надеждой глядя на товарища, спросил Яков.

- В спичке, - подала голос Маша.

Но в разговорах товарищей о премудростях бытия голос девочки всегда пропадал без ответа. Она уже привыкла к этому и не обижалась.

- Где? - вновь с раздражением кричал Илья. - Я не знаю. И знать не хочу! Знаю, что руку в него нельзя совать, а греться около него можно. Вот и всё.

- Ишь ты какой! - воодушевлённо и негодуя говорил Яков. - "Знать не хочу!" Эдак-то и я скажу, и всякий дурак... Нет, ты объясни - откуда огонь? О хлебе я не спрошу, тут всё видно: от зерна - зерно, из зерна - мука, из муки - тесто, и - готово! А как человек родится?

Илья с удивлением и завистью смотрел на большую голову товарища. Иногда, чувствуя себя забитым его вопросами, он вскакивал с места и произносил суровые речи. Плотный и широкий, он почему-то всегда в этих случаях отходил к печке, опирался на неё плечами и, взмахивая курчавой головой, говорил, твёрдо отчеканивая слова:

- Несуразный ты человек, вот что! И всё это у тебя от безделья в голову лезет. Что твоё житьё? Стоять за буфетом - не велика важность. Ты и простоишь всю жизнь столбом. А вот походил бы по городу, как я, с утра до вечера, каждый день, да поискал сам себе удачи, тогда о пустяках не думал бы... а о том, как в люди выйти, как случай свой поймать. Оттого у тебя и голова большая, что пустяки в ней топорщатся. Дельные-то мысли - маленькие, от них голова не вспухнет...

Яков слушал его и молчал, согнувшись на стуле, крепко держась за что-нибудь руками. Иногда его губы беззвучно шевелились, глаза учащённо мигали.

А когда Илья, кончив говорить, садился за стол, Яков снова начинал философствовать:

- Говорят, есть книга, - наука, - чёрная магия, и в ней всё объяснено... Вот бы найти книгу такую да прочитать... Наверно - страшно!

Маша пересаживалась от стола на свою постель и оттуда смотрела чёрными глазами то на одного, то на другого. Потом она начинала позёвывать, покачиваться, сваливалась на подушку.

- Ну, спать пора! - говорил Илья.
- Погоди... вот я Машутку укрою да огонь погашу.

Но, видя, что Илья уже протянул руку и хочет отворять дверь, Яков торопливо и жалобно попросил:

- Да погоди-и! Я боюсь один, - темно!..
- Эхма! - презрительно воскликнул Лунёв. - Шестнадцать лет тебе, а всё ты ещё младенчик. Как это я ничего не боюсь, а? Хоть чёрта встречу - не охну!

Яков молча суетился около Маши, потом торопливо дул на огонь лампы. Огонь вздрагивал, исчезал, и в комнату отовсюду бесшумно вторгалась тьма. Иногда, впрочем, через окно на пол ласково опускался луч луны.

Однажды в праздник Лунёв пришёл домой бледный, со стиснутыми зубами и, не раздеваясь, свалился на постель. В груди у него холодным комом лежала злоба, тупая боль в шее не позволяла двигать головой, и казалось, что всё его тело ноет от нанесённой обиды.

Утром этого дня полицейский, за кусок яичного мыла и дюжину крючков, разрешил ему стоять с товаром около цирка, в котором давалось дневное представление, и Илья свободно расположился у входа в цирк. Но пришёл помощник частного пристава, ударил его по шее, пнул ногой козлы, на которых стоял ящик, - товар рассыпался по земле, несколько вещей попортилось, упав в грязь, иные пропали. Подбирая с земли товар, Илья сказал помощнику:

- Это незаконно, ваше благородие...

- Ка-ак?.. - расправив рыжие усы, спросил обидчик.

- Драться нельзя...

- Да? Мигунов! Отведи его в часть! - спокойно приказал помощник.

И тот же полицейский, который позволил Илье стоять у цирка, отвёл его в часть, где Лунёв и просидел до вечера.

Столкновения с полицией бывали у Лунева и раньше, но в части он сидел ещё впервые и первый раз ощущал в себе так много обиды и злобы.

Лёжа на кровати, он закрыл глаза и весь сосредоточился на ощущении мучительно тоскливой тяжести в груди. За стеной в трактире колыхался шум и гул, точно быстрые и мутные ручьи текли с горы в туманный день. Гремело железо подносов, дребезжала посуда, отдельные голоса громко требовали водки, чаю, пива... Половые кричали:

- Сичас!

И, прорезывая шум дрожащей стальной нитью, высокий горловой голос грустно пел:

Я-а не ча-ял... тебя измыкати...

Другой, басовой и звучный, утопая в хаосе звуков, подпевал негромко и красиво:

А-ах, измыкал я-а... сво-ою мо-лодо-ость.

Кто-то закричал так, точно горло у него было деревянное, высохшее, с трещинами:

- Вр-рёшь! Сказано: "Яко соблюл еси слово терпения моего, и аз тя соблюду в годину искушения"...

- Сам врёшь, - отчетливо и горячо возражали ему, - там же сказано: "Понеже тепл еси, а не студен еси, ниже горящ - имам ти изблевати из уст моих"... вот! Что, взял?..

Раздался громкий хохот, и за ним посыпалась визгливая дробь:

- А я её - по личику, а я её - по нежному! да в ухо ей, да в зубы ей! раз, раз, раз!

Хохотали, а визгливый голос, захлёбываясь, продолжал:

- Она - хлясь оземь! А я её опять в рожицу, опять в милую! Н-на! Я первый целовал, я и изуродую...

- На-ачётчик! - насмешливо воскликнул кто-то.

- Нет, я буду горячиться!

- "Аз люблю, обличаю и наказую"... забыл?.. И ещё: "Не суди, да не судим будеши"... Опять же - Давида-царя слова - забыл?

Илья слушал спор, песню, хохот, но всё это падало куда-то мимо него и не будило в нём мысли. Пред ним во тьме плавало худое, горбоносое лицо помощника частного пристава, на лице этом блестели злые глаза и двигались рыжие усы. Он смотрел на это лицо и всё крепче стискивал зубы. Но песня за стеной росла, певцы воодушевлялись, их голоса звучали смелее и громче, жалобные звуки нашли дорогу в грудь Ильи и коснулись там ледяного кома злобы и обиды.

Изошё-ол я, добрый молодец...
Эх, со устья до-о вершинушки...
И оба голоса слились в жалобу:
Всю сиби-ирскую сто-оронушку,
Да всё искал домой до-оро-женьку...

Илья вздохнул, вслушиваясь в грустные слова. В густом шуме трактира они блестели, как маленькие звёзды в небе среди облаков. Облака плывут быстро, и звёзды то вспыхивают, то исчезают...
Ой, изжевал язык я с го-олоду,
Да изболели ко-ости с хо-олоду...

Илья подумал, что вот поют эти люди, хорошо поют, так, что песня за душу берёт. А потом они напьются водки и, может быть, станут драться... Ненадолго хватает в человеке хорошего...

Эх! ты судьба ли мо-оя чё-орная...

- жаловался высокий голос.
Бас сильно и густо запел:

Ты как ноша мне чу-гун-на-ая...

Память Ильи вызвала из прошлого образ деда Еремея. Старик говорил, потрясая головой, со слезами на щеках:
- Глядел я, глядел, а правды не видал...
Илья подумал, что вот дедушка Еремей бога любил и потихоньку копил деньги. А дядя Терентий бога боится, но деньги украл. Все люди всегда как-то двоятся- сами в себе. В грудях у них словно весы, и сердце их, как стрела весов, наклоняется то в одну, то в другую сторону, взвешивая тяжести хорошего и плохого.
- Ага-а! - рявкнул кто-то в трактире. И вслед за тем что-то упало, с такой силой ударившись о пол, что даже кровать под Ильёй вздрогнула.
- Стой!.. Ба-атюшки...
- Держи его...
- Кра-у-ул...
Шум сразу усилился, закипел, родилась масса новых звуков, все они завертелись, завыли, затрепетали в воздухе, сцепившись друг с другом, как стая злых и голодных собак.

Илья с удовольствием слушал, ему было приятно, что случилось именно то, чего он ожидал, и подтверждает его мысли о людях. Он закинул руки под голову и вновь отдал себя во власть думам.

"...А должно быть, велик грех совершил дед Антипа, если восемь лет кряду молча отмаливал его... И люди всё простили ему, говорили о нём с уважением, называли праведным... Но детей его погубили. Одного загнали в Сибирь, другого выжили из деревни..."

"Тут особый счёт надобен! - вспомнились Илье внушительные слова купца Строганого. - Ежели один честен, а девять - подлецы, никто не выигрывает, а человек пропадёт... Которых больше, те и правы..."

Илья усмехнулся. В груди его холодной змеёй шевелилось злое чувство к людям. А память всё выдвигала пред ним знакомые образы. Большая, неуклюжая Матица валялась в грязи среди двора и стонала:

- Ма-атинко!.. Ма-атинко ридна! Коли б ты мини бачила!

Пьяненький Перфишка стоял около неё, покачиваясь на ногах, и укоризненно говорил:

- Нажралась! С-свинья...

А с крыльца смотрел на них, презрительно улыбаясь, Петруха, здоровый, румяный.

Скандал в трактире кончился. Три голоса - два женских и мужской пытались запеть песню, - она не удалась им. Кто-то принёс гармонию, поиграл на ней немного нехорошо, потом замолк.

Раздался звонкий голос Перфишки, покрывая весь шум в трактире. Сапожник певучей скороговоркой кричал:

- И-эх, лей, кубышка, поливай, кубышка, не жалей, кубышка, хозяйского добришка! Будем пить, будем баб любить, будем по миру ходить! С миру по нитке - бедному петля! А от той петли избавишься - на своих жилах удавишься...

Раздался весёлый хохот, крики одобрения...

Илья встал, вышел на двор и остановился на крыльце, полный желания уйти куда-нибудь и не зная, - куда идти? Было уже поздно; Маша спала; Яков угорел и лежал у себя дома, куда Илья не любил ходить, потому что Петруха всегда при виде его неприятно двигал бровями. Дул холодный ветер осени. Густая, почти чёрная тьма наполняла двор, неба не было видно. Все постройки на дворе казались большими кусками сгущённой ветром тьмы. В сыром воздухе что-то хлопало, шелестело, был слышен тихий, странный шёпот, напоминая людские жалобы на жизнь. Ветер бросался на грудь Ильи, крепко дул ему в лицо, дышал холодом за ворот... Илья вздрагивал, думая о том, что так жить совсем нельзя, нельзя! Надо уйти куда-нибудь от всей этой грязной суеты и склоки, надо жить одному, чисто, тихо...

- Это кто стоит? - вдруг раздался глухой голос.

- А кто говорит?

- Я... Матица...

- А ты где тут?

- На дровах сижу...

- Чего?

- Так...

И оба замолчали...

- А сегодня мати моей година, - сообщила Матица из тьмы.

- Давно померла? - спросил Илья, чтобы сказать что-нибудь.

- Давно-о... лет с пятнадцать... А то больше... А твоя жива?

- Нет... тоже померла... Тебе который же год?

Матица помолчала и ответила со свистом:

- С-с-тридцать уж... Болит у меня нога вот... Вспухла, как дыня, и болит... Я ж её тёрла, тёрла всяким - не помогает.

Кто-то отворил дверь трактира; оттуда на двор вырвалась стая громких звуков. Ветер подхватил их и рассеял во тьме.

- Ты чего тут стоишь? - спросила Матица.

- Так... Скушно стало...

- Как я... Там у меня, как в гроби.

Илья услыхал тяжёлый вздох. Потом Матица сказала ему:

- Пойдём ко мне?

Илья взглянул по направлению голоса женщины и равнодушно ответил:

- Пойдём...

По лестнице на чердак Матица шла впереди Ильи. Она становила на ступеньки сначала правую ногу и потом, густо вздыхая, медленно поднимала кверху левую. Илья шёл за нею без мысли и тоже медленно, точно тяжесть скуки мешала ему подниматься так же, как боль - Матице.

Комната женщины была узкая, длинная, а потолок её действительно имел форму крышки гроба. Около двери помещалась печка-голландка, у стены, опираясь в печку спинкой, стояла широкая кровать, против кровати - стол и два стула по бокам его. Ещё один стул стоял у окна, - оно было тёмным пятном на серой стене. Здесь шум и вой ветра были слышнее. Илья сел на стул у окна, оглядел стены и, заметив маленький образок в углу, спросил:

- Это какой образ?

- Святая Анна... - почтительно и тихо сказала Матица.

- А тебя как зовут?

- Тоже Анна... Не знал?

- Нет...

- Никто не знает, - сказала Матица, тяжело усаживаясь на кровать. Илья смотрел на неё, но не чувствовал желания говорить. Женщина тоже молчала. Так, молча, они сидели долго, минуты три, каждый из них точно не замечал присутствия другого. Наконец, женщина спросила:

- Ну, - что же мы будем делать?

- Не знаю... - ответил Илья.

- Ну ещё бы! - недоверчиво усмехаясь, воскликнула женщина. - А ты угости меня. Купи пару пива... Нет, вот что - купи ты мне есть!.. Ничего не надо, а только есть...

Голос у неё перехватило, она кашлянула и виновато продолжала:

- Видишь ли... Как заболела нога, то не стало у меня дохода... Не выхожу... А всё уж прожила... Пятый день сижу вот так... Вчера уж и не ела почти, а сегодня просто совсем не ела... ей-богу, правда!

Тут только Илья вспомнил, что Матица - гулящая. Он пристально взглянул в её большое лицо и увидал, что чёрные глаза её немножко улыбаются, а губы так шевелятся, точно она сосёт что-то невидимое... В нём вспыхнуло ощущение неловкости пред нею и особенного смутного интереса к ней.

- Сейчас я принесу...

Он быстро встал, торопливо сбежал по лестнице в сени трактира и остановился пред дверью в кухню. Ему вдруг не захотелось возвращаться на чердак. Но это нежелание блеснуло в скучной тьме его души, как искра, и тотчас же угасло. Он вошёл в кухню, купил у повара на гривенник обрезков варёного мяса, кусков хлеба и ещё остатков чего-то съедобного. Повар сложил всё это в засаленное решето, Илья взял его в обе руки, как блюдо, и, выйдя в сени, снова остановился, озабоченный мыслью о том, как достать пива. Самому купить в буфете нельзя - Терентий спросил бы, зачем это ему? Он вызвал из кухни посудника и попросил его купить. Посудник сбегал в буфет, пришёл, молча ткнул ему бутылки и схватился за ручку двери в кухню.

- Постой! - сказал Илья. - Это не мне... Это - товарищ пришёл...

- Что? - спросил посудник.

- Товарища я угощаю...

- Ага... ну так что?

Илья почувствовал, что лгать было не нужно, и ему стало неловко. Наверх он шёл не торопясь, чутко прислушиваясь ко всему, точно ожидая, что кто-то остановит его. Но, кроме шума ветра, ничего не было слышно, никто не остановил юношу, и он внёс на чердак к женщине вполне ясное ему, похотливое, хотя ещё робкое чувство.

Матица, поставив решето себе на колени, молча вытаскивала из него большими пальцами серые куски пищи, клала их в широко открытый рот и громко чавкала. Зубы у неё были крупные, острые. И перед тем, как дать им кусок, она внимательно оглядывала его со всех сторон, точно искала в нём наиболее вкусные местечки.

Илья упорно смотрел на женщину, думая о том, как обнимет её, и боялся, что он не сумеет сделать этого, а она насмеётся над ним. От этой мысли его бросало в жар и холод.

Ветер, залетая через слуховое окно на чердак, торкался в дверь комнаты, и каждый раз, когда дверь сотрясалась, Илья вздрагивал, ожидая, что вот сейчас войдёт кто-то и застанет его тут...

- Я запру дверь? - сказал он.

Матица молча кивнула головой, составила решето на лежанку, перекрестилась.

- Слава тебе, святый, - вот и сытая стала баба! Ой, немного же надо человеку!

Илья промолчал. Женщина поглядела на него, вздохнула и сказала ещё:

- А кто много хочет, с того много и спросят...

- Кто спросит? - отозвался Илья.

- А бог?

Илья снова не ответил ей. Имя божие в её устах породило в нём острое, но неясное, неуловимое словом чувство, и оно противоречило его желанию обнять эту женщину. Матица упёрлась руками в постель, приподняла своё большое тело и подвинула его к стене. Потом она заговорила равнодушно, каким-то деревянным голосом:

- Ела я и всё думала про Перфишкину дочку... Давно я о ней думаю... Живёт она с вами - тобой да Яковом, - не будет ей от того добра, думаю я... Испортите вы девчонку раньше время, и пойдёт она тогда моей дорогой... А моя дорога - поганая и проклятая... не ходят по ней бабы и девки, а, как черви, ползут...

Она помолчала и заговорила снова, разглядывая свои руки, лежавшие на коленях у неё:

- Скоро уже девочка взрастёт. Я спрашивала которых знакомых кухарок и других баб - нет ли места где для девочки? Нет ей места, говорят... Говорят - продай!.. Так ей будет лучше... дадут ей денег и оденут... дадут и квартиру... Это бывает, бывает... Иной богатый, когда он уже станет хилым на тело да поганеньким и уже не любят его бабы даром... то вот такой мерзюга покупает себе девочку... Может, это и хорошо ей... а всё же противно должно быть сначала... Лучше бы без этого... Лучше уж жить ей голодной, да чистой, чем...

Она закашлялась, точно поперхнувшись каким-то словом, но тем же равнодушным голосом докончила:

- Чем и поганой и голодной...

Ветер всё летал по чердаку, дерзко торкался в дверь.

Равнодушный голос женщины и её тяжёлая, неподвижная фигура не позволяли чувству Ильи развиться и внушить юноше храбрость,

67

необходимую для выражения его желания. Матица как бы отталкивала его всё дальше, он замечал это и раздражался против неё...

- Боже, боже мой! - тихонько вздохнув, сказала женщина. - Святая мати!..

Илья сердито двинулся на стуле и угрюмым голосом заговорил:

- Называешь себя поганой, а сама всё - бог, бог! Думаешь, ему это нужно от тебя?

Матица взглянула на него, помолчала и качнула головой.

- Не понимаю твоей речи...

- Понимать тут нечего! - продолжал Илья, встав со стула. - Блудите, блудите - а потом бог! Коли бог - так не блуди...

- Ой! - беспокойно воскликнула женщина. - Что это? Кто же будет о боге помнить, как не грешные?

- Уж я не знаю - кто! - молвил Илья, чувствуя прилив неукротимого желания обидеть эту женщину и всех людей. - Знаю, что не вам о нём говорить, да! Не вам! Вы им только друг от друга прикрываетесь... Не маленький... вижу я. Все ноют, жалуются... а зачем пакостничают? Зачем друг друга обманывают, грабят?.. Согрешит, да и за угол! Господи, помилуй! Понимаю я... обманщики, черти! И сами себя и бога обманываете!..

Матица смотрела на него молча, открыв рот и вытянув шею, в глазах её было тупое удивление. Илья подошёл к двери, резким движением сорвал крючок и вышел вон, сильно хлопнув. Он чувствовал, что жестоко обидел Матицу, и это было приятно ему, и на сердце стало легче и в голове ясней. Спускаясь с лестницы твёрдыми шагами, он свистал сквозь зубы, а злоба всё подсказывала ему обидные, крепкие, камням подобные слова. Казалось ему, что все эти слова раскалены, освещают тьму внутри его и показывают ему дорогу в сторону от людей. Уже он говорил свои слова не одной Матице, а и дяде Терентию, Петрухе, купцу Строганому - всем людям.

"Так-то вот! - выйдя на двор, думал он. - Нечего с вами церемониться, - сволочь!.."

Вскоре после посещения Матицы Илья начал ходить к женщинам. Первый раз это случилось так: однажды вечером он шёл домой, а какая-то женщина и сказала ему:

- Пойдём?

Он взглянул на неё и молча пошёл рядом с нею. Но идя, он наклонил голову и всё оглядывался кругом, боясь встретить знакомого. Через несколько шагов женщина ещё сказала предупреждающим голосом:

- Смотри - целковый.

- Ладно! - сказал Илья. - Идём скорее...

И вплоть до квартиры женщины они шли молча. Вот и всё...

Но знакомство с женщинами сразу повело к большим расходам, и всё чаще Илья думал о том, что его торговля - пустая трата времени, не даст она ему возможности устроить чистую жизнь. Одно время он хотел, по примеру других разносчиков, заняться лотереей и обманывать публику, как все разносчики. Но, подумав, нашёл эту затею мелкой и хлопотливой. Пришлось бы прятаться от городовых или заискивать у них и платить им, - это было противно Илье. Он любил смотреть всем в глаза прямо и смело и чувствовал острое удовольствие оттого, что всегда был одет опрятнее других разносчиков, не пил водки и не жульничал. Ходил он по улицам не торопясь, степенно, его скуластое лицо было сухо и серьёзно; разговаривая, он прищуривал свои тёмные глаза, говорил немного, обдуманно. Часто он мечтал о том, как хорошо было бы найти денег рублей тысячу или больше. Рассказы о кражах возбуждали в нём жгучий интерес: он покупал газету, внимательно читал о подробностях кражи и долго потом следил, - нашли воров или нет? А когда их находили, Илья сердился и осуждал их, говоря Якову:

- Попались, болваны!.. Уж не брались бы, коли не умеют, - черти!

Как-то вечером он сказал Якову:

- Жулики лучше живут, честные - хуже!

Лицо Якова напряглось, глаза прищурились, и он сказал тем пониженным, таинственным голосом, которым всегда говорил о мудрых вещах:

- Позапрошлый раз в трактире дядя твой чай пил с каким-то старичком, начётчиком, должно быть. Старичок говорил, будто в библии сказано: "покойны дома у грабителей и безопасны у раздражающих бога, которые как бы бога носят на руках своих..."

- А - не врёшь ты? - спросил Илья, внимательно прослушав товарища.

- Не мои слова... - разводя руками, словно нащупывая что-то в воздухе, продолжал Яков. - В библии сказано... может, он и сам выдумал, старичишка-то... Переспросил я его... повторяет в одно слово...

И, наклоняясь к Илье, он сказал:

- Взять, к примеру, отца моего... Покоен! А бога раздражает...

- Ещё как! - воскликнул Илья.

- В гласные его выбрали...

Яков опустил голову, тяжело вздохнул и добавил:

- Надо бы, чтобы каждое человеческое дело перед совестью кругло было, как яичко, а тут... Тошно мне... Ничего не понимаю... Сноровки к жизни у меня нету, приверженности к трактиру я не чувствую... А отец - всё долбит... "Будет, говорит, тебе шематонить, возьмись за ум, - дело делай!" Какое? Торгую я за буфетом, когда Терентия нет... Противно мне, но я терплю... А от себя что-нибудь делать - не могу...

- Надо учиться! - солидно сказал Илья.

69

- Трудно жить... - тихо молвил Яков.

- Трудно? Тебе? Врёшь ты! - вскричал Илья, вскочив с кровати и подходя к товарищу, сидевшему под окном. - Мне - трудно, да! Ты - что? Отец состарится - хозяин будешь... А я? Иду по улице, в магазинах вижу брюки, жилетки... часы и всё такое... Мне таких брюк не носить... таких часов не иметь, - понял? А мне - хочется... Я хочу, чтобы меня уважали... Чем я хуже других? Я - лучше! А жулики предо мной кичатся, их в гласные выбирают! Они дома имеют, трактиры... Почему жулику счастье, а мне нет его? Я тоже хочу...

Яков поглядел на товарища и вдруг тихо, но внятно сказал:

- Не дай бог тебе удачи!

- Что? Почему? - вскричал Илья, остановившись среди комнаты и возбуждённо глядя на Якова.

- Жаден ты, - ничем тебя не успокоишь, - объяснил тот.

Илья засмеялся сухо и со злобой.

- Не успокоишь? Ты скажи-ка отцу своему, чтоб он дал мне хоть половину тех денег, что у дедушки Еремея вместе с моим дядей они выкрали, - я и успокоюсь, - да!

Но тут Яков встал со стула и, опустив голову, тихо пошёл к двери. Илья видел, что плечи у него вздрагивают и шея так согнута, точно Якова больно ударили по ней.

- Погоди! - смущённо сказал Илья, взяв товарища за руку. - Куда ты?

- Пусти, брат, - почти шёпотом молвил Яков, но остановился и взглянул на Илью. Лицо у него было бледное, губы плотно сжаты, и весь он как-то размяк, точно его раздавило...

- Ну... погоди! - виновато просил Илья, осторожно отводя его от двери. - Ты не сердись на меня. Правда ведь...

- Я знаю, - сказал Яков.

- Знаешь? Кто сказал?

- Все говорят...

- Н-да-а... Но ведь и говорят - тоже жулики!

Яков взглянул на него жалобными глазами и вздохнул.

- Не верил я, - думал, со зла говорят, из зависти. Потом - стал верить... А коли и ты, - значит...

Он махнул рукой, отвернулся от товарища и замер неподвижно, крепко упираясь руками в сиденье стула и опустив голову на грудь. Илья отошёл от него, сел на кровать в такой же позе, как Яков, и молчал, не зная, что сказать в утешение другу.

- Вот тут и живи, - вполголоса сказал Яков.

- Да-а, - отозвался Илья в тон ему. - Я, брат, понимаю- нехорошо тебе. Одно утешенье - все таковы, как поглядишь...

- Ты верно про то знаешь? - робко спросил Яков, не глядя на товарища.

- Помнишь - убежал я? Видел в щель, как они подушку зашивали... а он хрипел ещё...

Яков повел плечами, встал и пошёл к двери, сказав Илье:

- Прощай...

- Прощай. Ты не того... не очень грусти... что поделаешь?

- Я - ничего... - отозвался Яков, отворяя дверь. Илья проводил его глазами и тяжело свалился на постель. Ему было жалко Якова, и в нём снова вскипела злоба на дядю и Петруху, на всех людей. Среди них нельзя жить такому человеку, как Яков, а Яков был хороший человек, добрый, тихий, чистый. Илья думал о людях, память подсказывала ему разные случаи, рисовавшие людей злыми, жестокими, лживыми. Он много знал таких случаев, и ему легко было забрызгивать людей желчью и грязью воспоминаний. Чем темнее становились они пред ним, тем тяжелей было ему дышать от странного чувства, в котором была и тоска о чём-то, и злорадство, и страх от сознания своего одиночества в этой чёрной, печальной жизни, что крутилась вокруг него бешеным вихрем...

Когда, наконец, у него не стало больше терпения лежать одиноко в маленькой комнатке, сквозь доски стен которой просачивались мутные и пахучие звуки из трактира, он встал и пошёл гулять. Долго в эту ночь он ходил по улицам города, нося с собой неотвязную и несложную, тяжёлую думу свою. Ходил во тьме и думал, что за ним точно следит кто-то, враг ему, и неощутимо толкает его туда, где хуже, скучнее, показывает ему только такое, от чего душа болит тоской и в сердце зарождается злоба. Ведь есть же на свете хорошее, - хорошие люди, и случаи, и веселье? Почему он не видит их, а всюду сталкивается только с дурным и скучным? Кто направляет его всегда на тёмное, грязное и злое?

Он шёл во власти этих дум полем около каменной ограды загородного монастыря и смотрел вперёд себя. Навстречу ему из тёмной дали тяжело и медленно двигались тучи. Кое-где во тьме над его головой, среди туч, проблескивали голубые пятна небес, на них тихо сверкали маленькие звёзды. В тишину ночи изредка вливался певучий медный звук сторожевого колокола монастырской церкви, и это было единственное движение в мёртвой тишине, обнимавшей землю. Даже из тёмной массы городских зданий, сзади Ильи, не долетало до поля шума жизни, хотя ещё было не поздно. Ночь была морозная; Илья шёл и спотыкался о мёрзлую грязь. Жуткое ощущение одиночества и боязнь, рождённая думами, остановили его. Он прислонился спиной к холодному камню монастырской ограды, упорно думая, кто водит его по жизни, кто толкает на него всё дурное её, всё тяжкое?

"Ты это, господи?" - вспыхнул в душе Ильи яркий вопрос.

71

Холодный ужас дрожью пробежал по телу его; охваченный предчувствием чего-то страшного, он оторвался стены и торопливыми шагами, спотыкаясь, пошёл в город, боясь оглянуться, плотно прижимая руки свои к телу.

Через несколько дней после этого Илья встретил Пашку Грачёва. Был вечер; в воздухе лениво кружились мелкие снежинки, сверкая в огнях фонарей. Несмотря на холод, Павел был одет только в бумазейную рубаху, без пояса. Шёл он медленно, опустив голову на грудь, засунув руки в карманы, согнувши спину, точно искал чего-то на своей дороге. Когда Илья поравнялся с ним и окликнул его, он поднял голову, взглянул в лицо Ильи и равнодушно молвил:

- А!

- Как живёшь? - спросил Илья, идя рядом с ним.

- Надо бы хуже, да - нельзя... Ты как?

- Н-ничего...

- Тоже, видно, не сладко...

Помолчали, идя рядом и касаясь один другого локтями.

- Что к нам не придёшь? - сказал Илья.

- Всё некогда... Свободного-то время не больно нам отпущено, сам знаешь...

- Нашлось бы, коли захотел... - с упрёком сказал Илья.

- А ты не сердись... Меня зовёшь, а сам ни разу и не спросил, где я живу, не то, чтобы придти ко мне...

- А ведь верно! - воскликнул Илья с улыбкой.

Павел взглянул на него и заговорил более оживлённо:

- Я один живу, товарищей нет, - не встречаются по душе. Хворал, почти три месяца в больнице валялся, - никто не пришёл за всё время...

- Чем хворал?

- Пьяный простудился... Брюшной тиф был... Выздоравливать стал - мука! Один лежишь весь день, всю ночь... и кажется тебе, что ты и нем и слеп... брошен в яму, как кутёнок. Спасибо доктору... книжки всё давал мне... а то с тоски издох бы я...

- Книжки-то хорошие? - спросил Лунёв.

- Да-а, хороши! Стихи читал я - Лермонтова, Некрасова, Пушкина... Бывало, читаю, как молоко пью. Есть, брат, стихи такие, - читаешь - словно милая целует. А иной раз стих хлыстнёт тебя по сердцу, как искру высечет: вспыхнешь весь...

- А я отвыкать стал от книг, - вздохнув, сказал Илья. - Читаешь одно, глядишь - другое...

- То и хорошо... Зайдём в трактир? Посидим, потолкуем... Мне надо в одно место, да ещё рано...

72

- Пойдём! - согласился Илья и дружески взял Павла за руку. Тот опять взглянул в лицо ему, улыбнулся и сказал:

- Никогда у нас с тобой особой дружбы не было, а встречать тебя мне приятно...

- Ну, не знаю, приятно ли тебе... А мне - да!

- Эх, брат! - прервал Павел его речь. - Догнал ты меня, когда я о таких делах думал, - лучше не вспоминать! - Махнув рукой, он замолчал и пошёл медленнее.

Они зашли в первый попавшийся на пути трактир, сели там в уголок, спросили себе пива. При свете ламп Илья увидал, что лицо Павла похудело и осунулось, глаза у него беспокойны, а губы, раньше насмешливо полуоткрытые, теперь плотно сомкнулись.

- Ты где работаешь? - спросил он Грачёва.

- Опять в типографии, - невесело сказал Павел.

- Трудно?

- Не работа ест, - забота.

Илья чувствовал смутное удовольствие, видя весёлого и бойкого Пашку унылым и озабоченным. Ему хотелось узнать, что так изменило Павла, и он, усиленно подливая пива в стакан ему, выспрашивал:

- Стихи-то сочиняешь?

- Теперь - бросил, а раньше много сочинял. Показывал доктору - хвалит. Одни он даже в газете напечатал...

- Ого! - воскликнул Илья. - Какие же стихи? Ну-ка, скажи!

Горячее любопытство Ильи и несколько стаканов пива оживили Грачёва. Его глаза вспыхнули, и на жёлтых щеках загорелся румянец.

- Какие? - переспросил он, крепко потирая лоб рукой. - Забыл я. Ей-богу, забыл! Погоди, может, вспомню. У меня их всегда в башке - как пчёл в улье... так и жужжат! Иной раз начну сочинять, так разгорячусь даже... Кипит в душе, слёзы на глаза выступают... хочется рассказать про это гладко, а слов нет... - Он вздохнул и, тряхнув головой, добавил: - В душе замешано густо, а выложишь на бумагу - пусто...

- Ты мне скажи какие-нибудь! - попросил Илья. Чем больше он присматривался к Павлу, тем сильнее росло его любопытство, и понемножку к любопытству этому примешивалось хорошее, тёплое и грустное чувство.

- Я смешные сочиняю - про свою жизнь, - сказал Грачёв, смущённо улыбаясь. Оглянулся вокруг, кашлянул и вполголоса начал говорить, не глядя в лицо товарища:

Ночь... Тошно! Сквозь тусклые стёкла окна
Мне в комнату луч свой бросает луна,
И он, улыбаясь приятельски мне,

73

Рисует какой-то узор голубой

На каменной, мокрой, холодной стене,

На клочьях оборванных, грязных обой.

Сижу я, смотрю и молчу, всё молчу...

И спать я совсем, не хочу...

Павел остановился, глубоко вздохнул и продолжал медленнее и тише:

Судьба меня душит, она меня давит...

То сердце царапнет, то бьёт по затылку,

Сударку - и ту для меня не оставит.

Одно оставляет мне - водки бутылку...

Стоит предо мною бутылка вина...

Блестит при луне, как смеётся она...

Вином я сердечные раны лечу:

С вина в голове зародится туман,

Я думать не стану и спать захочу...

Не выпить ли лучше ещё мне стакан?

Я - выпью!.. Пусть те, кому спится, не пьют!

Мне думы уснуть не дают...

Кончив читать, Грачёв мельком взглянул на Илью и, ещё ниже опустив голову, тихо сказал:

- Вот... всё больше такие у меня...

Он застучал пальцами по краю стола и беспокойно задвигался на стуле.

Несколько секунд Илья пристально смотрел на Грачёва с недоверчивым удивлением. В его ушах звучала складная речь, но ему было трудно поверить, что её сложил этот худой парень с беспокойными глазами, одетый в старую, толстую рубаху и тяжёлые сапоги.

- Н-ну, брат, это не очень смешно! - медленно и негромко заговорил он, присматриваясь к Павлу. - Это хорошо... Меня за сердце взяло... право! Ну-ка, скажи ещё раз...

Павел быстро вскинул голову, взглянул на своего слушателя весёлыми глазами и, подвинувшись к нему ближе, тихонько спросил:

- Вправду - нравится?

- Чудак!.. Стану я врать?

Павел начал читать тихо, задумчиво, с остановками, глубоко вздыхая, когда у него не хватало голоса. И когда он прочитал, сомнение Ильи в том, что Павел сам сочинил стихи, возросло.

- А ну-ка другие? - попросил он.

- Я лучше к тебе приду с тетрадкой... А то у меня всё длинные... и пора мне идти! Потом - плохо я помню... Всё концы да начала вертятся на языке... Вот, есть такие стихи - будто я иду по лесу ночью и заплутался, устал... ну, - страшно... один я... ну, вот, я ищу выхода и жалуюсь:

Изныли ноги,
Устало сердце
Всё нет пути!
Земля родная!
Хоть ты скажи мне
Куда идти?
Прилёг к земле я
К её родимой
Сырой груди
И слышал сердцем
Глубокий шёпот:

- Сюда иди!
- Слушай, Илья, пойдём со мной, а? Пойдём? Не хочется мне с тобой прощаться...

Грачёв суетился, дёргал Илью за рукав, ласково заглядывал в лицо.

- Иду! - сказал Илья. - Мне тоже хочется с тобой побыть... По правде скажу - и верю я тебе, и нет... Уж больно ты любопытен! Ловко у тебя стихи-то выходят...

- Не веришь, что мои?

- Коли твои - молодчина ты! - искренно воскликнул Илья.

- Я, брат, подучусь, так буду писать - держись только!

- Чеши!

- Эх, Илья! Кабы мне ума!..

Они быстро шагали по улице и, на лету схватывая слова друг друга, торопливо перекидывались ими, всё более возбуждаясь, всё ближе становясь друг к другу. Оба ощущали радость, видя, что каждый думает так же, как и другой, эта радость ещё более поднимала их. Снег, падавший густыми хлопьями, таял на лицах у них, оседал на одежде, приставал к сапогам, и они шли в мутной кашице, бесшумно кипевшей вокруг них.

- О, дьявол! - выругался Илья, оступившись в какую-то яму, полную грязи и снега.

- Держи левее...

- Куда мы идём?

- К Сидорихе, - знаешь?

- Знаю... - помолчав, ответил Илья и засмеялся. - Коротки, брат, дорожки наши!..

- Эх! - тихо сказал Павел, - я понимаю!.. Да надо мне туда: дело у меня... Скажу я тебе... Илья! Горько мне говорить про это...

Павел шумно плюнул.

- Видишь, - девушка там есть одна... Поглядишь какая... Всю душу спалить может... Была она горничной у того доктора, что лечил меня. Ходил я к нему за книжками... когда выздоровел... Ну, придёшь, сидишь... А она тут... прыгает, смеётся... Я - к ней... Она сразу сдалась, безо всяких слов... Началось у нас - такое! Небо вспыхнуло... Лечу к ней - как перо в огонь... Нацелуемся - губы вспухнут, кости ноют - эх! Чистенькая она, маленькая, как игрушечка, - обнимешь - и нет её! Будто птичкой в сердце мне влетела и поёт там песню... и поёт...

Он замолчал и как-то странно всхлипнул жадным звуком.

- Ну? - спросил Илья, увлечённый его рассказом.

- Застала нас жена докторова... чёрт бы её взял! И барыня хорошая ведь, дура дьяволова! Бывало, тоже говорила со мной... славно так... Красивая... ведьма!..

- Ну? - повторил Илья.

- Ну - шум поднялся... Прогнали Верку... Изругали её... И меня... Она - ко мне... А я в ту пору без места был... Проели всё до ниточки... Ну, а она - характерная... Убежала... Пропала недели на две... Потом явилась... одетая по-модному и всё... браслет... деньги...

Пашка скрипнул зубами и глухо сказал:

- Прибил я её... больно...

- Ушла? - спросил Илья.

- Не-ет... кабы ушла, я бы в омут головой... Говорит - или убей, или не тронь... Я, говорит, тебе тяжела... Души, говорит, никому не дам...

- А ты - что?

- Я - всё делал: и бил её, и - плакал... А что я могу ещё? Кормить мне её нечем...

- А на место она - не хочет?

- Чёрт её уломает! Говорит - хорошо! Но дети у нас пойдут - куда их? А так, дескать, всё цело, всё - твоё, и детей не будет...

Илья Лунёв подумал и сказал:

- Умная она...

Пашка промолчал, быстро шагая в снежной мгле.

Он опередил товарища шага на три, потом обернулся к нему, остановился и глухо, шипящим голосом произнёс:

- Как подумаю я, что другие целуют её, - словно свинец мне в грудь нальётся...

- Бросить её не можешь?

- Её? - с удивлением крикнул Павел.

Илья понял его удивление, когда увидал девушку.

Они пришли на окраину города, к одноэтажному дому. Его шесть окон были наглухо закрыты ставнями, это делало дом похожим на длинный, старый сарай. Мокрый снег густо облепил стены и крышу, точно хотел спрятать этот дом.

Пашка постучал в ворота, говоря:

- Тут - особенное заведение. Сидориха даёт девушкам квартиру, кормит и берёт за это пятьдесят целковых с каждой... Девушек четыре только... Ну, конечно, вино держит Сидориха, пиво, конфеты... Но девушек не стесняет ничем; хочешь - гуляй, хочешь - дома сиди, - только полсотни в месяц дай ей... Девушки дорогие, - им эти деньги легко достать... Тут одна есть Олимпиада, - меньше четвертной не ходит...

- А твоя - почём? - спросил Илья, стряхивая снег с одежды.

- Н-не знаю, - тоже дорого... - помолчав, тихим голосом ответил Грачёв.

За дверью раздался шум, золотая нитка света задрожала в воздухе...

- Кто там?

- Я это, Васса Сидоровна... Грачёв...

- А! - Дверь отворилась; маленькая, сухая старушка, с огромным носом на дряблом лице, освещая Павла огнём свечи, ласково сказала. - Здравствуй... А Верунька-то давно мечется, ждёт тебя. Это кто с тобой?

- Товарищ...

- Кто пришёл? - спросили откуда-то из тёмного, длинного коридора звучным голосом.

- К Вере это, Липочка... - сказала старуха.

- Верка, твой! - крикнул тот же звучный голос, гулко разносясь по коридору.

Тогда в глубине коридора быстро распахнулась дверь, и в широком пятне света встала маленькая фигурка девушки, одетой во всё белое, осыпанной густыми прядями золотистых волос.

- До-олго ты! - низким грудным звуком капризно протянула она. Потом приподнялась на носки, положила руки свои на плечи Павла и из-за него взглянула на Илью карими глазами.

- Это - товарищ... Лунёв Илья...

- Здравствуйте!

Девушка протянула Илье руку, и широкий рукав её белой кофточки поднялся почти до плеча. Илья пожал горячую ручку почтительно, бережливо, глядя на подругу Павла с той радостью, с какой в густом лесу, средь бурелома и болотных кочек, встречаешь стройную берёзку. И, когда она посторонилась, чтобы пропустить его в дверь, он тоже отступил в сторону и уважительно сказал:

- Вы - первая!

- Ка-акой кавалер! - засмеялась она. И смех у неё был хороший весёлый, ясный. Павел тоже смеялся, говоря:

- Ошарашила ты, Верка, парня... смотри-ка, как медведь перед мёдом, стоит он перед тобой...

- Да разве? - весело спросила девушка Илью.

- Верно! - с улыбкой согласился тот. - Землю вы из-под ног у меня вышибли красотой вашей...

- Влюбись-ка! Зарежу!.. - пригрозил Павел, радостно улыбаясь. Ему было приятно видеть, какое впечатление произвела красота его милой на Илью, он гордо поблескивал глазами. И она тоже с наивным бесстыдством хвасталась собою, сознавая свою женскую силу. На ней была одета только широкая кофта поверх рубашки и юбка, белая, как снег. Не застёгнутая кофточка распахивалась, обнажая крепкое, как молодая репа, тело. Малиновые губы маленького рта вздрагивали самодовольной улыбкой; девушка любовалась собою, как дитя игрушкой, которая ему ещё не надоела. Илья, не отрывая глаз, смотрел, как ловко она ходит по комнате, вздёрнув носик, ласково поглядывая на Павла, весело разговаривая, и ему стало грустно при мысли, что у него нет такой подруги.

Среди маленькой, чисто убранной комнаты стоял стол, покрытый белой скатертью; на столе шумно кипел самовар, всё вокруг было свежо и молодо. Чашки, бутылка вина, тарелки с колбасой и хлебом - всё нравилось Илье, возбуждая в нём зависть к Павлу. А Павел сидел радостный и говорил складной речью:

- Как увижу тебя - словно в солнышке греюсь... и про всё позабуду, и на счастье надеюсь... Хорошо жить, такую красотку любя, хорошо, когда видишь тебя...

- Пашка! Славно как!.. - с восхищением вскричала Вера.

- Горячие! Сейчас испёк... Эй, Илья! будет тебе!.. Свою заведи...

- Да - хорошую! - странным, каким-то новым голосом сказала девушка, взглянув в глаза Илье.

- Лучше вас - бог не даст! - вздохнув и улыбаясь, сказал Илья.

- Ну, - не говорите про что не знаете... - тихонько молвила Вера.

- Он знает... - молвил Пашка, нахмурился и продолжал, обращаясь к Илье. - Понимаешь - всё хорошо, радостно... и вдруг это вспомнишь... так и резнёт по сердцу!..

- А ты не вспоминай, - сказала Вера, наклонив голову над столом. Илья взглянул на неё и увидал, что уши у неё красные.

- Ты думай так, - тихо, но твёрдо продолжала девушка, - хоть день, да мой!.. Мне тоже не легко... Я - как в песне поётся - моё горе - одна изопью, мою радость - с тобой разделю...

Павел, слушая её речь, хмурился... Илья почувствовал желание сказать что-нибудь хорошее, ободряющее этим людям и, подумав, сказал:

- Что же делать, коли узла не развяжешь? А я... Так вам обоим скажу: будь у меня денег тысяча, - я бы вам! Нате! Примите, сделайте милость, ради вашей любви... Потому - я чувствую - дело ваше с душой, дело чистое, а на всё прочее - плевать!

В нём что-то вспыхнуло и горячей волной охватило его. Он даже встал со стула, видя, как девушка, подняв голову, смотрит на него благодарными глазами, а Павел улыбается ему и тоже ждёт ещё чего-то от него.

- Я первый раз в жизни вижу, как люди любят друг друга... И тебя, Павел, сегодня оценил по душе, - как следует!.. Сижу здесь... и прямо говорю - завидую... А насчёт... всего прочего... я вот что скажу: не люблю я чуваш и мордву, противны они мне! Глаза у них - в гною. Но я в одной реке с ними купаюсь, ту же самую воду пью, что и они. Неужто из-за них отказаться мне от реки? Я верю - бог её очищает...

- Верно, Илья! Молодчина! - горячо крикнул Павел.

- А вы пейте из ручья, - тихо прозвучал голос Веры.

- Нет, уж лучше вы мне чайку налейте! - сказал Илья.

- Какой вы хороший! - воскликнула девушка.

- Покорно благодарю! - серьёзно ответил Илья. На Павла эта маленькая сцена подействовала, как вино. Его живое лицо разрумянилось, глаза воодушевлённо засверкали, он вскочил со стула и заметался по комнате.

- Эх, чёрт меня съешь! Хорошо жить на свете, когда люди - как дети! Ловко я угодил душе своей, что привёл тебя сюда, Илья... Выпьем, брат!

- Разыгрался! - сказала девушка, с ласковой улыбкой взглянув на него, и обратилась к Илье: - Вот он всегда таков - то вспыхнет, то станет серенький, скучный да злой...

В дверь постучались, кто-то спросил:

- Вера, - можно?

- Иди, иди! Вот, Илья Яковлевич, - это Липа, подруга моя...

Илья поднялся со стула, обернулся к двери: пред ним стояла высокая, стройная женщина и смотрела в лицо ему спокойными голубыми глазами. Запах духов струился от её платья, щёки у неё были свежие, румяные, а на голове возвышалась, увеличивая её рост, причёска из тёмных волос, похожая на корону.

- А я сижу одна, - скучно мне... слышу, у тебя смеются, - и пошла сюда... Ничего? Вот кавалер один, без дамы... я его занимать буду, хотите?

Она плавным движением подвинула стул к Илье, села на него и спросила:

- Вам скучно с ними, скажите? Они тут любезничают, а вам завидно, да?

- С ними не скучно, - смущаясь от её близости, сказал Илья.

79

- Жаль! - спокойно кинула женщина, отвернулась от Ильи и заговорила, обращаясь к Вере: - Знаешь, - была я вчера у всенощной в девичьем монастыре и такую там клирошанку видела - ах! Чудная девочка... Стояла я и всё смотрела на неё, и думала: "Отчего она ушла в монастырь?" Жалко было мне её...

- А я бы не пожалела, - сказала Вера.

- Ну как же! Поверю я тебе...

Илья вдыхал сладкий запах духов, разливавшийся в воздухе вокруг этой женщины, смотрел на неё сбоку и вслушивался в её голос. Говорила она удивительно спокойно и ровно, в её голосе было что-то усыпляющее, и казалось, что слова её тоже имеют запах, приятный и густой...

- А знаешь, Вера, я всё думаю - идти мне к Полуэктову или нет?

- Я не знаю...

- Может быть, я пойду... Он старый, - богатый. Но - жадный... Я прошу, чтоб он положил в банк пять тысяч и платил мне полтораста в месяц, а он даёт три и сто...

- Липочка! Не говори про это, - попросила её Вера.

- Хорошо, - не буду! - спокойно согласилась Липа и снова обернулась к Илье. - Ну-с, молодой человек, давайте разговаривать... Вы мне нравитесь... у вас красивое лицо и серьёзные глаза... Что вы на это скажете?

- Ничего не могу, - смущённо улыбаясь, ответил Илья, чувствуя, что эта женщина окутывает его, как облако.

- Ничего? Да вы скучный... Вы кто?

- Разносчик...

- Да-а? А я думала, вы служите в банке... или приказчиком в хорошем магазине. Вы очень приличный...

- Я чистоту люблю, - сказал Илья. Ему стало томительно жарко, и от духов у него кружилась голова.

- Любите чистоту? Это хорошо... А вы - догадливый?

- Как это?

- Вы уже догадались, что мешаете вашему товарищу, или нет ещё? - плавно спросила его голубоглазая женщина.

- Я сейчас уйду!.. - сконфузившись, сказал Илья.

- Вера, можно мне утащить его?

- Тащи, коли пойдёт! - сказала Вера и засмеялась.

- Куда? - спросил Илья, волнуясь.

- А ты иди, дурашка! - крикнул Павел.

Илья, отуманенный, стоял и растерянно улыбался, но женщина взяла его за руку и повела за собой, спокойно говоря:

- Вы - дикий, а я капризная и упрямая. Если я захочу погасить солнце, так влезу на крышу и буду дуть на него, пока не испущу последнего дыхания... видите, какая я?

Илья шёл рука об руку с ней, не понимал, почти не слушал её слов и чувствовал только, что она тёплая, мягкая, душистая...

Эта связь, неожиданная, капризная, захватила Илью целиком, вызвала в нём самодовольное чувство и как бы залечила царапины, нанесённые жизнью сердцу его. Мысль, что женщина, красивая, чисто одетая, свободно, по своей охоте, даёт ему свои дорогие поцелуи и ничего не просит взамен их, ещё более поднимала его в своих глазах. Он точно поплыл по широкой реке, в спокойной волне, ласкавшей его тело.

- Мой каприз! - говорила ему Олимпиада, играя его курчавыми волосами или проводя пальцем по тёмному пуху на его губе. - Ты мне нравишься всё больше... У тебя надёжное, твёрдое сердце, и я вижу, что, если ты чего захочешь, - добьёшься... Я - такая же... Будь я моложе - вышла бы за тебя замуж... Тогда вдвоём с тобой мы разыграли бы жизнь, как по нотам...

Илья относился к ней почтительно: она казалась ему умной и, несмотря на зазорную жизнь, уважающей себя. Тело у неё было такое же гибкое и крепкое, как её грудной голос, и стройное, как характер её. Ему нравилась в ней бережливость, любовь к чистоте, уменье говорить обо всём и держаться со всеми независимо, даже гордо. Но иногда он, приходя к ней, заставал её в постели, лежащую с бледным, измятым лицом, с растрёпанными волосами, тогда в груди его зарождалось чувство брезгливости к этой женщине, он смотрел в её мутные, как бы слинявшие глаза сурово, молча, не находя в себе даже желания сказать ей "здравствуй!"

Она, должно быть, понимала его чувство и, закутываясь в одеяло, говорила ему:

- Уходи отсюда! Ступай к Вере... Скажи старухе, чтоб принесла воды со снегом...

Он уходил в чистенькую комнату подруги Павла, и Вера, видя его нахмуренное лицо, виновато улыбалась. Однажды она спросила:

- Что, горька наша сестра?

- Эх, Верочка! - ответил он. - На вас и грех - как снег... Улыбнётесь вы - он растает...

- Бедненькие вы с Павлом, - пожалела его девушка. Веру он любил, жалел её, искренно беспокоился, когда она ссорилась с Павлом, мирил их. Ему нравилось сидеть у неё, смотреть, как она чесала свои золотистые волосы или шила что-нибудь, тихонько напевая. В такие минуты она нравилась ему ещё больше, он острее чувствовал несчастие девушки и, как мог, утешал её. А она говорила:

- Нельзя так жить, нельзя, Илья Яковлевич. Ну, я равно... так пачколей и буду... а Павел-то за что около меня?

Их беседы нарушала Олимпиада, являясь пред ними шумно, как холодный луч луны, одетая в широкий голубой капот.

- Идём чай пить, каприз!.. Потом и ты приходи, Верочка...

Розовая от холодной воды, чистая, крепкая и спокойная, она властно уводила за собой Илью, а он шёл за нею и думал: её ли это, час тому назад, он видел измятой, захватанной грязными руками?

За чаем она говорила:

- Жаль, что ты мало учился... Торговлю надо бросить, надо попробовать что-нибудь другое. Погоди, я найду тебе местечко... нужно устроить тебя... Вот, когда я поступлю к Полуэктову, мне можно будет сделать это...

- Что - даёт пять-то тысяч? - спросил Илья.

- Даст! - уверенно ответила женщина.

- Ну, ежели я его когда-нибудь встречу у тебя, - оторву башку!.. - с ненавистью выговорил Илья.

- Погоди, когда он даст мне деньги, - смеялась женщина.

Купец дал ей всё, чего она желала. Вскоре Илья сидел в новой квартире Олимпиады, разглядывал толстые ковры на полу, мебель, обитую тёмным плюшем, и слушал спокойную речь своей любовницы. Он не замечал в ней особенного удовольствия от перемены обстановки: она была так же спокойна и ровна, как всегда.

- Мне двадцать семь лет, к тридцати у меня будет тысяч десять. Тогда я дам старику по шапке и - буду свободна... Учись у меня жить, мой серьёзный каприз...

Илья учился у неё этой неуклонной твёрдости в достижении цели своей. Но порой, при мысли, что она даёт ласки свои другому, он чувствовал обиду, тяжёлую, унижавшую его. И тогда пред ним с особенною яркостью вспыхивала мечта о лавочке, о чистой комнате, в которой он стал бы принимать эту женщину. Он не был уверен, что любит её, но она была необходима ему. Так прошло месяца три.

Однажды, придя домой после торговли, Илья вошёл в подвал к сапожнику и с удивлением увидал, что за столом, перед бутылкой водки, сидит Перфишка, счастливо улыбаясь, а против него - Яков. Навалившись на стол грудью, Яков качал головой и нетвёрдо говорил:

- Если бог всё видит - он видит и меня... Отец меня не любит, он жулик! Верно?

- Верно, Яша! Нехорошо, а - верно! - сказал сапожник.

- Как жить? - встряхивая растрёпанными волосами, спрашивал Яков, тяжело ворочая языком.

Илья стоял в двери, сердце его неприятно сжалось. Он видел, как бессильно качается на тонкой шее большая голова Якова, видел жёлтое, сухое лицо Перфишки, освещённое блаженной улыбкою, и ему не верилось, что он действительно Якова видит, кроткого и тихого Якова. Он подошёл к нему.

- Это ты что же делаешь?

Яков вздрогнул, взглянул в лицо его испуганными глазами и, криво улыбаясь, воскликнул:

- Я думал - отец...

- Что ты делаешь, а? - переспросил Илья.

- Ты, Илья Яковлич, оставь его, - заговорил Перфишка, встав со стула и покачиваясь на ногах. - Он в своём праве... Ещё - слава тебе господи, что пьёт...

- Илья! - истерически громко крикнул Яков. - Отец меня... избил!

- Совершенно правильно, - я тому делу свидетель! - заявил Перфишка, ударив себя в грудь. - Я всё видел, - хоть под присягой скажу!

Лицо у Якова действительно распухло, и верхняя губа вздулась. Он стоял пред товарищем и жалко улыбался, говоря ему:

- Разве можно меня бить?

Илья чувствовал, что не может ни утешать товарища, ни осуждать его.

- За что он тебя?

Яков шевельнул губами, желая что-то сказать, но, схватив голову руками, завыл, качаясь всем телом. Перфишка, наливая себе водки, сказал:

- Пускай поплачет, - хорошо, когда человек плакать умеет... Машутка тоже... Заливается во всю мочь... Кричит - зенки выцарапаю! Я её к Матице отправил...

- Что у него с отцом? - спросил Илья.

- Вышло очень дико... Дядя твой начал музыку... Вдруг: "Отпусти, говорит, меня в Киев, к угодникам!.." Петруха очень доволен, - надо говорить всю правду - рад он, что Терентий уходит... Не во всяком деле товарищ приятен! Дескать, - иди, да и за меня словечко угодникам замолви... А Яков - "отпусти и меня..."

Перфишка вытаращил глаза, скорчил свирепую рожу и глухим голосом протянул:

- "Что-о?.." - "И меня - к угодникам!.." - "Как так?" - "Хочу, говорит, помолиться за тебя..." Петруха как рявкнет: "Я те помолюсь!" А Яков своё: "Пусти!" Кэ-ек Петруха-то хряснет его в морду! Да ещё, да...

- Я не могу с ним жить! - закричал Яков. - Удавлюсь! За что он меня прибил? Я от сердца сказал...

Илье стало тяжко от его криков, он ушёл из подвала, бессильно пожав плечами. Весть о том, что дядя уходит на богомолье, была ему приятна: уйдёт дядя, и он уйдёт из этого дома, снимет себе маленькую комнатку - и заживёт один...

Когда он вошёл к себе, вслед за ним явился Терентий. Лицо у него было радостное, глаза оживились; он, встряхивая горбом, подошёл к Илье и сказал:

- Ну - ухожу я! Господи! Как из темницы на свет божий лезу...

- А ты знаешь - Яков-то пьян напился... - сухо сказал Илья.

- А-а-а! Нехорошо-о!

- Отец-то его при тебе ведь ударил?

- При мне... А что?

- Что ж, ты не можешь понять, что он с этого и напился? - сурово спросил Илья.

- Разве с этого? Скажи, пожалуй, а?

Илья ясно видел, что дядю нимало не занимает судьба Якова, и это увеличивало его неприязнь к горбуну. Он никогда не видал Терентия таким радостным, и эта радость, явившаяся пред ним тотчас же вслед за слезами Якова, возбуждала в нём мутное чувство. Он сел под окном, сказав дяде:

- Иди в трактир-то...

- Там - хозяин... Мне поговорить с тобой надо...

- О чём?

Горбун подошёл к нему и таинственно заговорил:

- Я скоро соберусь. Ты останешься тут один и... стало быть... значит...

- Да говори сразу, - сказал Илья.

- Сразу? - часто мигая глазами, воскликнул Терентий вполголоса. - Тут тоже не легко... накопил я денег... немного...

Илья взглянул на него и нехорошо засмеялся.

- Ты что? - вздрогнув, спросил его дядя.

- Ну, накопил ты денег...

И он особенно отчетливо выговорил слово "накопил".

- Да, так вот... - не глядя на него, заговорил Терентий. - Ну, значит... два ста решился я в монастырь дать. Сто - тебе...

- Сто? - быстро спросил Илья. И тут он открыл, что уже давно в глубине его души жила надежда получить с дяди не сто рублей, а много больше. Ему стало обидно и на себя за свою надежду - нехорошую надежду, он знал это, и на дядю за то, что он так мало даёт ему. Он встал со стула, выпрямился и твёрдо, со злобой сказал дяде:

- Не возьму я твоих краденых денег...

Горбун попятился от него, сел на кровать, - жалкий, бледный. Съёжившись и открыв рот, он смотрел на Илью с тупым страхом в глазах.

- Что смотришь? Не надо мне...

- Господи Исусе! - хрипло выговорил Терентий. - Илюша, - ты мне как сын был... Ведь я... для тебя... для твоей судьбы на грех решился... Ты возьми деньги!.. А то не простит мне господь...

- Та-ак! - насмешливо воскликнул Илья. - Со счетами в руках к богу-то идёшь?.. И - просил я тебя дедушкины деньги воровать? Какого человека вы ограбили!..

- Илюша! И родить тебя не просил ты... - смешно Протянув руку к Илье, сказал ему дядя. - Нет, ты деньги возьми, - Христа ради! Ради души моей спасенья... Господь греха мне не развяжет, коли не возьмёшь...

Он умолял, а губы у него дрожали, а в глазах сверкал испуг. Илья смотрел на него и не мог понять - жалко дядю или нет?

- Ладно! Я возьму... - сказал он наконец и тотчас вышел вон из комнаты. Решение взять у дяди деньги было неприятно ему; оно унижало его в своих глазах. Зачем ему сто рублей? Что можно сделать с ними? И он подумал, что, если б дядя предложил ему тысячу рублей, - он сразу перестроил бы свою беспокойную, тёмную жизнь на жизнь чистую, которая текла бы вдали от людей, в покойном одиночестве... А что, если спросить у дяди, сколько досталось на его долю денег старого тряпичника? Но эта мысль показалась ему противной...

С того дня, как Илья познакомился с Олимпиадой, ему казалось, что дом Филимонова стал ещё грязнее и тесней. Эта теснота и грязь вызывали у него чувство физического отвращения, как будто тела его касались холодные, скользкие руки. Сегодня это чувство особенно угнетало его, он не мог найти себе места в доме, пошёл к Матице и увидал бабу сидящей у своей широкой постели на стуле. Она взглянула на него и, грозя пальцем, громко прошептала, точно ветер подул:

- Тихо! Спит!..

На постели, свернувшись клубком, спала Маша.

- Каково? - шептала Матица, свирепо вытаращив свои большие глаза. Избивать детей начали, ироды! Чтоб земля провалилась под ними...

Илья слушал её шёпот, стоя у печки, и, рассматривая окутанную чем-то серым фигурку Маши, думал: "А что будет с этой девочкой?.."

- Знаешь ты, что он Марильку выдрал за косу, этот чёртов вор, кабацкая душа? Избил сына и её и грозит выгнать их со двора, а? Знаешь ты? Куда она пойдёт, ну?

- Я, может, достану ей место... - задумчиво сказал Илья, вспомнив, что Олимпиада ищет горничную.

- Ты! - укоризненно шептала Матица. - Ты ходишь тут, как важный барин... Растёшь себе, как молодой дубок... ни тени от тебя, ни жёлудя...

- Погоди, не шипи! - сказал Илья, найдя хороший предлог пойти сейчас к Олимпиаде. - Сколько лет Машутке? - спросил он.

- Пятнадцать... а сколько ж? А что с того, что пятнадцать? Да ей и двенадцати много... она хрупкая, тоненькая... она ещё совсем ребёнок! Никуда, никуда не годится дитина эта! И зачем жить ей? Спала бы вот, не просыпалась до Христа...

85

Через час он стоял у двери в квартиру Олимпиады, ожидая, когда ему отворят. Не отворяли долго, потом за дверью раздался тонкий, кислый голос:

- Кто там?

- Я, - ответил Лунёв, недоумевая, кто это спрашивает его. Прислуга Олимпиады - рябая, угловатая баба - говорила голосом грубым и резким и отворяла дверь не спрашивая.

- Кого надо? - повторили за дверью.

- Олимпиада Даниловна дома?

Дверь вдруг распахнулась, в лицо Ильи хлынул свет, - юноша отступил на шаг, щуря глаза и не веря им.

Перед ним стоял с лампой в руке маленький старичок, одетый в тяжёлый, широкий, малинового цвета халат. Череп у него был почти голый, на подбородке беспокойно тряслась коротенькая, жидкая, серая бородка. Он смотрел в лицо Ильи, его острые, светлые глазки ехидно сверкали, верхняя губа, с жёсткими волосами на ней, шевелилась. И лампа тряслась в сухой, тёмной руке его.

- Кто таков? Ну, входи... ну? - говорил он. - Кто таков?

Илья понял, кто стоит перед ним. Он почувствовал, что кровь бросилась в лицо ему и в груди его закипело. Так вот кто делит с ним ласки этой чистой, крепкой женщины.

- Я - разносчик... - глухо сказал он, перешагнув через порог.

Старик мигнул ему левым глазом и усмехнулся. Веки у него были красные, без ресниц, а во рту торчали жёлтые, острые косточки.

- Разносчик-молодчик? Какой разносчик, а? Какой? - хитро посмеиваясь, спрашивал старик, приближая лампу к его лицу.

- Мелочной разносчик... торгую духами... лентами... всякой мелочью... - говорил Илья, опустив голову и чувствуя, что она кружится и красные пятна плавают пред его глазами.

- Так, так, так... ленты-позументы?.. Да, да, да... Ленточки, душки... милые дружки? Что же тебе надо, разносчик, а?

- Мне Олимпиаду Даниловну...

- А-а-а? А зачем тебе её, а?

- Мне... деньги получить за товар... - с усилием выговорил Илья.

Он чувствовал непонятный страх перед этим скверным стариком и ненавидел его. В тихом, тонком голосе старика, как и в его ехидных глазах, было что-то сверлившее сердце Ильи, оскорбительное, унижающее.

- Денежки? Должок? Хо-орошо-о...

Старик вдруг отвёл лампу в сторону от лица Ильи, привстал на носки, приблизил к Илье своё дряблое, жёлтое лицо и тихо, с ядовитой усмешкой спросил его:

- А записочка где? Давай записочку!

- Какую? - со страхом отступая, спросил Илья.

- А от барина твоего? Записочку к Олимпиаде Даниловне? Ну? Давай! Я отнесу ей... Ну, - скорее! - Старик лез на Илью. У парня высохло во рту от страха.

- У меня нет никакой записочки! - громко и с отчаянием сказал он, чувствуя, что вот, сейчас, произойдёт что-то невероятное.

Но в эту минуту явилась высокая, стройная фигура Олимпиады. Она спокойно, не мигнув, взглянула на Илью через голову старика и ровным голосом спросила:

- Что у вас тут, Василий Гаврилович?

- Разносчик-с, - вот-с! Должок имеет за вами-с. Вы ленточки у него брали? А денежки не платили, а? Вот он и пришёл-с... и явился...

Старик вертелся перед женщиной, щупая глазами то её лицо, то лицо Ильи. Она отстранила его от себя властным движением правой руки, сунула эту руку в карман своего капота и сказала Илье строгим голосом:

- Что, ты не мог придти в другое время?

- Да-с! - взгливо крикнул старик. - Дурак эдакий, а? Ходишь, когда не нужно, а? Осёл!

Илья стоял, как каменный.

- Не кричите, Василий Гаврилович! Нехорошо, - сказала Олимпиада и обратилась к Илье: - Сколько тебе следует, три рубля сорок? Получи...

- И - ступай вон! - снова крикнул старик. - Позвольте-с, я запру... я сам, сам!

Он запахнул свой халат и, отворив дверь, крикнул Илье:

- Иди!..

Илья стоял на морозе у запертой двери и тупо смотрел на неё, не понимая, дурной ли сон ему снится или всё это наяву? Он держал в одной руке шапку, а в другой крепко стиснул деньги Олимпиады. Он стоял так до поры, пока не почувствовал, что мороз сжимает ему череп ледяным обручем и ноги его ломит от холода. Тогда, надев шапку, он положил деньги в карман, сунул руки в рукава пальто, сжался, наклонил голову и медленно пошёл вдоль по улице, неся в груди оледеневшее сердце, чувствуя, что в голове его катаются какие-то тяжёлые шары и стучат в виски ему... Пред ним плыла тёмная фигура старика с жёлтым черепом, освещённая холодным огнём...

Лицо старика улыбалось победоносно, ехидно, лукаво...

На другой день Илья медленно и молча расхаживал по главной улице города. Ему всё представлялся ехидный взгляд старика, спокойные голубые очи Олимпиады и движение её руки, когда она подала ему деньги. В морозном воздухе летали острые снежинки, покалывая лицо Ильи...

Он только что прошёл мимо маленькой лавочки, укромно спрятанной во впадине между часовней и огромным домом купца Лукина. Над входом в лавочку висела проржавевшая вывеска:

"Размен денег В.Г.Полуэктова. Покупка в лом серебра, золота, ризы икон, драгоценные вещи и старинную монету".

Илье показалось, что, когда он взглянул на дверь лавки, - за стеклом её стоял старик и, насмешливо улыбаясь, кивал ему лысой головкой. Лунёв чувствовал непобедимое желание войти в магазин, посмотреть на старика вблизи. Предлог у него тотчас же нашёлся, - как все мелочные торговцы, он копил попадавшуюся ему в руки старую монету, а накопив, продавал её менялам по рублю двадцать копеек за рубль. В кошельке у него и теперь лежало несколько таких монет.

Он воротился назад, смело отворил дверь лавки, пролез в неё со своим ящиком и, сняв шапку, поздоровался:

- Доброго здоровья...

Старик, сидя за узким прилавком, снимал с иконы ризу, выковыривая гвоздики маленькой стамеской. Мельком взглянув на вошедшего парня, он тотчас же опустил голову к работе, сухо сказав:

- Что надо?..

- Узнали меня? - зачем-то спросил Илья, Старик снова взглянул на него.

- Может, и узнал, - что надо-то?

- Монету купите?

- Покажи...

Илья полез в карман за кошельком. Но рука его не находила кармана и дрожала так же, как дрожало сердце от ненависти к старику и страха пред ним. Шаря под полой пальто, он упорно смотрел на маленькую лысую голову, и по спине у него пробегал холод...

- Ну, скоро ты? - спросил старик сердитым голосом.

- Сейчас!.. - тихо ответил Илья.

Наконец, ему удалось вынуть кошелёк; он подошёл вплоть к прилавку и высыпал на него монеты. Старик окинул их взглядом.

- Только-то?

И, хватая серебро тонкими, жёлтыми пальцами, он стал рассматривать деньги, говоря под нос себе:

- Екатерининский... Анны... Екатерининский... Павла... тоже... крестовик... тридцать второго... пёс его знает какой! На - этот не возьму, стёртый весь...

- Да ведь видно по величине-то, что четвертак, - сурово сказал Илья.

Старик отшвырнул монету и, быстрым движением руки выдвинув ящик конторки, стал рыться в нём.

Илья взмахнул рукой, и крепкий кулак его ударил по виску старика.

Меняла отлетел к стене, стукнулся об неё головой, но тотчас же бросился грудью на конторку и, схватившись за неё руками, вытянул тонкую шею к Илье. Лунёв видел, как на маленьком, тёмном лице сверкали глаза, шевелились губы, слышал громкий, хриплый шёпот:

- Голубчик... Голубчик мой...

- А, - сволочь! - сказал Илья и с отвращением стиснул шею старика. Стиснул и стал трясти её, а старик упёрся руками в грудь ему и хрипел. Глаза у него стали красные, большие, из них лились слёзы, язык высунулся из тёмного рта и шевелился, точно дразнил убийцу. Тёплая слюна капала на руки Ильи, в горле старика что-то хрипело и свистело. Холодные, крючковатые пальцы касались шеи Лунёва, - он, стиснув зубы, отгибал свою голову назад и всё сильнее встряхивал лёгкое тело старика, держа его на весу. И если б Илью в это время били сзади, он всё равно не выпустил бы из рук хрустевшее под пальцами горло старика. С ненавистью и ужасом он смотрел, как мутные глаза Полуэктова становятся всё более огромными, всё сильнее давил ему горло, и, по мере того как тело старика становилось всё тяжелее, тяжесть в сердце Ильи точно таяла. Наконец, он оттолкнул от себя менялу, и тот мягко свалился за прилавок.

Лунёв оглянулся: в лавке было тихо и пусто, а за дверью, на улице, валил густой снег. На полу, у ног Ильи, лежали два куска мыла, кошелёк и моток тесёмки. Он понял, что эти вещи упали из его ящика, поднял их и положил на место. Затем, перегнувшись через прилавок, взглянул на старика: тот съёжился в узкой щели между прилавком и стеной, голова его свесилась на грудь, был виден только жёлтый затылок. Тут Лунёв увидал открытый ящик конторки - сверкнули золотые и серебряные монеты, бросились в глаза пачки бумажек... Он торопливо схватил одну пачку, другую, ещё, сунул их за пазуху...

На улицу он вышел не торопясь, шагах в трёх от лавки остановился, тщательно прикрыл свой товар клеёнкой и снова пошёл в густой массе снега, падавшего с невидимой высоты. И вокруг него и в нём бесшумно колебалась холодная, мутная мгла. Илья с напряжением всматривался в неё; вдруг он ощутил тупую боль в глазах, дотронулся до них пальцами правой руки и в ужасе остановился, точно ноги его вдруг примёрзли к земле. Ему показалось, что глаза его выкатились, вылезли на лоб, как у старика Полуэктова, и что они останутся навсегда так, болезненно вытаращенными, никогда уже не закроются и каждый человек может увидать в них преступление. Они как будто умерли. Щупая пальцами зрачки, он чувствовал в них боль, но не мог опустить веки, и дыхание в его груди спиралось от страха. Наконец, ему удалось закрыть глаза; ни с радостью наслаждался тьмою, вдруг охватившей его, и так, ничего не видя, неподвижно стоял на месте, глубоко вдыхая воздух... Кто-то толкнул его. Он быстро оглянулся, - мимо него прошёл высокий человек в полушубке. Илья смотрел вслед ему, пока тот не исчез в густом рое хлопьев снега. Тогда, поправив шапку рукой, Лунёв зашагал по тротуару, чувствуя боль в глазах и тяжесть в голове. Плечи у него вздрагивали, пальцы рук невольно сжимались, а в сердце зарождалось что-то упрямое, дерзкое и вытесняло страх.

Дойдя до перекрёстка, он увидел серую фигуру полицейского и безотчётно, тихо, очень тихо пошёл прямо на него. Шёл он, и сердце его замирало...

- Снежище-то какой! - сказал он, подойдя вплоть к полицейскому и в упор глядя на него.

- Да-а, повалил! Теперь, слава те господи, потеплеет! - с удовольствием ответил полицейский. Лицо у него было большое, красное, бородатое.

- А сколько сейчас время? - спросил Илья.

- Поглядим! - Полицейский стряхнул снег с рукава и сунул руку за пазуху. Лунёву было и жутко и любо стоять против этого человека. Он вдруг рассмеялся сухим, как бы вынужденным смехом.

- Ты что хохочешь? - спросил полицейский, отковыривая ногтем крышку часов.

- Эк тебя засыпало снегом-то! - воскликнул Илья.

- Засыплет, такая сила! Половина второго теперь... без пяти минут половина. Засыплет, брат!.. Ты вот теперь в трактир пойдёшь, в тепло, а я тут до шести часов торчать должен... Гляди, сколько тебе навалило на ящик-то...

Полицейский вздохнул и щёлкнул крышкой часов.

- Да, я пойду в трактир, - сказал Илья и, улыбнувшись криво, зачем-то добавил: - Вот, в этот самый...

- Уж не дразни...

В трактире Илья сел под окном. Из этого окна - он знал - было видно часовню, рядом с которой помещалась лавка Полуэктова. Но теперь всё за окном скрывала белая муть. Он пристально смотрел, как хлопья тихо пролетают мимо окна и ложатся на землю, покрывая пышной ватой следы людей. Сердце его билось торопливо, сильно, но легко. Он сидел и, без дум, ждал, что будет дальше.

Когда половой принёс ему чай, он не утерпел и спросил:

- Что на улице... ничего?

- Теплее стало... гораздо теплее! - торопливо ответил половой и убежал, а Илья, налив стакан чаю, не пил, не двигался, чутко ожидая. Ему стало жарко - он начал расстёгивать ворот пальто и, коснувшись руками подбородка, вздрогнул - показалось, что это не его руки, а чьи-то чужие, холодные. Подняв их к лицу, тщательно осмотрел пальцы - руки были чистые, но Лунёв подумал, что всё-таки надо вымыть их мылом...

- Полуэктова убили! - вдруг крикнул кто-то. Илья вскочил со стула, как будто этим криком позвали его. Но в трактире все засуетились и пошли к дверям, на ходу надевая шапки. Он бросил на поднос гривенник, надел на плечо ремень своего ящика и пошёл так же быстро, как и все они.

У лавки менялы собралась большая толпа, в ней сновали полицейские, озабоченно покрикивая, тут же был и тот, бородатый, с которым разговаривал Илья. Он стоял у двери, не пуская людей в лавку, смотрел на всех испуганными глазами и всё гладил рукой свою левую щёку, теперь ещё более красную, чем правая. Илья встал на виду у него и прислушивался к говору толпы. Рядом с ним стоял высокий чернобородый купец со строгим лицом и, нахмурив брови, слушал оживлённый рассказ седенького старичка в лисьей шубе.

- Мальчишка-то, значит, думал, что он сомлел, и бежит к Петру Степановичу - пожалуйте, дескать, к нам, хозяин захворал. Ну, тот сейчас марш сюда, ан глядь - он мёртвый! Ты подумай, - дерзновение-то какое? Среди бела дня, на эдакой людной улице, - на-ко вот!

Чернобородый купец громко кашлянул и густым, суровым голосом сказал:

- Тут - перст божий! Стало быть, не захотел господь принять от него покаяния...

Лунёв подвинулся вперёд, желая ещё раз взглянуть в лицо купца, и задел его ящиком.

- Ты! - крикнул купец, отстраняя его движением локтя и строго взглянув в лицо Ильи. - Куда лезешь?

И снова обратился к своему собеседнику:

- Сказано, - и волос с головы человека не упадёт без воли божией...

- Что и говорить! - кивнув головой, согласился старик, а потом вполголоса добавил, подмигивая: - Известно - бог шельму метит... Господи, прости! Грешно говорить, а и молчать трудно... да!

Лунёв усмехнулся. Он, слушая этот разговор, чувствовал в груди прилив какой-то силы и жуткой, приятной храбрости. И если бы кто-нибудь спросил его в эту минуту: "Ты удушил?" - ему казалось, что он безбоязненно ответил бы: "Я..."

С тем же чувством в груди он протискался сквозь толпу и встал рядом с полицейским. Тот сердито толкнул его в плечо, крикнув:

- Куда? Какое тут твоё дело, а? Пшёл!

Илья пошатнулся и навалился на кого-то. Его ещё толкнули.

- Дай ему по шее! Пьяный, что ли?

Тогда Лунёв выбрался из толпы и сел на ступени часовни, внутренно посмеиваясь над людьми. Сквозь шорох снега под ногами и тихий говор до него долетали отдельные возгласы:

91

- И надо же было ему, разбойнику, в моё дежурство напакостить...

- По дисконту первый в городе был...

- Снег валит... ничего мне не видно...

- Шкуры драл безо всякой жалости...

- Гляди - жена приехала...

- Э-эх, несшасная! - громко вздохнул какой-то оборванный мужик.

Лунёв поднялся на ноги и увидал, что из широких саней с медвежьей полостью тяжело вылезает пожилая толстая женщина в салопе и чёрном платке. Её поддерживали под руки околоточный и какой-то человек с рыжими усами.

- Ох, батюшки... - прозвучал в воздухе её испуганный голос. Все притихли. Илья смотрел на старуху и вспоминал Олимпиаду...

- А сына - нету? - тихо спросил кто-то.

- В Москве.

- Он, чай, только того и ждал...

- Ещё-е бы!

Лунёву было приятно, что никто не жалеет Полуэктова, но, в то же время, все люди, кроме чернобородого купца, казались ему глупыми и даже противными.

В купце было что-то строгое и верное, а все остальные стоят, как пни в лесу, и, толкая его, Илью, болтают гнусными языками злорадные слова.

Он дождался, когда маленькое тело меняльы вынесли из лавки, и пошёл домой, иззябший, усталый, но спокойный. Дома, запершись у себя в комнате, он сосчитал деньги: в двух толстых пачках мелких бумажек оказалось по пятисот рублей, в третьей - восемьсот пятьдесят. Была ещё пачка купонов, но он их не стал считать, а, завернув все деньги в бумагу, задумался, облокотясь на стол, - куда их спрятать? Думая об этом, он почувствовал, что ему хочется спать. Решив спрятать деньги на чердаке, он пошёл туда, держа пакет в руках, на виду, И в сенях наткнулся на Якова.

- А, ты пришёл уж! - сказал Яков. - Что это ты несёшь?

- Это? - переспросил Илья, глядя на деньги, И, вздрогнув от страха проговориться, торопливо сказал, помахивая в воздухе пакетом:-Это... тесёмка...

- Чай пить придёшь? - спросил Яков.

- Сейчас!

Он пошёл быстро, ноги его ступали нетвёрдо, и голова была мутная, тяжёлая, как у пьяного. Идя по лестнице на чердак, он шагал осторожно, боясь нашуметь, боясь встретить кого-нибудь. А когда он зарывал деньги - в землю около трубы, - ему вдруг показалось, что в углу чердака, во тьме, кто-то притаился и следит за ним. Он ощутил желание бросить туда кирпичом, но вовремя опомнился и тихо сошёл вниз. В нём не было больше страха, - он как бы спрятал его на чердаке вместе с деньгами, - но в сердце возникло тяжёлое недоумение.

"Зачем я его удушил?" - спрашивал он себя.

Когда он вошёл в подвал, Маша, возившаяся у печки над самоваром, встретила его радостным восклицанием:

- Как ты рано сегодня!

- Снег, - сказал он. И тотчас же раздражённо закричал: - Что за рано? Пришёл, как всегда, - в свою пору... Видишь - темно.

- Здесь и в полдень темно, - чего ты орёшь?

- А того и ору, что все вы, как сыщики, - рано пришёл, куда идёшь, чего несёшь... вам какое дело?

Маша пристально посмотрела на него и с упрёком сказала:

- А-яй, Илья, как ты стал зазнаваться.

- А, ну вас к чёрту! - выругался Лунёв и сел к столу. Маша обиженно фыркнула, отвернулась от него и стала дуть в трубу самовара. Тонкая, маленькая, она встряхивала чёрными кудрями, кашляла и жмурилась от дыма. Лицо у неё было худое, тёмные пятна вокруг глаз увеличивали их блеск, и было в ней что-то похожее на один из тех цветков, что растут в глухих углах садов, среди бурьяна. Илья смотрел на неё и думал, что вот эта девочка живёт одна, в яме, работает, как большая, не имеет никакой радости и едва ли найдёт когда-либо радость в жизни. Он же теперь будет жить, как давно желал, - в покое, в чистоте. Ему стало приятно от этой мысли и, почувствовав себя виноватым перед Машей, он тихо окликнул её.

- Ну что, злющий?.. - отозвалась она.

- Знаешь... я - поганый человек, - сказал Лунёв, голос у него дрогнул: сказать ей или не говорить? Она выпрямилась, с улыбкой глядя на него.

- Колотить тебя некому, вот что!

И, быстро подойдя к нему, Маша торопливо заговорила:

- Слушай, голубчик, - попроси дядю, чтоб он меня с собой взял! Попроси! В ножки поклонюсь, право, поклонюсь!

- Куда? - устало спросил Лунев, занятый своими мыслями и плохо понимая её слова.

- С собой, родненький! Попроси!

Она сложила руки ладошками вместе и стояла пред ним, как перед образом, а на глазах у неё появились слёзы.

- Как бы хорошо-то, - вздыхая, говорила девочка. - Весной бы и пошли мы. Все дни я про это думаю, даже во сне снится, будто иду, иду... Голубчик! Он тебя послушает - скажи, чтобы взял! Я его хлеба не буду есть... я милостину просить буду! Мне дадут - я маленькая... Илюша? Хочешь - руку поцелую?

93

И вдруг она, схватив его руку, наклонилась над нею. Илья оттолкнул девочку, вскочил со стула.

- Дура, - крикнул он, - разве это можно?.. Я - человека задушил...

Но испугался своих слов и тотчас же добавил:

- Может быть... я, может, такое сделал... а ты целовать хочешь?

- Ничего-о! - говорила Маша, подойдя вплоть к нему. - И поцеловала бы - велика важность! Петруха хуже тебя, а я у него за каждый кусок целую... Мне и противно, а он мне велит - целуй! Да ещё щупает меня и щиплет, срамник!

Оттого ли, что Илья сказал страшные слова, или оттого, что он не договорил их, но ему стало легко и весело. Улыбаясь, он тихо и с лаской в голосе сказал девочке:

- Ладно, я это устрою! Ей-богу, устрою! Пойдёшь ты на богомолье... Денег дам на дорогу...

- Голубчик! - крикнула Маша и, подпрыгнув, обняла его за шею.

- Погоди! - серьёзно сказал Лунёв. - Сказано - пойдёшь! За меня помолись, Машутка...

- За тебя-то? Господи!..

В двери появился Яков и удивлённо спросил Машу:

- Ты чего визжишь? Даже на дворе слышно...

- Яша! - радостно крикнула девочка и, захлёбываясь словами, стала рассказывать Якову: - Иду я, ухожу, прощай! Вот - он обещал упросить горбатого...

- Та-ак! - сказал Яков и тихонько свистнул. - Про-о-пала моя голова! Заживу теперь я совсем один, как месяц на небе...

- Няньку найми! - усмехнувшись, посоветовал Илья.

- Водку пить буду, - качнув головой, сказал Яков. Маша взглянула на него и, опустив голову, отошла к двери. Оттуда раздался её укоризненный, печальный голос:

- Экий ты, Яков, какой... слабый!

- А вы - крепкие! Бросаете человека... Черти!

Он угрюмо сел к столу против Ильи и сказал:

- Разве и мне уйти тихонько с Терентием?

- Иди... Я бы ушёл...

- Ты бы! А на меня отец полицию науськает...

Все замолчали. Потом Яков с напускной весёлостью заговорил:

- А хорошо, братцы, пьяному быть! Ничего не понимаешь... ни о чём не думаешь...

Маша поставила на стол самовар и сказала, качая головой:

- Эх ты. бесстыдник!

- Ну, ты молчи! - сердито крикнул Яков. - У тебя отца-то всё равно что нет... разве он тебе мешает жить?

- Хорошо мне жить! - возразила Маша. - Бежала бы, да и не оглянулась.

- Всем плохо! - негромко сказал Илья и снова задумался.

Снова заговорил Яков, мечтательно глядя в окно:

- А славно бы уйти куда-нибудь ото всего! Сесть где-нибудь у лесочка, над рекой, и подумать обо всём...

- Это дурацкая манера от жизни уходить! - с досадой сказал Илья.

Яков пристально взглянул в лицо ему и с некоторым страхом сказал:

- Знаешь - нашёл-таки я одну книгу...

- Какую?

- Старинная... Переплетена в кожу, видом - как псалтирь, - должно быть, еретицкая. У татарина за семь гривен купил...

- Как заглавие? - равнодушно спросил Илья. Ему совсем не хотелось говорить, но он чувствовал, что молчать опасно, и принуждал себя.

- Заглавие у неё оторвано, - понизив голос, рассказывал Яков, - но говорится в ней о начале вещей. Трудно читать... Написано там, что о начале вещей Фалес милесийский первый спрашивал: "Той бо воду нарече, от нея же вся произведена суть и производится, бога же Фалес нарече мыслию, яже из воды вся производит". И был ещё Диагор безбожный, он - "ни единого бога быти разумеша", - стало быть, не верил в бога-то! И Эпикур ещё... тот "бога во правду глаголаша быти, но ничто же никому подающа, ничто же добро деюща, ни о чём же попечения имуща..." Значит - бог-то хоть и есть, но до людей ему нет дела, так я понимаю! Как хошь, стало быть, так и живи. Нет попечения о тебе...

Илья приподнялся со стула и, сурово нахмурив брови, сказал, прерывая медленную речь товарища:

- Взять бы эту книгу да по башке тебя ей!

- За что? - удивлённо и с обидой воскликнул Яков.

- А за то, чтобы ты в неё не заглядывал! Дурак! А книгу писал - другой дурак!

Лунёв обошёл стол, наклонился к сидящему товарищу и со злобной страстностью заговорил, как молотком стукая по большой голове Якова:

- Бог - есть! Он всё видит! Всё знает! Кроме его - никого! Жизнь дана для испытанья... грех - для пробы тебе. Удержишься или нет? Не удержался постигнет наказание, - жди! Не от людей жди - от него, - понял? Жди!

- Стой! - крикнул Яков. - Да разве я это говорю?

- Всё равно! Какой ты мне судья, а? - кричал Лунёв, бледный от возбуждения и злости, вдруг охватившей его. - Волос с головы твоей не упадёт без воли его! Слыхал? Ежели я во грех впал - его на то воля! Дурак!

- Да ты с ума сошёл, что ли? - прижавшись к стене, с испугом закричал Яков. - В какой ты грех впал?

Лунёв сквозь шум в ушах услышал этот вопрос, и на него точно холодом пахнуло. Он подозрительно оглядел Якова и Машу, тоже испуганную его возбуждением и криками.

- Для примера говорю, - глухо сказал он.

- Нездоровый ты какой-то, - робко сказала Маша.

- И глаза мутные, - добавил Яков, всматриваясь в его лицо.

Илья невольно провёл рукой по глазам и тихо ответил:

- Это ничего... пройдёт!..

Но ему было тяжело, неловко с людьми, и, отказавшись от чая, он ушёл к себе.

Когда он лёг на постель, - явился Терентий. С той поры, как горбун решил идти замаливать свой грех, глаза его сияли светло и блаженно, точно он уже предвкушал радость освобождения от греха. Тихо, с улыбкой на губах, он подошёл к постели племянника и, пощипывая бородёнку, заговорил ласковым голосом:

- Вижу - пришёл ты, дай, думаю, пойду, побалакаю с ним. Недолго уж нам вместе-то жить.

- Идёшь? - сухо спросил Илья.

- Как только потеплее станет. К страстной неделе хочется мне попасть в Киев-от...

- Вот что, - возьми-ка с собой Машутку...

- Ку-уда! - воскликнул горбун, отмахнувшись рукой.

- А ты слушай, - твёрдо сказал Илья. - Делать ей тут нечего... а она в таком возрасте... Яков, Петруха... и всё такое... понял? Дом этот для всех вроде западни, - проклятый дом! Пусть она уйдёт... может, и не воротится.

- Да куда же мне её? - жалобно заговорил Терентий.

- Возьми, возьми! - настойчиво твердил Илья. - И сотню свою возьми на неё... Мне не надо твоего... А она за тебя помолится... Её молитва много значит...

Горбун задумался и повторил:

- Много значит... н-да-а! Это ты... тово... правильно говоришь... Денег я не могу взять от тебя... это оставим, как решили... А насчёт Машки - подумать надо...

Тут глаза Терентия вдруг радостно блеснули, и, наклонясь к Илье, он шёпотом, с увлечением заговорил:

- Н-ну, брат, ка-акого я человека видел вчера! Знаменитого человека Петра Васильича... про начётчика Сизова - слыхал ты? Неизречённой мудрости человек! И не иначе, как сам господь наслал его на меня, - для облегчения души моей от лукавого сомнения в милости господней ко мне, грешному...

Илья лежал молча. Ему хотелось, чтоб дядя ушёл. Полузакрытыми глазами он смотрел в окно и видел пред собой высокую, тёмную стену.

- Говорили мы с ним о грехах, о спасении души, - воодушевлённо шептал Терентий. - Говорит он: "Как долоту камень нужен, чтоб тупость обточить, так и человеку грех надобен, чтоб растравить душу свою и бросить ее во прах под нози господа всемилостивого..."

Илья взглянул на дядю и со злою улыбкой спросил:

- А что он, начётчик этот, на дьявола не похож?

- Ра-азве можно так говорить? - откачнувшись, воскликнул Терентий. Он - благочестивый человек... О нём слава и теперь шире идёт, чем о дедушке твоём... а-ах, брат!

И, укоризненно покачивая головой, горбун зачмокал губами.

- Ну, ладно! - сказал Илья грубо и неприязненно. - Что он ещё говорил?

Илья засмеялся неприятным смехом. Дядя с удивлением на лице отодвинулся от него и спросил:

- Что ты?

- Ничего. Он ловко сказал, начётчик-то... Как раз впору мне... Я и сам так же думаю, - точь-в-точь так!

Он замолчал, пристально взглянул в лицо дяди и отвернулся к стене.

- Ещё он сказал, - снова начал Терентий осторожным голосом, - грех, говорит, окрыляет душу покаянием и возносит её ко престолу всевышнего...

- А ведь ты тоже на чёрта похож! - прервал его Илья и вновь тихонько засмеялся.

Горбун взмахнул руками, как большая птица крыльями, и замер, испуганный и обиженный. А Лунёв сел на постели, толкнул дядю в бок рукой и сурово сказал:

- Пусти-ка!

Терентий быстро вскочил на ноги и встал среди комнаты, встряхнув горбом. Он тупо смотрел на племянника, сидевшего на кровати, упираясь в неё руками, на его приподнятые плечи и голову, низко опущенную на грудь.

- Но ежели я каяться не хочу? - твёрдо спросил Илья. - Ежели я думаю так: грешить я не хотел... само собой всё вышло... на всё воля божия... чего же мне беспокоиться? Он всё знает, всем руководит... Коли ему этого не нужно было - удержал бы меня. А он - не удержал, - стало быть, я прав в моём деле. Люди все неправдой живут, а кто кается?

- Не понимаю я твоих слов, Христос с тобой! - уныло сказал Терентий и вздохнул.

Илья усмехнулся.

- Не понимаешь и - не говори со мной...

Он снова лёг на постель, сказав дяде:

- Нездоровится мне...

- То-то, я гляжу...

- Уснуть мне надо... ты иди!

Когда Илья остался один, он почувствовал, что в голове у него точно вихрь крутится. Всё пережитое им в эти несколько часов странно спуталось, слилось в какой-то тяжёлый, горячий пар и жгло ему мозг. Ему казалось, что он давно уже чувствует себя так плохо, что он не сегодня задушил старика, а давно когда-то.

Он закрыл глаза и лежал неподвижно, а в ушах его звучал дряблый голос старика: "Ну что же, скоро ты?"

Суровый голос чернобородого купца мешается с просьбой Маши, древние слова из еретической книги Якова впутываются в речь начётчика. Всё качается, колеблется и тянет куда-то книзу. Уснуть скорее, забыть всё это. Он уснул...

А когда проснулся поутру, то по освещённой стене против окна понял, что день ясный, морозный. Он вспомнил весь вчерашний день, прислушался к себе и почувствовал, что знает, как надо ему держаться. Через час он шёл с ящиком на груди по улице и, прищуривая глаза от блеска снега, спокойно разглядывал встречных людей. Проходя мимо церкви, он по привычке снимал шапку и крестился. Перекрестился и у часовни рядом с запертой лавкой Полуэктова и пошёл дальше, не ощущая ни страха, ни жалости, ничего беспокойного. В обеденное время, сидя в трактире, он прочитал в газете заметку о дерзком убийстве менялы. Дойдя до слов "полицией приняты энергичные меры к розыску преступника", - он с улыбкой отрицательно покачал головой, он был твёрдо уверен, что преступника не найдут никогда, если он сам не захочет, чтоб его нашли...

Вечером пришла прислуга Олимпиады и принесла Илье записку:

"В девять часов выходи на угол Кузнецкой улицы, к баням".

Прочитав, он почувствовал, что всё внутри его дрожит и сжимается, точно от холода. Перед ним встало пренебрежительное лицо любовницы, и в ушах его зазвучали её резкие, обидные слова: "Не мог придти в другое время?"

Он смотрел на записку, думая - зачем зовёт его Олимпиада? Ему было боязно понять это, сердце его снова забилось тревожно. В девять часов он явился на место свидания, и, когда среди женщин, гулявших около бань парами и в одиночку, увидал высокую фигуру Олимпиады, тревога ещё сильнее охватила его. Олимпиада была одета в какую-то старенькую шубку, а голова у неё закутана платком так, что Илья видел только её глаза. Он молча встал перед нею...

- Идём! - сказала она. И тотчас же тихо добавила: - Закрой лицо воротником...

Они прошли по коридору бань, скрывая свои лица, как будто от стыда, и скрылись в отдельном номере. Олимпиада тотчас же сбросила платок с головы, и при виде её спокойного, разгоревшегося на морозе лица Илья сразу ободрился, но в то же время почувствовал, что ему неприятно видеть её спокойной. А женщина села на диван рядом с ним и, ласково заглянув в лицо ему, сказала:

- Ну, мой каприз, скоро нас с тобою потащат к следователю...

- Зачем? - спросил Илья, вытирая ладонью растаявший иней на усах.

- Какой он у меня глупенький, - будто бы! - насмешливо и тихо воскликнула женщина.

Брови её нахмурились, она шёпотом сообщила Илье:

- У меня сегодня сыщик был.

Илья взглянул на неё и сухо сказал:

- Мне до сыщиков и всех твоих поступков никакого дела нет. Говори прямо - зачем ты меня позвала?

Олимпиада взглянула в его лицо и пренебрежительно улыбнулась, говоря:

- А-а! Обиделся ты, - так! Ну, мне не до того теперь... Вот что: вызовет тебя следователь, станет расспрашивать, когда ты со мной познакомился, часто ли бывал, - говори всё, как было, по правде... всё подробно, - слышишь?

- Слышу! - сказал Илья и усмехнулся.

- Спросит о старике - ты его не видал. Никогда. Не знаешь о нём. Не слыхал, что я на содержании у кого-то жила, - понимаешь?

Женщина смотрела на Илью внушительно и сердито. А он чувствовал, что в нём играет что-то жгучее и приятное. Ему казалось, что Олимпиада боится его; захотелось помучить её, и, глядя в лицо ей прищуренными глазами, он стал тихонько посмеиваться, не говоря ни слова. Тогда лицо Олимпиады дрогнуло, побледнело, и она отшатнулась от него, шёпотом спрашивая:

- Что ты так смотришь? Илья?

- Скажи, - спросил он, оскалив зубы, - зачем я врать буду? Я старика у тебя видел.

И, облокотись о мраморную доску стола, он с тоской и злобой, внезапно охватившими его, продолжал медленно и тихо:

- Смотрел я на него тогда и думал: "Вот кто стоит на моей дороге, вот кто жизнь мою перешиб". И ежели я его тогда не задушил...

- Вр-рёшь! - громко сказала Олимпиада, ударив ладонью по столу. Врёшь ты! Он на твоей дороге не стоял...

- Это как же? - сурово спросил Илья.

- Не стоял. Захотел бы ты - его не было бы... Не намекала я тебе, не говорила разве, что могу всегда прогнать его? Ты молчал да посмеивался, ты ведь никогда по-человечески не любил меня... Ты сам, по своей воле, делил меня с ним пополам...

- Стой! Молчи! - сказал Илья. Он поднялся с дивана на ноги и - снова сел, чувствуя, что женщина словно ушибла его своим упреком.

- Я не хочу молчать! - говорила она. - Молоденький такой... здоровый, любимый мною... что ты мне сделал? Сказал ты мне: "Ну, выбирай, Олимпиада. я или он"? Сказал ты это? Нет, ты - кот, как все коты...

Илья вздрогнул от обиды, в глазах его потемнело, он сжал кулаки и вновь поднялся на ноги.

- Как ты можешь...

- А? Бить хочешь? - сверкнув глазами, зловеще проговорила женщина и тоже оскалила зубы. - Ну - ударь! А я отворю дверь и крикну, что ты убил, ты по моему уговору... Ну - бей!

Илья испугался. Но испуг кольнул его в сердце и исчез.

Он снова сел на диван и, помолчав, засмеялся подавленным смехом. Он видел, что Олимпиада кусает губы и как бы ищет чего-то глазами в грязной комнате, полной тёплого запаха пареных веников и мыла. Вот она села на диван около двери в баню и опустила голову, сказав:

- Смейся, дьявол!

- И буду...

- Я как увидела тебя, подумала: "Вот он. Он мне поможет..."

- Липа! - тихо сказал Илья.

Она не отвечала, сидя неподвижно.

- Липа! - повторил Лунёв и, чувствуя себя так, точно полетел куда-то вниз, медленно выговорил: - Старика-то я задушил... ей-богу!

Она вздрогнула и, подняв голову, уставилась на него широко открытыми глазами. Потом губы у неё задрожали, и, точно задыхаясь, она с трудом выговорила:

- Ду-урак...

Илья понял, что она испугалась его слов, но не верит в их правду. Он встал, подошёл к ней и сел рядом, растерянно улыбаясь. А она вдруг охватила его голову, прижала к своей груди и, целуя волосы, заговорила густым, грубым шёпотом:

- Зачем обижаешь меня?.. Я обрадовалась, что его задавили...

- Это я сделал, - кивнув головой, сказал Илья.

- Молчи! - беспокойно воскликнула женщина. - Я рада, что его задавили, - всех бы их так! Всех, кто меня касался! Только ты один - живой человек, за всю жизнь мою первого встретила, голубчик ты мой!

Её слова всё ближе притягивали Илью; он крепко прижался лицом к груди женщины, и, хотя ему трудно было дышать, он не мог оторваться от неё, сознавая, что это - близкий ему человек и нужен для него теперь больше, чем когда-либо.

- Когда ты смотришь на меня сердито... чистенький мой... чувствую я паскудную жизнь свою и за то люблю тебя... за гордость люблю...

На голову Лунёва падали тяжёлые слёзы, ощущая их прикосновение к себе, он сам заплакал свободно и легко.

Она же оторвала голову его от груди своей и говорила, целуя мокрые глаза его, и щёки, и губы:

- Знаю ведь я - красотой моей ты доволен, а сердцем меня не любишь и осуждаешь меня... Не можешь жизнь мою простить мне... и старика...

- Не говори про него, - сказал Илья. Он вытер лицо платком с её головы и встал на ноги.

- Что будет, то будет! - тихо и твёрдо сказал он. - Захочет бог наказать человека - он его везде настигнет. За слова твои - спасибо, Липа... Это ты верно говоришь - я виноват пред тобой... Я думал, ты... не такая. А ты - ну, хорошо! Я - виноват...

Голос у него прерывался, губы вздрагивали, глаза налились кровью. Медленно, дрожащей рукой он пригладил растрёпанные волосы и вдруг, взмахнув руками, глухо завыл:

- Я - во всём виноват! За что?

Олимпиада схватила его за руку; он опустился на диван рядом с ней и, не слушая её, сказал:

- Понимаешь - я его удушил, я!

- Тише! - со страхом, вполголоса крикнула Олимпиада. - Что ты?

И она крепко обняла его, заглядывая в лицо ему помутневшими от страха глазами.

- Погоди. Вышло это - нечаянно. Бог - знает! Я - не хотел. Я хотел взглянуть на его рожу... вошёл в лавку. Ничего в мыслях не было. А потом вдруг! Дьявол толкнул, бог не заступился... Вот деньги я напрасно взял... не надо бы... эх!

Он глубоко вздохнул, чувствуя, что с его сердца как будто какая-то кора отвалилась. Женщина, вздрагивая, всё крепче прижимала его к себе и говорила отрывистым, бессвязным шёпотом:

- Что денег взял - это хорошо. Значит - грабёж... Без этого подумали бы, что - ревность...

- Каяться я не буду, - говорил Илья задумчиво. - Пусть бог накажет... Люди - не судьи. Какие они судьи?.. Безгрешных людей я не знаю... не видал...

- Господи! - вздохнув, сказала Олимпиада. - Что будет?.. Голубчик... Я - ничего не могу... ни говорить, ни думать, и надо нам отсюда уходить...

Она встала и пошатнулась, как пьяная. Но, закутав голову платком, она вдруг заговорила спокойно:

- Как же теперь, Илюша? Неужто пропадать?

Илья отрицательно качнул головою.

- Так ты... у следователя-то говори всё, как было...

- Так и скажу... Ты думаешь, я за себя постоять не сумею? Думаешь, я из-за этого старика - в каторгу пойду? Ну, нет, я в этом деле не весь! Не весь, - поняла?

Он покраснел от возбуждения, и глаза его сверкали. А женщина наклонилась к нему, шёпотом спрашивая:

- Денег-то только две тысячи?

- Две... с чем-то...

- Бедненький ты! И это не удалось! - грустно сказала женщина, на глазах её сверкнули слёзы.

Илья, взглянув ей в лицо, усмехнулся с горечью.

- Разве я для денег? Ты - пойми... Погоди, я первый выйду отсюда... Мужчина всегда первый выходит...

- Ты - скорее приходи ко мне... Скрываться не надо нам... Скорее! тревожно говорила ему Олимпиада.

Они поцеловались долгим, крепким поцелуем, и Лунёв ушёл. Выйдя на улицу, он нанял извозчика и когда ехал, то всё оглядывался назад - не едет ли за ним кто-нибудь? Разговор с Олимпиадой облегчил его и вызвал в нём хорошее чувство к этой женщине. Ни словом, ни взглядом она не задела его сердца, когда он сознался ей в убийстве, и не оттолкнула от себя, а как бы приняла часть греха его на себя. Она же за минуту перед тем, ничего ещё не зная, хотела погубить его и погубила бы, - он видел это по её лицу... Думая о ней, он ласково улыбался. А на следующий день Лунёв почувствовал себя зверем, которого выслеживают охотники.

Утром его встретил в трактире Петруха, на поклон Ильи чуть кивнул ему головой и при этом посмотрел на него как-то особенно пристально. Терентий тоже присматривался к нему и вздыхал, не говоря ни слова. Яков, позвав его в конурку к Маше, там испуганно сказал:

- Вчера вечером околоточный приходил и всё про тебя у отца расспрашивал... что это?

- О чём расспрашивал? - спокойно осведомился Илья.

- Как ты живёшь... пьёшь ли водку... насчёт женщин. Называл какую-то Олимпиаду, - не знаете ли? - говорит. Что такое?

- А чёрт их знает! - сказал Илья и ушёл. Вечером этого дня он опять получил записку от Олимпиады. Она писала:

"Меня допрашивали о тебе, - сказала я всё подробно. Это совсем не страшно и очень просто. Не бойся. Целую тебя, милый".

Он бросил записку в огонь. В доме у Филимонова и в трактире все говорили об убийстве купца. Илья слушал эти рассказы, и они доставляли ему какое-то особенное удовольствие. Нравилось ходить среди людей, расспрашивать их о подробностях случая, ими же сочинённых, и чувствовать в себе силу удивить всех их, сказав:

"Это я сделал!.."

Некоторые хвалили его ловкость и храбрость, иные сожалели о том, что он не успел взять всех денег, другие опасались, как бы он не попался, и никто не жалел купца, никто не сказал о нём доброго слова. И то, что Илья не видел в людях жалости к убитому, вызывало в нём злорадное чувство против них. Он не думал о Полуэктове, а лишь о том, что совершил тяжкий грех и впереди его ждёт возмездие. Эта мысль не тревожила его: она остановилась в нём неподвижно и стала как бы частью его души. Она была как опухоль от удара, - не болела, если он не дотрагивался до неё. Он глубоко верил, что настанет час и - явится наказание от бога, который всё знает и законопреступника не простит. Эта спокойная, твёрдая готовность принять возмездие во всякий час позволяла Илье чувствовать себя почти спокойно. Он только более придирчиво стал отмечать в людях дурное. Стал угрюмее, сосредоточенней, но так же, как раньше, с утра до вечера ходил по городу с товаром, сидел в трактирах, присматривался к людям, чутко слушал их речи. Однажды, вспомнив о деньгах, зарытых на чердаке, он подумал, что надо их перепрятать, но вслед за тем сказал себе: "Не надо. Пускай лежат там... Будет обыск и найдут их - сознаюсь!.."

Но обыска не было, к следователю его всё не требовали. Позвали только на шестой день. Перед тем, как идти в камеру, он надел чистое бельё, лучший свой пиджак, ярко начистил сапоги и нанял извозчика. Сани подскакивали на ухабах, а он старался держаться прямо и неподвижно, потому что внутри у него всё было туго натянуто и ему казалось - если он неосторожно двинется, с ним может случиться что-то нехорошее. И на лестницу в камеру он вошёл не торопясь, осторожно, как будто был одет в стекло.

Следователь, молодой человек с курчавыми волосами и горбатым носом, в золотых очках, увидав Илью, сначала крепко потёр свои худые белые руки, а потом снял с носа очки и стал вытирать их платком, всматриваясь в лицо Ильи большими тёмными глазами. Илья молча поклонился ему.

- Здравствуйте! Садитесь... сюда вот...

И он движением руки показал ему на стул у большого стола, покрытого малиновым сукном. Илья сел и осторожно локтем отодвинул какие-то бумаги, лежавшие на краю стола. Следователь заметил это, вежливо убрал бумаги, а потом сел за стол против Ильи и молча начал перелистывать какую-то книгу, исподлобья поглядывая на Лунёва. Это молчание не понравилось Илье, и он, отвернувшись от следователя, стал осматривать комнату, первый раз видя такое хорошее убранство и чистоту. На стенах висели портреты в рамах, картины. На одной был изображён Христос. Он шёл задумчиво, наклонив голову, печальный и одинокий, среди каких-то развалин, всюду у ног его валялись трупы людей, оружие, а на заднем плане картины поднимался чёрный дым что-то горело. Илья долго смотрел на эту картину, желая понять, что это значит, и ему даже захотелось спросить об этом, но как раз в ту минуту следователь шумно захлопнул книгу. Илья вздрогнул и взглянул на него. Лицо следователя стало сухим, скучным, а губы у него смешно оттопырились, точно он обиделся на что-то.

- Ну-с, - сказал он, постукивая пальцами по столу, - Илья Яковлевич Лунёв, - так?

- Да...

- Вы догадываетесь, зачем я вас позвал?

- Нет, - ответил Илья и снова мельком взглянул на картину. В комнате было тихо, чисто, красиво, - никогда ещё Лунёв не видал такой чистоты и так много красивых вещей. От следователя пахло чем-то приятным. Всё это развлекало Лунёва, успокаивало его и вызывало в нём завистливые думы: "Ишь как живёт... Должно быть, выгодно воров и убийц ловить... Сколько ему жалованья платят?"

- Нет? - повторил следователь, как бы удивлённый чем-то. - А разве Олимпиада Даниловна вам ничего не сообщала?

- Нет, - я её давно уже не видал...

Следователь откачнулся на спинку кресла и опять смешно вытянул губы.

- А как давно?

- Н-не знаю... Дён... восемь, девять, пожалуй...

- Ага! Так-с... А что, скажите, часто вы у неё встречали старика Полуэктова?

- Это убитого-то?.. - спросил Илья, взглянув в глаза следователя.

- Вот, вот! Его...

- Не встречал никогда...

- Никогда?! Мм...

- Никогда...

Следователь кидал вопросы быстро, небрежно, а когда Илья, отвечавший не торопясь, особенно замедлял ответ, чиновник нетерпеливо стучал пальцами по столу.

- Вам было известно, что Олимпиада Даниловна жила на содержании Полуэктова? - неожиданно спросил он, глядя через очки в глаза Илье.

Лунёв покраснел под этим взглядом, - ему стало обидно.

- Нет, - глухо ответил он.

- Да-с, она жила у него на содержании, - повторил следователь раздражающим голосом. - По-моему, это - нехорошо! - добавил он, видя, что Илья не собирается ответить ему.

- Чего уж хорошего! - негромко сказал Илья.

- Не правда ли?

Но Илья снова не ответил.

- А вы давно знакомы с ней?

- Больше года...

- Значит, познакомились до её знакомства с Полуэктовым?

"Умная ты собака!" - подумал Илья и спокойно ответил:

- Как я могу это знать, ежели того, что она... с покойником жила, не знал?

Следователь сложил губы трубочкой, посвистал и начал просматривать какую-то бумагу. А Лунёв вновь уставился на картину, чувствуя, что интерес к ней помогает ему быть спокойным. Откуда-то донёсся весёлый, звонкий смех ребёнка. Потом женский голос, радостный и ласковый, протяжно запел:

Зои-нь-ка, ма-ти-нька, ду-си-нька, лю-би-нька!..

- Вас, кажется, очень занимает эта гравюра? - раздался голос следователя.

- Куда это Христос идёт? - тихо спросил Илья.

Следователь посмотрел в лицо ему скучными, разочарованными глазами и, помолчав, сказал:

- А видите - сошёл на землю и смотрит, как люди исполнили его благие заветы. Идёт полем битвы, вокруг видит убитых людей, развалины домов, пожар, грабежи...

- А с неба-то он этого разве не видит? - спросил Илья.

- Мм... Это написано для вящей наглядности... для того, чтобы показать несоответствие между жизнью и учением Христа.

Снова посыпались какие-то маленькие, незначительные вопросы, надоедавшие Лунёву, как осенние мухи. Он уставал от них, чувствуя, что они притупляют его внимание, что его осторожность усыпляется пустой, однообразной трескотнёй, и злился на следователя, понимая, что тот нарочно утомляет его.

- Вы не можете сказать, - небрежно, быстро спрашивал следователь, где вы были в четверг между двумя и тремя часами?

- В трактире чай пил, - сказал Илья.

- А! В каком? Где?

- В "Плевне"...

- Почему вы с такой точностью говорите, что именно в это время вы были в трактире?

Лицо у следователя дрогнуло, он навалился грудью на стол, и его вспыхнувшие глаза как бы вцепились в глаза Лунёва. Илья помолчал несколько секунд, потом вздохнул и не торопясь сказал:

- А перед тем, как в трактир идти, я спрашивал время у полицейского.

Следователь вновь откинулся на спинку кресла и, взяв карандаш, застучал им по своим ногтям.

105

- Полицейский сказал мне, что был второй час... двадцать минут, что ли... - медленно говорил Илья.

- Он вас знает?

- Да...

- У вас своих часов нет?

- Нет...

- Вы и раньше спрашивали у него о времени?

- Случалось...

- Долго сидели в "Плевне"?

- Пока не закричали про убийство...

- А потом куда пошли?

- Смотреть на убитого.

- Видел вас кто-нибудь на месте, - у лавочки?

- Тот же полицейский видел... он даже прогонял меня оттуда... толкал...

- Это прекрасно! - с одобрением воскликнул следователь и небрежно, не глядя на Лунёва, спросил: - Вы о времени у полицейского спрашивали до убийства или уже после?

Илья понял вопрос. Он круто повернулся на стуле от злобы к этому человеку в ослепительно белой рубашке, к его тонким пальцам с чистыми ногтями, к золоту его очков и острым, тёмным глазам. Он ответил вопросом:

- А как я могу про это знать?

Следователь сухо кашлянул и потёр руки так, что у него хрустели пальцы.

- Чудесно! - недовольным голосом сказал он. - Ве-ли-ко-ле-пно... Ещё несколько вопросов.

Теперь следователь спрашивал скучным голосом, не торопясь и, видимо, не ожидая услышать что-либо интересное; а Илья, отвечая, всё ждал вопроса, подобного вопросу о времени. Каждое слово, произносимое им, звучало в груди его, как в пустоте, и как будто задевало там туго натянутую струну. Но следователь уже не задавал ему коварных вопросов.

- Когда вы проходили в этот день по улице, не помните ли, не встретился ли вам человек высокого роста, в полушубке и чёрной барашковой шапке?

- Нет... - сурово сказал Лунёв.

- Ну-с, прослушайте ваше показание, а потом подпишите его... - И, закрыв лицо листом исписанной бумаги, он быстро и однотонно начал читать, а прочитав, сунул в руку Лунёва перо. Илья наклонился над столом, подписал, медленно поднялся со стула и, поглядев на следователя, глухо и твёрдо выговорил:

- Прощайте!

Тот ответил ему небрежным, барским кивком головы и, наклонясь над столом, начал писать. Илья стоял. Ему хотелось сказать что-нибудь этому человеку, так долго мучившему его. В тишине был слышен скрип пера, из внутренних комнат доносилось пение:

Потанцуйте, потанцуйте, маленькие куколки...

- Вы что? - спросил следователь вдруг, подняв голову.

- Ничего... - угрюмо ответил Лунёв.

- Я вам сказал - можете идти...

- Ухожу...

Они смотрели друг на друга в упор, и Лунёв почувствовал, что в груди у него что-то растёт - тяжёлое, страшное. Быстро повернувшись к двери, он вышел вон и на улице, охваченный холодным ветром, почувствовал, что тело его всё в поту. Через полчаса он был у Олимпиады. Она сама отперла ему дверь, увидав из окна, что он подъехал к дому, и встретила его с радостью матери. Лицо у неё было бледное, а глаза увеличились и смотрели беспокойно.

- Умница ты! - воскликнула она, когда Илья сказал, что приехал прямо от следователя. - Так и надо, так! Ну, что он?

- Жулик! - злобно сказал Илья. - Ловушки ставил...

- Ему без этого нельзя, - резонно заметила женщина. - Такая должность...

- Говори прямо - так, мол, и так: думают на вас...

- Да ведь и ты не прямо! - с улыбкою сказала Олимпиада.

- Я? - с удивлением спросил Лунёв. - Да-а... в самом деле! Ах, чёрт!.. - Его очень поразило что-то, и он, помолчав, сказал: - А сидя перед ним, я... ей-богу, правым себя чувствовал.

- Ну, слава богу! - радостно вскричала Олимпиада. - Всё хорошо обошлось...

Илья с улыбкой взглянул на неё и медленно заговорил:

- А ведь мне врать-то совсем немного пришлось... Везёт мне, Липа!..

Оп странно засмеялся.

- За мной сыщики поглядывают, - вполголоса сообщила Олимпиада. - Да и за тобой, наверно...

- Ка-ак же! - со злобой и насмешкой воскликнул Лунёв. - Нюхают, обложить хотят, как волка в лесу. Ничего не будет, - не их дело! И не волк я, а несчастный человек... Я никого не хотел душить, меня самого судьба душит... как у Пашки в стихе сказано... И Пашку душит, и Якова... всех!

- Ничего, Илюша, - сказала женщина, заваривая чай. - Всё обойдётся!

Лунёв встал с дивана, подошёл к окну и, глядя на улицу, угрюмо, со злым недоумением в голосе продолжал:

- Всю жизнь я в мерзость носом тычусь... что не люблю, что ненавижу к тому меня и толкает. Никогда не видал я такого человека, чтобы с

107

радостью на него поглядеть можно было... Неужто никакой чистоты в жизни нет? Вот задавил я этого... зачем мне? Только испачкался, душу себе надорвал... Деньги взял... не брать бы!

- Не горюй! - утешала его Олимпиада. - Жалеть его - сердца нет.

- Я - не жалею... Я - оправдаться хочу. Всяк себя оправдывает, потому - жить надо!.. Вон следователь - живёт, как конфетка в коробочке... Он никого не удушит. Он может праведно жить - чистота вокруг...

- Погоди, уедем мы с тобой из этого города...

- Не-ет, я никуда не уеду! - твёрдо сказал Лунёв, оборачиваясь к женщине. И, грозя кому-то, он добавил: - Я подожду, погляжу, что дальше будет...

Олимпиада на минутку задумалась. Она сидела у стола, пред самоваром, пышная и красивая, в белом широком капоте.

- Я ещё поспорю, - значительно кивая головой, говорил Лунёв, расхаживая по комнате.

- А! - обиженно воскликнула женщина, - ты это потому не хочешь ехать, что боишься меня? Думаешь, я теперь навсегда тебя в руки заберу, думаешь, коли я про тебя... это знаю, - пользоваться буду? Ошибся, милый, да! Насильно я тебя за собой не потащу...

Она говорила спокойно, но губы у неё вздрагивали, как от боли.

- Что ты говоришь? - удивлённо вслушиваясь в её слова, спросил Лунёв.

- Неволить я тебя не стану, не бойся! Иди, куда хочешь, - пожалуйста!

- Погоди! - сказал Илья, садясь рядом с нею и взяв её за руку. - Не понимаю я, с чего ты этак заговорила?

- Притворяйся! - тоскливо крикнула Олимпиада, выдернув руку из его руки. - Знаю я - ты гордый, ты жёсткий! Старика мне простить не можешь, и противна тебе жизнь моя... думаешь ты теперь, что из-за меня всё это вышло... ненавидишь меня!..

- Врёшь! - гордо сказал Илья. - Врёшь ты, - ни в чём я не виню тебя. Я знаю - для нашего брата чистых да безгрешных женщин не приготовлено... нам они дороги. На них ведь жениться надо: они детей родят... Чистое - всё для богатых... а нам - огрызочки, нам - ососочки, нам - заплёванное да захватанное.

- И оставь меня, захватанную! - вскрикнула Олимпиада, вскочив со стула. - Уходи! - Но тут на глазах её сверкнули слёзы, и она осыпала Илью горячими, как угли, словами: - Я сама, своей волей залезла в эту яму... потому что в ней денег много... Я по ним, как по лестнице, назад поднимусь... и опять буду хорошо жить... ты мне в этом помог. Знаю... И люблю тебя - хоть десятерых задуши. Я в тебе не добродетель люблю - гордость люблю... молодость твою, голову кудрявую, руки сильные, глаза

108

твои строгие... укоры твои - как ножи в сердце мне... зато я тебе буду... по гроб благодарна... ноги поцелую, - на!

Она свалилась в ноги к нему и целовала его колени, вскрикивая:

- Бог - видит! Я для своего спасения согрешила, ведь ему же лучше, ежели я не всю жизнь в грязи проживу, а пройду скрозь её и снова буду чистая, - тогда вымолю прощение его... Не хочу я всю жизнь маяться! Меня всю испачкали... всю испоганили... мне всех слёз моих не хватит, чтобы вымыться...

Илья сначала отталкивал её от себя, пытаясь поднять с пола, но она крепко вцепилась в него и, положив голову на колени, тёрлась лицом о его ноги и всё говорила задыхающимся, глухим голосом. Тогда он стал гладить её дрожащей рукой, а потом, приподняв с пола, обнял и положил её голову на плечо себе. Горячая щека женщины плотно коснулась его щеки, и, стоя на коленях пред ним, охваченная его сильной рукой, она всё говорила, опуская голос до шёпота:

- Разве кому лучше, коли человек, раз согрешив, на всю жизнь останется в унижении?.. Девчонкой, когда вотчим ко мне с пакостью приставал, я его тяпкой ударила... Потом - одолели меня... девочку пьяной напоили... девочка была... чистенькая... как яблочко, была твёрдая вся, румяная... Плакала над собой... жаль было красоты своей... Не хотела я, не хотела... А потом вижу... всё равно! Нет поворота... Дай, думаю, хошь дороже пойду. Возненавидела всех, воровала деньги, пьянствовала... До тебя - с душой не целовала никого...

Она окончила свои слова тихим шёпотом и вдруг рванулась из объятий Ильи:

- Пусти!

Он ещё крепче стиснул её руками и начал целовать её лицо со страстью, с отчаянием.

- На слова твои мне сказать нечего... - горячо говорил он. - Одно скажу - нас не жаль никому... ну, и нам жалеть некого!.. Хорошо говорила ты... Хорошая ты моя... люблю тебя... ну не знаю как! Не словами это можно сказать...

Её речи, её жалобы возбудили в нём горячее, светлое чувство к этой женщине. Её горе как бы слилось с его несчастием в одно целое и породнило их. Крепко обняв друг друга, они долго тихими голосами рассказывали один другому про свои обиды.

- Не будет нам с тобой счастья, - сказала женщина, качая головой безнадёжно.

- Ну, - несчастье попразднуем!.. В каторгу понадобится идти - вместе айда? Слышишь? А пока - будем горе с любовью изживать... Теперь мне - хошь жги меня огнём... На душе - легко...

Взволнованные разговором, возбуждённые ласками, они смотрели друг на друга, как сквозь туман. Им было жарко от объятий и тесно в одеждах...

За окнами небо было серое, скучное. Холодная мгла одевала землю, оседая на деревьях белым инеем. В палисаднике пред окнами тихо покачивались тонкие ветви молодой берёзы, стряхивая снежинки. Зимний вечер наступал...

Через несколько дней Лунёв узнал, что по делу об убийстве купца Полуэктова полиция ищет какого-то высокого человека в барашковой шапке. При осмотре вещей в лавке убитого были найдены две серебряные ризы с икон, оказалось, что они краденые. Мальчик, служивший в лавке, показал, что эти ризы были куплены дня за три до убийства у человека высокого роста, в полушубке, по имени Андрея, что человек этот не однажды продавал Полуэктову серебряные и золотые вещи и что Полуэктов давал ему деньги в долг. Потом стало известно, что накануне и в самый день убийства человек, подходящий под описание мальчика, кутил в публичных домах.

Каждый день Илья слышал что-нибудь новое по этому делу: весь город был заинтересован дерзким убийством, о нём говорили всюду - в трактирах, на улицах. Но Лунёва почти не интересовали эти разговоры: мысль об опасности отвалилась от его сердца, как корка от язвы, и на месте её он ощущал только какую-то неловкость. Он думал лишь об одном: как теперь будет жить?

И чувствовал себя, как рекрут пред набором, как человек, собравшийся в далёкий, неизвестный путь. Последнее время к нему усиленно приставал Яков. Растрёпанный, одетый кое-как, он бесцельно совался по трактиру и по двору, смотрел на всё рассеянно блуждавшими глазами и имел вид человека, занятого какими-то особенными соображениями. Встречаясь с Ильёй, он таинственно и торопливо, вполголоса или шёпотом, спрашивал его:

- У тебя нет время потолковать со мной?

- Погоди, некогда...

- Ах ты!.. а дело важное.

- Что такое? - спросил Илья.

- Книга-то! Объясняет себя так, брат, что ой-ой! - пугливо сказал Яков.

- А ну тебя, с книгами! Ты вот что скажи: с чего это отец твой на меня зверем смотрит?

Но то, что совершалось в действительности, не задевало внимания Якова. В ответ на вопрос товарища он с недоумением вытаращил глаза и осведомился:

- А что?. Я ничего не знаю. Слышал я раз, - дяде твоему он говорил, что-то вроде того, будто ты фальшивыми деньгами торгуешь... да ведь это так он, зря...

- А ты почему знаешь, что зря? - с улыбкой спросил Илья.

- Ну, что там? Какие деньги? Ерунда всё!.. - И, махнув рукой, Яков задумался. - Поговорить-то нет у тебя время? - спросил он через минуту, оглядывая товарища блуждающими глазами.

- Про книгу?

- Да-а... Тут одно место понял я, - фу, фу, фу-у, брат ты мой...

И философ сделал такую гримасу, точно обжёгся чем-то горячим. Лунёв смотрел на товарища как на чудака, как на юродивого. Порою Яков казался ему слепым и всегда - несчастным, негодным для жизни. В доме говорили, - и вся улица знала это, - что Петруха Филимонов хочет венчаться со своей любовницей, содержавшей в городе один из дорогих домов терпимости, но Яков относился к этому с полным равнодушием. И, когда Лунёв спросил его, скоро ли свадьба, Яков тоже спросил:

- Чья?

- Отца твоего...

- А! Кто его знает... Вот бесстыдник! Нашёл жену - тьфу!

- А ты знаешь, что у неё сын есть - большой уж, в гимназии учится?

- Нет, не знал, - а что?

- Так... наследник будет твоему отцу...

- Ага! - равнодушно сказал Яков. И вдруг оживился. - Сын? Это на пользу мне, пожалуй, а? Вот бы отец-то мой этого бы самого сына-то да за буфет и определил! А меня - куда хочу!.. Вот бы...

И, предвкушая свободу, Яков смачно щёлкнул языком. Лунёв посмотрел на него с сожалением и сказал с усмешкой:

- Верно говорится, что глупому чаду - морковку надо, а дай хлеба ему не подставит суму. Эх ты! Не придумаю я, как жить будешь?

Яков насторожился, выкатил глаза и быстрым шёпотом поведал:

- Я думал про это! Прежде всего надо устроить порядок в душе... Надо понять, чего от тебя бог хочет? Теперь я вижу одно: спутались все люди, как нитки, тянет их в разные стороны, а кому куда надо вытянуться, кто к чему должен крепче себя привязать - неизвестно! Родился человек - неведомо зачем; живёт - не знаю для чего, смерть придёт - всё порвёт... Стало быть, прежде всего надо узнать, к чему я определён... во-от!..

- Эк ты въелся в эти рассуждения твои, - напряжённо сказал Лунёв. - И какой в них толк?

Он чувствовал, что теперь тёмные речи Якова задевают его сильнее, чем прежде задевали, и что эти слова будят в нём какие-то особые думы. Ему казалось, что кто-то чёрный в нём, тот, который всегда противоречил всем его простым и ясным мечтам о чистой жизни, теперь с особенной жадностью вслушивается в речи Якова и ворочается в душе его, как ребёнок в утробе матери. Это было неприятно Илье, смущало его, казалось

111

ему ненужным, он избегал разговоров с Яковом. Но отвязаться от товарища было нелегко.

- Какой толк? Самый простой. Без этого - как без огня.

- Ты, Яков, вроде старика, - скушно с тобой. И свинья ищет удачи, а человек - тем паче, - как говорится.

После этих разговоров он чувствовал себя так, точно много солёного поел: какая-то тяжкая жажда охватывала его, хотелось чего-то особенного. К его тяжёлым, мглистым думам о боге примешивалось теперь что-то ожесточённое, требовательное.

"Всё видит, а - допускает!.." - думал он хмуро, чувствуя, что душа его заплуталась в неразрешимом противоречии. Шёл к Олимпиаде и в её объятиях прятался от своих дум, тревог.

Изредка посещал он и Веру. Весёлая жизнь постепенно засасывала эту девушку в свой глубокий омут. Она с восторгом рассказывала Илье о кутежах с богатыми купчиками, с чиновниками и офицерами, о тройках, ресторанах, показывала подарки поклонников: платья, кофточки, кольца. Полненькая, стройная, крепкая, она с гордостью хвасталась тем, как её поклонники ссорятся за обладание ею. Лунёв любовался её здоровьем, красотой и весельем, но не раз осторожно замечал ей:

- Завертитесь вы, Верочка, в этой игре...

- А - так что? Туда мне и дорога... По крайней мере - с шиком. Взяла сколько умела, и - кончено!

- А - Павел?..

Её брови вздрагивали, и веселье исчезало.

- Отошел бы он от меня... Трудно ему со мной... Напрасно он мучается... Я уж не остановлюсь, - попала муха в патоку...

- Не любите его? - спросил Илья.

- Его нельзя не любить! - совершенно серьёзно возразила она. - Он удивительный!

- Так - что же? Жили бы с ним...

- Это чтобы на шее у него седеть? Ведь он едва для себя хлеба добивается, как же ему содержать меня? Нет, мне его жалко...

- Смотрите, худа не было бы... - предупредил её Лунёв однажды.

- Ах, господи! - воскликнула Вера с досадой. - Ну как же быть? Неужели я для одного человека родилась? Ведь всякому хочется жить весело... И всякий живёт как ему нравится... И он, и вы, и я.

- Н-ну, это не так! - угрюмо и вдумчиво сказал Илья, - Живём мы... но только - не для себя...

- А для кого же?

- Вы вот - для купцов, для кутил разных...

- Я сама - кутила! - сказала Вера и весело расхохоталась.

Лунёв уходил от неё с грустью. Павла он встречал за это время раза два, но мельком. Заставая товарища у Веры, Павел хмурился, злился. Он сидел при Лунёве молча, стиснув зубы, и на его худых щеках загорались красные пятна. Илья понимал, что товарищ ревнует его, и ему это было приятно. Но в то же время он ясно видел, что Грачёв влез в петлю, из которой вряд ли вывернется без ущерба для себя. И, жалея Павла, а ещё больше Веру, он перестал ходить к ней. С Олимпиадой он вновь переживал медовый месяц. Но и сюда врывался холодок, от которого у Ильи щемило сердце. Иногда среди разговора он вдруг угрюмо задумывался. Тогда Олимпиада говорила ему ласковым шёпотом:

- Милый! А ты не думай... Мало на свете людей, у которых руки-то чистенькие...

- Вот что, - сухо и серьёзно отвечал ей Лунёв, - прошу я тебя, не заводи ты со мной разговора об этом! Не о руках я думаю... Ты хоть и умная, а моей мысли понять не можешь... Ты вот скажи: как поступать надо, чтобы жить честно и безобидно для людей? А про старика молчи...

Но она не умела молчать о старике и всё уговаривала Илью забыть о нём. Лунёв сердился, уходил от неё. А когда являлся снова, она бешено кричала ему, что он её из боязни любит, что она этого не хочет и бросит его, уедет из города. И плакала, щипала Илью, кусала ему плечи, целовала ноги, а потом, в исступлении, сбрасывала с себя одежду и, нагая стоя перед ним, говорила:

- Али я не хороша? Али тело у меня не красивое?.. Каждой жилочкой люблю тебя, всей моей кровью люблю, - режь меня - смеяться буду...

Голубые глаза её темнели, губы жадно вздрагивали, и грудь, высоко поднимаясь, как бы рвалась навстречу Илье. Он обнимал её, целовал, сколько силы хватало, а потом, идя домой, думал: "Как же она, такая живая и горячая, как она могла выносить поганые ласки старика?" И Олимпиада казалась ему противной, он с отвращением плевал, вспоминая её поцелуи. Однажды, после взрыва её страсти, он, пресыщенный ласками, сказал ей:

- А ведь с той поры, как я старого чёрта удушил, ты меня крепче любить стала...

- Ну да, - а что?

- Та-ак. Смешно мне подумать... есть эдакие люди... им тухлое яйцо слаще свежего кажется, а иные любят съесть яблоко, когда оно загнило... Чудно!..

Олимпиада взглянула на него мутными глазами, лениво улыбнулась и не ответила.

Как-то раз, когда Илья, придя из города, раздевался, в комнату тихо вошёл Терентий. Он плотно притворил за собою дверь, но стоял около неё несколько секунд, как бы что-то подслушивая, и, тряхнув горбом, запер дверь на крюк. Илья, заметив всё это, с усмешкой поглядел на его лицо.

113

- Илюша! - вполголоса сказал Терентий, садясь на стул.

- Ну?

- Развелись тут про тебя разные слухи... Нехорошо говорят...

И горбун тяжело вздохнул, опустив глаза.

- А как, примерно? - спросил Илья, снимая сапоги.

- Да... кто - что... Одни - будто ты к делу этому коснулся... Купца-то задавили... Другие - будто фальшивой монетой промышляешь ты...

- Завидуют, что ли? - спросил Илья.

- Ходят сюда разные... подобные тайной полиции... вроде как бы сыщиков... И всё Петруху расспрашивают про тебя...

- Ну и пусть стараются, - равнодушно сказал Илья.

- Это - конечно. Что нам до них, коли мы за собой никакого греха не знаем?

Илья засмеялся и лёг на постель.

- Теперь они уже перестали... не являются! Только - сам Петруха начал... - смущённо и робко говорил Терентий. - Ты бы, Илюша, на квартирку куда-нибудь съехал - нашёл бы себе комнатёнку и жил?.. А то Петруха говорит: "Я, говорит, тёмных людей в своём доме не могу терпеть, я, говорит, гласный человек..."

Илья повернул к дяде лицо, потемневшее от злости, и громко сказал:

- Ежели его лаковая рожа мила ему, - молчал бы! Так и скажи... Услышу я неуважительное слово обо мне - башку в дресву разобью. Кто я ни есть - не ему, жулику, меня судить. А отсюда я съеду... когда захочу. Хочу пожить с людьми светлыми да праведными...

Горбун испугался гнева Ильи. Он с минуту молчал, сидя на стуле, и, тихонько почёсывая горб, глядел на племянника со страхом. Илья, плотно сжав губы, широко раскрытыми глазами смотрел в потолок. Терентий тщательно ощупал взглядом его кудрявую голову, красивое, серьёзное лицо с маленькими усиками и крутым подбородком, поглядел на его широкую грудь, измерил всё крепкое и стройное тело и тихо заговорил:

- Молодец стал ты!.. В деревне девки за тобой стадами бегали бы... Н-да... Зажил бы ты там хорошо-о! Я бы деньжонок тебе добыл... Открыть бы тебе лавочку да на богатой и жениться!.. И полетит твоя жизнь, как санки под гору.

- А может, я хочу на гору? - сумрачно сказал Илья.

- А конечно, - на гору! - быстро подхватил Терентий. - Ведь это я так сказал - лёгкая, мол, жизнь-то будет. Ну, а пойдёт она в гору.

- А с горы куда? - спросил Илья.

Горбун взглянул на него и засмеялся дребезжащим смехом. Он снова начал что-то говорить, но Илья уже не слушал его, вспоминая пережитое и думая как всё это ловко и незаметно подбирается в жизни одно к другому, точно нитки в сети. Окружают человека случаи и ведут его, куда хотят, как полиция жулика. Вот - думал он уйти из этого дома, чтобы жить одному, - и сейчас же находится удобный случай. Он с испугом и пристально взглянул на дядю, но в это время раздался стук в дверь, и Терентий вскочил с места.

- Да ну, отпирай, - сердито и громко сказал Илья.

Когда горбун снял крючок, на пороге явился Яков с большой рыжей книгой в руках.

- Илья, идём к Машутке! - оживлённо сказал он, подходя к постели.

- Что с ней такое? - быстро спросил Илья.

- С ней? Не знаю... Её дома нет...

- Куда это она по вечерам шляться стала? - спросил горбун нехорошим голосом.

- Она с Матицей ходит, - сказал Яков.

- Ну, хорошего с ней не выходит, - медленно проговорил Терентий.

Яков схватил Лунёва за рукав и дёргал его.

- Ты что - с цепи сорвался? - сказал Лунёв.

- Знаешь - а ведь она и есть - чёрная магия, не иначе! - вполголоса говорил Яков.

- Кто? - надевая валенки, спросил Илья.

- Эта самая книга... ей-богу! Вот увидишь... идём! Прямо говорю чудеса! - продолжал Яков, ведя за собой товарища по тёмным сеням. - Даже страшно читать!.. Ну, только тянет она к себе, как в омут...

Илья чувствовал волнение товарища, слышал, как вздрагивает его голос, а когда они вошли в комнатку сапожника и зажгли в ней огонь, он увидал, что лицо у Якова бледное, а глаза мутные и довольные, как у пьяного.

- Ты выпил, что ли? - спросил он, подозрительно приглядываясь к Якову.

- Я? Нет, сегодня ни капли... Я ведь теперь не пью... так разве, для храбрости, когда отец дома, рюмки две-три хвачу! Боюсь отца... Пью только такое, которое не пахнет водкой... Ну, - слушай!

Он с треском уселся на стул, раскрыл книгу, низко наклонился над ней и, водя пальцем по жёлтой от старости толстой бумаге, глухо, вздрагивающим голосом прочитал:

- "Глава третья. О первобытии человеков" - слушай!

Вздохнув, он поднял кверху левую руку, а палец правой передвигая по странице, громко начал читать:

- "Повествуют, что первое человеков бытие - якоже свидетельствует Диодор - у добродетельных мужей", - слышишь? - у добродетельных! - "иже о естестве вещей написаша - сугубое бе. Нецыи бо мняху яко не создан мир и нетленен и род человеческий без всякаго бе начала пред веки..."

Яков поднял голову от книги и, потрясая рукою в воздухе, шёпотом сказал:

- Слышишь? Без на-ча-ла!..

- Читай дальше! - сказал Илья, подозрительно разглядывая старую, переплетённую в кожу книгу. Тогда вновь раздался тихий и восторженный голос Якова:

- "Сего мудрствования - свидетельствующу Цицерону - быша Пифагор Самийский, Архита Терентии, Платон Афинский, Ксенократ, Аристотель Стагиритский и мнози инии перипатетики тоежде мудрствовали глаголюще: что вся еже в вечнем сем мире суть и имуть быти - начала никакого не имяху", видишь? опять без начала! "Но круг некий быти рождающих и рожденных, В нем же коегождо рожденнаго начало купно и конец быти познавается..."

Илья протянул руку и, захлопнув книгу, с усмешкой сказал:

- Брось! Ну её к чёрту... Какие-то немцы мудрили тут - познавается! Ничего невозможно понять...

- Погоди! - боязливо оглянувшись вокруг, воскликнул Яков и, вытаращив глаза в лицо товарища, тихо спросил: - Ты своё начало знаешь?

- Какое? - сердито крикнул Илья.

- Не кричи... Возьмём душу. С душой человек рождается, а?

- Ну?

- Стало быть, должен он знать - откуда явился и как? Душа, сказано, бессмертна - она всегда была... ага? Не то надо знать, как ты родился, а как понял, что живёшь? Родился ты живой, - ну, а когда жив стал? В утробе матерней? Хорошо! А почему ты не помнишь не только того, как до родов жил, и опосля, лет до пяти, ничего не знаешь? И если душа, - то где она в тебя входит? Ну-ка?

Глаза Якова горели торжеством, его лицо освещала улыбка удовольствия, и с радостью, странной для Ильи, он вскричал:

- Вот те и душа!

- Дурак! - строго взглянув на него, сказал Илья. - Чему радуешься?

- Да - я не радуюсь, а просто так...

- То-то, просто! Не в том дело, отчего я жив, а - как мне жить?. Как жить, чтобы всё было чисто, чтобы меня никто не задевал и сам я никого не трогал? Вот найди мне книгу, где бы это объяснялось...

Яков сидел, понуря задумчиво голову. Его радостное возбуждение погасло, не найдя отклика. И, помолчав, он сказал в ответ товарищу:

- Смотрю я на тебя - и чего-то не того - не нравится мне... Мыслей я твоих не понимаю... вижу... начал ты с некоторой поры гордиться чем-то, что ли... Ровно ты праведник какой...

Илья засмеялся.

- Чего смеёшься? Верно. Судишь всех строго... Никого - не любишь будто...

- И не люблю, - сказал Илья твёрдо. - Кого любить? за что? Какие мне дары людьми подарены?.. Каждый за своим куском хлеба хочет на чужой шее доехать, а туда же говорят: люби меня, уважай меня! Нашли дурака! Уважь меня - я тебя тоже уважу. Подай мне мою долю, я, может, тебя полюблю тогда! Все одинаково жрать хотят...

- Ну, чай, не одного жранья люди ищут, - неприязненно и недовольно возразил Яков.

- Знаю! Всяк себя чем-нибудь украшает, но это - маска! Вижу я дядюшка мой с богом торговаться хочет, как приказчик на отчёте с хозяином. Твой папаша хоругви в церковь пожертвовал, - заключаю я из этого, что он или объегорил кого-нибудь, или собирается объегорить... И все так, куда ни взгляни... На тебе грош, а ты мне пятак положь... Так и все морочат глаза друг другу да оправданья себе друг у друга ищут. А по-моему - согрешил вольно или невольно, ну и - подставляй шею...

- Это ты верно, - задумчиво сказал Яков, - и про отца верно, и про горбатого... Эх, не к месту мы с тобой родились! Ты вот хоть злой; тем утешаешь себя, что всех судишь... и всё строже судишь... А я и того не могу... Уйти бы куда-нибудь! - с тоской вскричал Яков.

- Куда уйдёшь? - спросил Илья, тонко усмехаясь. Оба замолчали, уныло сидя друг против друга у стола.

А на столе лежала большая рыжая книга в кожаном переплете с железными застёжками...

В сенях кто-то завозился, послышались глухие голоса, потом чья-то рука долго скребла по двери, ища скобу. Товарищи безмолвно ждали. Дверь отворилась медленно, не вдруг, и в подвал ввалился Перфишка. Он задел ногой за порог, покачнулся и упал на колени, подняв кверху правую руку с гармоникой в ней.

- Тпру! - сказал он и засмеялся пьяным смехом. Вслед за ним влезла Матица. Она тотчас же наклонилась к сапожнику, взяла его подмышки и стала поднимать, говоря тяжёлым языком:

- Ось, як нализався... э, пьяниця!

- Сваха! не тронь... я сам встану... са-ам...

Он закачался, встал на ноги и подошёл к товарищам, протягивая им левую руку:

- Здрас-сте! Наше вам, ваше нам...

Матица густо и бессмысленно захохотала.

- Откуда это вы? - спросил Илья.

А Яков смотрел на пьяных с улыбкой и молчал.

- Откуда? М-мальчики! Милые, - эхма! - Перфишка затопал ногами по полу и запел:

Косточки, н-недоросточки!

Ко-огда кости подрастут,

Их в лавочку пр-родад-дут!

Сваха! А то лучше споём ту, которой ты меня научила... Н-ну...

Он прислонился спиной к печи рядом с Матицей и, толкая бабу локтем в бок, нащупывал пальцами клавиши гармонии.

- Где Машутка? - сурово спросил Илья.

- Эй вы! - крикнул Яков, вскакивая со стула. - Где Марья-то, в самом деле?

Но пьяные не обратили внимания на окрики. Матица склонила голову набок и запела:

Ой, ку-уме, ку-уме, добра горилка...

А Перфишка взмахнул гармоникой и подхватил высоким голосом:

Выпьемо, ку-уме, для понедилка-а...

Илья встал и, взяв его за плечо, тряхнул так, что Перфишка стукнулся затылком о печку.

- Дочь где?

- Пр-ропад-дала его д-дочь, да во самую во полночь, - бессмысленно пробормотал Перфишка, хватаясь рукой за голову.

Яков допрашивал Матицу, но она, ухмыляясь, говорила:

- А не скажу! Н-не скажу и не скажу...

- Они её, пожалуй, продали, дьяволы, - сурово усмехаясь, сказал Илья товарищу. Яков испуганно взглянул на него и жалким голосом спросил сапожника:

- Перфилий, слушай! Где Машутка?..

- Ма-ашу-тка! - насмешливо протянула Матица. - Хвати-ился...

- Илья! Как же? Что же делать? - с тревогой спрашивал Яков.

Илья молчал, мрачно глядя на пьяных.

Матица зловеще тянула песню, переводя свои огромные глаза с Ильи на Якова, и вдруг, нелепо взмахнув руками, заорала:

- И-идить вон з моий хаты! Бо це - моя хата! Бо мы тож повенчаемось...

Сапожник, схватившись за живот, хохотал.

- Уйдём, Яков, - сказал Илья. - Чёрт их разберёт...

- Погоди! - растерянно и пугливо говорил Яков. - Перфишка... скажи где Маша?

- Матица! Супруга моя, бери их! Усь-усь... Лай на них, грызи... Где Маша?

Перфишка сложил губы трубой и хотел свистнуть, но не мог, а вместо того высунул язык Якову и снова захохотал. Матица лезла грудью на Илью и неистово орала:

- А ты хто? Хиба я того не знаю?

Илья оттолкнул её и ушёл из подвала. В сенях его догнал Яков, схватил за плечо и, остановив в темноте, заговорил:

- Разве это можно? Разве дозволено? Она - маленькая, Илья! Неужто они её выдали замуж?

- Ну, не скули! - резко остановил его Илья. - Не к чему. Раньше бы присматривал за ними... Ты начала искал, а они, гляди, - кончили...

Яков умолк, но через минуту, идя по двору сзади Лунёва, он вновь заговорил:

- Я не виноват... Я знал, что она на подёнщину ходит, комнаты убирать куда-то...

- А мне чёрт с тобой, виноват ты или нет!.. - грубо сказал Илья, останавливаясь среди двора. - Бежать надо из этого дома... Поджечь его надо...

- О господи... господи! - тихо сказал Яков, стоя за спиной Лунёва, бессильно опустив руки вдоль тела и так наклоня голову, точно ждал удара.

- Заплачь! - насмешливо сказал Илья и ушёл, оставив товарища в темноте среди двора.

Утром на другой день он узнал от Перфишки, что Машутку выдали замуж за лавочника Хренова, вдовца лет пятидесяти, недавно потерявшего жену.

Потряхивая болевшей с похмелья головой, Перфишка лежал на печи и спутанно рассказывал:

- Он мне, значит, и говорит: "У меня, говорит, двое детей... два мальчика. Дескать - надо им няньку, а нянька есть чужой человек... воровать будет и всё такое... Так ты-де уговори-ка дочь..." Ну, я и уговорил... и Матица уговорила... Маша - умница, она поняла сразу! Ей податься некуда... хуже бы вышло, лучше - никогда!.. "Всё равно, говорит, я пойду..." И пошла. В три дня всё окрутили... Нам с Матицей дано по трёшной... но только мы их сразу обе пропили вчера!.. Ну и пьёт эта Матица, - лошадь столько не может выпить!..

Илья слушал и молчал. Он понимал, что Маша пристроилась лучше, чем можно было ожидать. Но всё же ему было жалко девочку. Последнее время он почти не видал её, не думал о ней, а теперь ему вдруг показалось, что без Маши дом этот стал грязнее.

Жёлтая, опухшая рожа смотрела с печи на Илью, голос Перфишки скрипел, как надломленный сучок осенью на дереве.

- Поставил мне Хренов задачу, чтобы я к нему - ни ногой! В лавку, говорит, изредка заходи, на шкалик дам. А в дом, как в рай, - и не надейся!.. Илья Яковлевич! Не будет ли от тебя пятачка, чтобы мне опохмелиться? Дай, сделай милость...

- Ну, а ты теперь - как же? - сказал Лунёв.

Сапожник сплюнул на пол и ответил:

- Я теперь - окончательно сопьюсь... Когда Маша была не пристроена, я хоть стеснялся... иной раз и поработаю... вроде совести у меня к ней было... Ну, а теперь я знаю, что она сыта, обута, одета и как... в сундук заперта!.. Значит, свободно займусь повсеместным пьянством...

- Не можешь бросить водку?

- Никак! - отрицательно мотая всклокоченной башкой, ответил сапожник. - И - зачем? Чего человек хочет - о том судьба хлопочет, - вот оно что! А коли человек такой, что в него и не вложишь ничего, - какое судьбе дело до него? Я тебе вот что скажу: хотел я сделать одно дельце... в ту пору, когда ещё покойница жена жива была... Хотел я тогда урвать кусок у дедушки Еремея... Думал так: "Не я - другой, всё равно старика ограбят..." Ну, слава богу, упредили меня в этом деле... Не жалею... Но тогда я понял, что и хотеть надо умеючи...

Сапожник засмеялся и стал слезать с печи, говоря:

- Ну, давай пятак... нутро горит - до смерти!..

- На, хвати стаканчик, - сказал Илья.

И, с улыбкой посмотрев на Перфишку, он проговорил:

- И шарлатан ты, и пьяница... всё это верно! Но иной раз мне кажется что лучше тебя я не знаю человека.

Перфишка недоверчиво взглянул на серьёзное, но ласковое лицо Лунёва.

- Шутишь?

- Хочешь - верь, хочешь - не верь... Я не в похвалу тебе сказал, а так... в осуждение людям...

- Мудрёно!.. Нет, видно, не моим лбом сахар колоть... не понимаю! Пойду выпью, авось поумнею...

- Погоди! - остановил его Лунёв, схватив за рукав рубахи. - Ты бога боишься?

Перфишка нетерпеливо переступил с ноги на ногу и почти с обидой сказал:

- Мне бога бояться нечего... Я людей не обижаю...

- А молишься ты? - допрашивал Илья, понижая голос.

- Н-ну... молюсь, известно... редко!..

Илья видел, что сапожник не хочет говорить, всей силой души стремясь в кабак.

- Иди, иди, - задумчиво сказал он. - Но вот что: умрёшь - бог тебя спросит: "Как жил ты, человек?"

- А я скажу: "Господи! Родился - мал, помер - пьян, - ничего не помню!" Он посмеётся да простит меня...

Сапожник счастливо улыбнулся и ушёл.

Лунёв остался один в подвале... Ему было странно думать, что в этой тесной, грязной яме никогда уже не появится Маша, да и Перфишку скоро прогонят отсюда.

В окно смотрело апрельское солнце, освещая давно не метеный пол. Всё в подвале было неприбрано, нехорошо и тоскливо, точно после покойника.

Сидя на стуле прямо, Илья смотрел на облезлую, коренастую печь пред ним, тяжёлые думы наваливались на него одна за другой.

"Пойти разве покаяться?" - вдруг мелькнула в его голове ясная мысль.

Но он тотчас же со злостью оттолкнул её от себя...

В тот же день вечером Илья принуждён был уйти из дома Петрухи Филимонова. Случилось это так: когда он возвратился из города, на дворе его встретил испуганный дядя, отвёл в угол за поленницу дров и там сказал:

- Ну, Ильюша, уходить тебе надо... Что у нас тут было-о!

Горбун в страхе закрыл глаза и, взмахнув руками, ударил себя по бёдрам:

- Яшка-то напился вдрызг, да отцу и бухнул прямо в глаза - вор! И всякие другие колючие слова: бесстыжий развратник, безжалостный... без ума орал!.. А Петруха-то его ка-ак тяпнет по зубам! Да за волосья, да ногами топтать и всяко, - избил в кровь! Теперь Яшка-то лежит, стонет... Потом Петруха на меня, - как зыкнет! "Ты, говорит... Гони, говорит, вон Ильку..." Это-де ты Яшку-то настроил супротив его... И орал он - до ужасти!.. Так ты гляди...

Илья снял с плеча ремень и, подавая ящик дяде, сказал:

- Держи!..

- Погоди! Куда-а?

Руки у Ильи тряслись от жалости к Якову и злобы к его отцу.

- Держи, говорю, - сквозь зубы сказал он и пошёл в трактир. Он стиснул зубы так крепко, что скулам и челюстям стало больно, а в голове вдруг зашумело. Сквозь этот шум он слышал, что дядя кричит ему что-то о полиции, погибели, остроге, и шёл, как под гору.

В трактире у буфета стоял Петруха и, разговаривая с каким-то оборванцем, улыбался. На его лысину падал свет лампы, и казалось, что вся голова его блестит довольной улыбкой.

- А, купец! - насмешливо вскричал он, увидя Илью, брови его сердито задвигались. - Тебя-то мне и надо...

Он стоял у двери в свои комнаты, заслоняя её. Илья подошёл к нему, твёрдый, суровый, и громко сказал:

- Отойди прочь!..

- Что-о? - протянул Петруха.

- Пусти меня к Якову...

- Я те дам Якова...

Илья молча во всю свою силу ударил Петруху по щеке. Буфетчик застонал и свалился на пол. Изо всех углов к нему бросились половые; кто-то закричал:

- Держи его! Бей!

Публика засуетилась, точно её обдали кипятком, но Илья перешагнул через Петруху, вошёл в дверь и запер её за собою.

В маленькой комнате, тесно заставленной ящиками с вином и какими-то сундуками, горела, вздрагивая, жестяная лампа. В полутьме и тесноте Лунёв не сразу увидал товарища. Яков лежал на полу, голова его была в тени, и лицо казалось чёрным, страшным. Илья взял лампу в руки и присел на корточки, освещая избитого. Синяки и ссадины покрывали лицо Якова безобразной тёмной маской, глаза его затекли в опухолях, он дышал тяжело, хрипел и, должно быть, ничего не видел, ибо спросил со стоном:

- Кто тут?

- Я, - тихо сказал Лунёв, вставая на ноги.

- Дай испить...

Илья оглянулся. В дверь ломились. Кто-то командовал:

- С заднего крыльца заходи...

Тонкий, воющий голос Петрухи прорывался сквозь шум:

- Я его не трогал...

Илья злорадно усмехнулся. И, подойдя к двери, он спокойно вступил в переговоры с осаждающими:

- Эй вы! Погодите орать... Если я ему в морду дал, от этого он не издохнет, а меня за это судить будут. Значит, вам нечего лезть не в своё дело... Не напирайте на дверь, я отопру сейчас...

Он отпер дверь и встал в ней, как в раме, туго сжав кулаки на всякий случай. Публика отступила пред его крепкой фигурой и готовностью драться, ясно выражавшейся на его лице. Но Петруха стал расталкивать всех, завывая:

- Ага-а, ра-азбойник!..

- Уберите его прочь и глядите сюда - пожалуйте! - отступив от двери в сторону, приглашал Илья публику. - Полюбуйтесь, как он человека изуродовал...

Несколько гостей, косясь на Илью, вошли в комнату и наклонились над Яковом. Один с изумлением и со страхом проговорил:

- Ра-азутю-ужи-ил!..

- Принесите воды. Да полицию позвать надо... - говорил Илья.

Публика была на его стороне; он и видел и чувствовал эго, и резко, громко заговорил:

- Вы все знаете Петрушку Филимонова, знаете, что это первый

мошенник в улице... А кто скажет худо про его сына? Ну, вот вам сын - избитый лежит, может, на всю жизнь изувеченный, - а отцу его за это ничего не будет. Я же один раз ударил Петрушку - и меня осудят... Хорошо это? По правде это будет? И так во всём - одному дана полная воля, а другой не посмей бровью шевельнуть...

Несколько человек сочувственно вздохнули, иные молча ушли, а Петруха, визгливо вскрикивая, начал всех выгонять.

- Идите! Идите! Это моё дело, мой сын! Ступайте... Я полиции не боюсь... И суда мне не надо. Не надо-с. Я тебя и так, без суда, доеду... Иди вон!

Илья, встав на колени, поил Якова водой, с тяжёлой жалостью глядя на разбитые, распухшие губы товарища. А Яков глотал воду и шёпотом говорил:

- Дышать больно... уведи меня... Илюша... голубчик!

Из опухолей под глазами сочились слёзы...

- Его в больницу надо отвезти... - угрюмо сказал Илья, оборачиваясь к Петрухе.

Буфетчик смотрел на сына и что-то пробормотал невнятно. Один глаз у него был широко раскрыт, а другой, как у Якова, тоже почти затёк от удара Ильи.

- Слышишь ты? - крикнул Илья.

- Не кричи! - неожиданно тихо и миролюбиво сказал Петруха. - В больницу нельзя - огласка!.. мне это не фасон...

- Подлец ты! - сказал Илья и с презрением плюнул в ноги Филимонова. Я тебе говорю - отправляй в больницу! Не отправишь - скандал подниму хуже ещё...

- Ну-ну-ну! Не того... не сердись... Он, поди, притворяется...

Илья вскочил на ноги. Но тогда Филимонов отпрыгнул к двери и крикнул:

- Иван! Позови извозчика - в больницу, пятиалтынный... Яков, одевайся! Нечего притворяться-то... не чужой человек бил, - родной отец... Меня не так ещё мяли...

Он забегал по комнате, снимая со стен одежду, и бросал её Илье, быстро и тревожно продолжая говорить о том, как его били в молодости...

За буфетом стоял Терентий. В уши Илье лез его вежливый, робкий голос:

- Вам за три или за пять копеек?.. Икорки? Икорка вся вышла... Селёдочкой закусите...

На другой день Илья нашёл себе квартиру - маленькую комнату рядом с кухней. Её сдавала какая-то барышня в красной кофточке; лицо у неё было розовое, с остреньким птичьим носиком, ротик крошечный, над

123

узким лбом красиво вились чёрные волосы, и она часто взбивала их быстрым жестом маленькой и тонкой руки.

- Пять рублей за такую миленькую комнатку - недорого! - бойко говорила она и улыбалась, видя, что её тёмные живые глазки смущают молодого широкоплечего парня. - Обои совершенно новые... окно выходит в сад, - чего вам? Утром я вам поставлю самовар, а внесёте вы его к себе сами...

- Вы горничная? - с любопытством спросил Илья.

Барышня перестала улыбаться, у неё дрогнули брови, она выпрямилась и с важностью сказала:

- Я не горничная, а хозяйка этой квартиры, и муж мой...

- Да разве вы замужем? - с удивлением воскликнул Илья и недоверчиво оглянул сухонькую, стройную фигурку хозяйки. На этот раз она не рассердилась, а засмеялась звонко и весело.

- Какой вы смешной! То горничной называет, то не верит, что замужем...

- Да как верить, ежели вы совсем девочка! - тоже с усмешкой сказал Лунёв.

- А я уже третий год замужем, муж мой околоточный надзиратель...

Илья взглянул ей в лицо и тоже тихонько засмеялся, сам не зная чему.

- Вот чудак! - передёрнув плечиками, воскликнула женщина, с любопытством разглядывая его. - Ну, что же, - снимаете комнату?

- Решённое дело! Прикажете дать задаток?

- Конечно!

- Я часика через два-три и перееду...

- Пожалуйте. Я рада такому постояльцу, - вы, кажется, весёлый...

- Не очень... - усмехаясь, сказал Лунёв.

Он вышел на улицу улыбаясь, с приятным чувством в груди. Ему нравилась и комната, оклеенная голубыми обоями, и маленькая, бойкая женщина. Но почему-то особенно приятным казалось ему именно то, что он будет жить на квартире околоточного. В этом он чувствовал что-то смешное, задорное и, пожалуй, опасное для него. Ему нужно было навестить Якова; он нанял извозчика, уселся в пролётку и стал думать - как ему поступить с деньгами, куда теперь спрятать их?..

Когда он приехал в больницу, оказалось, что Якова только что купали в ванне и теперь он спит. Илья остановился в коридоре у окна, не зная, что ему делать, - уйти или подождать, когда товарищ проснётся. Мимо, тихо шлёпая туфлями, проходили один за другим больные в жёлтых халатах, поглядывая на него скучающими глазами; со звуками их тихого говора сливались чьи-то стоны, долетавшие издали... Гулкое эхо разносило звуки по длинной трубе коридора... Казалось, что в пахучем воздухе больницы невидимо, бесшумно летает кто-то, вздыхая и тоскуя...

Илье захотелось уйти из этих жёлтых стен... Но один из больных шагнул к Илье и, протягивая руку, сказал негромко:

- Здравствуй!..

Лунёв поднял глаза на него и отшатнулся, изумлённый...

- Павел!.. И ты здесь?

- А кто ещё? - быстро спросил Павел.

Лицо у него было какое-то серое, глаза смущённо и тревожно мигали... Илья кратко рассказал ему о Якове и воскликнул:

- Как тебя перевернуло!

Павел вздохнул; губы у него вздрогнули; как виноватый в чём-то, низко опустив голову, он хриплым шёпотом повторил:

- Перевернуло...

- Что у тебя? - участливо спросил Лунёв.

- Ну... Будто не знаешь...

Павел мельком взглянул в лицо товарища и снова опустил голову.

- Заразился?

- Конечно...

- Неужто от Веры?

- От кого же? - угрюмо ответил Павел.

Илья тряхнул головой.

- Вот и я когда-нибудь тоже влечу...

Павел, доверчиво глядя в глаза ему, сказал:

- Я думал - ты побрезгуешь теперь мной... Шатаюсь тут, вдруг вижу ты!.. Стыдно стало... отвернулся, прошёл мимо...

- Умён! - с укором сказал Илья.

- Кто тебя знает, как взглянешь? Болезнь поганая... Вторую неделю здесь торчу... Такая тоска, такая мука!.. Ночью - словно на углях жаришься... Время тянется, как волос по молоку... И как будто в трясину тебя засасывает, и некого крикнуть на помочь...

Он говорил почти шёпотом, а лицо у него вздрагивало, руки судорожно мяли полы халата.

- А Вера где? - задумчиво спросил Илья.

- Чёрт её знает, - с горькой усмешкой сказал Грачев.

- Не ходит?

- Приходила раз - я выгнал... Видеть я её не могу! - зло прошептал Павел.

Илья укоризненно взглянул на его искажённое лицо и сказал:

- Ну, это ты ерунду порешь!.. Коли хочешь справедливости, так и сам будь справедлив. Чем она виновата?

- А кого мне винить? - вполголоса горячо воскликнул Павел. - Кого? Я ночи напролёт думаю - отчего моя жизнь скомкалась? Оттого, что я Веру полюбил, да?.. Про мою к ней любовь - в небе звёздами не напишешь!..

125

Глаза Павла покраснели, из них тяжело выкатились две большие слезы. Он смахнул их со щёк рукавом халата.

- Всё это пустые слова... - сказал Лунёв, чувствуя, что ему Веру жалко больше, чем Павла. - Ты мёд пил - хвалил: силён! - напился - ругаешь: хмелён!.. А каково ей? Ведь и её заразили?

- И её! - сказал Павел и дрогнувшим голосом спросил:- А ты думаешь, не жалко мне её? Я её выгнал... И, как пошла она... как заплакала... так тихо заплакала, так горько, - сердце у меня кровью облилось... Сам бы заплакал, да кирпичи у меня тогда в душе были... И задумался я тогда надо всем этим... Эх, Илья! Нет нам жизни...

- Да-а! - протянул Лунёв, странно улыбаясь. - Творится что-то... мудрёное! Давит всех и давит. Якову отец житья не даёт, Машутку замуж за старого чёрта сунули, ты вот...

Он вдруг тихонько засмеялся и сказал, понизив голос:

- Одному мне везёт! Как о чём подумаю - пожалуйте, готово!

- Нехорошо ты говоришь, - пытливо глядя на него, сказал Павел, смеёшься, что ли?

- Нет, кто-то другой смеётся! Надо всеми нами смеётся кто-то... Гляжу я в жизнь - нет в ней справедливости...

- Я тоже вижу это! - тихо, но как-то всей грудью воскликнул Павел.

На лице его вспыхнули красные пятна, а глаза его засверкали живо и бойко, как, бывало, у здорового.

Они стояли в полутёмном углу коридора, у окна, стёкла которого были закрашены жёлтой краской, и здесь, плотно прижавшись к стене, горячо говорили, на лету ловя мысли друг друга. Откуда-то издали доносился протяжный стон, похожий на гудение струны, которую кто-то задевает через равные промежутки времени, а она вздрагивает и звучит безнадёжно, точно зная, что нигде нет живого сердца, способного успокоить её болезненную дрожь. Павел горел от сознания обиды, нанесённой ему тяжёлой рукой жизни; он тоже, как струна, вздрагивал от возбуждения и торопливо, бессвязно шептал товарищу свои жалобы и догадки. А Илья чувствовал, что слова Павла точно искры высекают из его сердца, они зажгли в его груди то тёмное и противоречивое, что всегда беспокоило его. Он чувствовал, что на месте его недоумения пред жизнью вспыхнуло что-то иное, что вот-вот осветит мрак его души и успокоит её навсегда.

- Почему, ежели ты сыт - ты свят, ежели ты учён - прав? - шептал Павел, стоя против Ильи, сердце к сердцу. И оглядывался по сторонам, точно чувствуя близость врага, который скомкал жизнь его.

- Кто слова наши поймёт? - сурово воскликнул Илья.

- Да! С кем говорить?

Павел замолчал. Лунёв задумчиво посмотрел в глубь коридора.

Теперь, когда они замолчали, стон раздался слышнее. Должно быть, чья-то большая и сильная грудь стонала и велика была её боль...

- Ты всё с Олимпиадой? - спросил Павел у Лунёва.

- Да, живу! - усмехаясь, ответил Илья. - Знаешь, - усмехаясь, продолжал он, сильно понизив голос, - Яков дочитался до того, что в боге сомневается...

Павел взглянул на него и неопределённым тоном спросил:

- Ну?

- Нашёл такую книгу... А ты как насчёт этого?

- Я, видишь ли... - задумчиво и тихо сказал Павел, - я как-то так... в церковь не хожу...

- А я - много думаю... И не могу я понять, как бог терпит?

Снова между ними завязался быстрый разговор. Увлечённые им, они проговорили до поры, пока к ним подошёл служитель и строго спросил Лунёва:

- Ты что тут прячешься, а?

- Я не прячусь... - сказал Илья.

- А ты не видишь, что все посетители ушли?

- Стало быть, не видал... Прощай, Павел. К Якову-то зайди...

- Но-но - пошёл! - крикнул служитель.

- Приходи скорее... - попросил Грачёв.

На улице Лунёв задумался о судьбе своих товарищей. Он видел, что ему лучше всех живётся. Но это сознание не вызвало в нём приятного чувства. Он только усмехнулся и подозрительно посмотрел вокруг...

На новой квартире он зажил спокойно, и его очень заинтересовали хозяева. Хозяйку звали Татьяна Власьевна. Весёлая и разговорчивая, она через несколько дней после того, как Лунёв поселился в голубой комнатке, подробно рассказала ему весь строй своей жизни.

Утром, когда Илья пил чай в своей комнате, она в переднике, с засученными по локоть рукавами, порхала по кухне и, заглядывая в дверь к нему, оживлённо говорила:

- Мы с мужем люди небогатые, но образованные. Я училась в прогимназии, а он в кадетском корпусе, хотя и не кончил... Но мы хотим быть богатыми и будем... Детей у нас нет, а дети - это самый главный расход. Я сама стряпаю, сама хожу на базар, а для чёрной работы нанимаю девочку за полтора рубля в месяц и чтобы она жила дома. Вы знаете, сколько я делаю экономии?

Она становилась в дверях и, встряхивая кудерьками, по пальцам высчитывала:

- Кухарка - жалованья три рубля, да прокормить её надо - семь, десять!.. Украдёт она в месяц на три рубля - тринадцать! Комнату её сдаю вам - восемнадцать! Вот сколько стоит кухарка!.. Затем: я всё покупаю оптом: масла - полпуда, муки - мешок, сахару - голову и так далее... На всём этом я выигрываю рублей двенадцать... Тридцать рублей! Если бы я служила где-нибудь, - в полиции, на телеграфе, - я работала бы на кухарку... А теперь я - ничего не стою для мужа и горжусь этим! Вот как надо жить, молодой человек! Учитесь...

Она плутовато смотрела в лицо Ильи бойкими глазами, он улыбался ей. Она нравилась ему и возбуждала в нём чувство уважения. Утром, когда он просыпался, она уже сновала по кухне, вместе с рябой и молчаливой девочкой-подростком, смотревшей на неё и на всё пугливыми, бесцветными глазами. Вечером, когда он приходил домой, она, тоненькая, чистенькая, с улыбкой отпирала ему дверь, и от неё пахло чем-то приятным. Если муж её был дома, он играл на гитаре, а она подпевала ему звонким голосом, или они садились играть в карты - в дурачки на поцелуи. Илье в его комнате было слышно всё: и говор струн, то весёлый, то чувствительный, и шлёпанье карт, и чмоканье губ. Квартира состояла из двух комнат - спальни и ещё одной, смежной с комнатой Ильи: она служила супругам и столовой и гостиной, в ней они проводили свои вечера... По утрам в этой комнате раздавались звонкие птичьи голоса: тенькала синица, вперебой друг перед другом, точно споря, пели чиж и щеглёнок, старчески важно бормотал и скрипел снегирь, а порой в эти громкие голоса вливалась задумчивая и тихая песенка коноплянки.

Муж Татьяны, Кирик Никодимович Автономов, был человек лет двадцати шести, высокий, полный, с большим носом и чёрными зубами. Его добродушное лицо усеяно угрями, бесцветные глаза смотрели на всё с невозмутимым спокойствием. Коротко остриженные светлые волосы стояли на его голове щёткой, и во всей грузной фигуре Автономова было что-то неуклюжее и смешное. Двигался он тяжело и с первой же встречи почему-то спросил Илью:

- Ты птиц певчих любишь?

- Люблю...

- Ловишь?

- Нет... - удивлённо глядя на околоточного, ответил Илья.

Тот наморщил нос, подумал и спросил ещё:

- А ловил?

- И не ловил...

- Никогда?

- Никогда...

Тут Кирик Автономов снисходительно улыбнулся и сказал:

- Значит, ты их не любишь, если не ловил... А я ловил, даже за это из корпуса был исключён... И теперь стал бы ловить, но не хочу компрометироваться в глазах начальства. Потому что хотя любовь к певчим птицам - и благородная страсть, но ловля их - забава, недостойная солидного человека... Будучи на твоём месте, я бы ловил чижиков - непременно! Весёлая птичка... Это именно про чижа сказано: птичка божия...

Автономов говорил и мечтательными глазами смотрел и лицо Ильи, а Лунёв, слушая его, чувствовал себя неловко. Ему показалось, что околоточный говорит о ловле птиц иносказательно, что он намекает на что-то. Но водянистые глаза Автономова успокоили его; он решил, что околоточный человек не хитрый, вежливо улыбнулся и промолчал в ответ на слова Кирика. Тому, очевидно, понравилось скромное молчание и серьёзное лицо постояльца, он улыбнулся и предложил:

- Вечером приходи к нам чай пить... Приходи без стеснения... в карты поиграем, в дурачки... Гости к нам ходят редко. Принимать гостей - приятно, но их надо угощать, а это - неприятно, потому что дорого.

Чем более присматривался Илья к благополучной жизни своих хозяев, тем более нравились они ему. Всё у них было чисто, крепко, всё делалось спокойно, и они, видимо, любили друг друга. Маленькая, бойкая женщина была похожа на весёлую синицу, её муж - на неповоротливого снегиря, в квартире уютно, как в птичьем гнезде. По вечерам, сидя у себя, Лунёв прислушивался к разговору хозяев и думал: "Вот как надо жить..."

И, вздыхая от зависти, он всё сильнее мечтал о времени, когда откроет свою лавочку, у него будет маленькая, чистая комната, он заведёт себе птиц и будет жить один, тихо, спокойно, как во сне... За стеной Татьяна Власьевна рассказывала мужу, что она купила на базаре, сколько истратила и сколько сберегла, а её муж глухо посмеивался и хвалил её:

- Ах ты, умница! Ну, дай поцелую...

Он рассказывал жене о происшествиях в городе, о протоколах, составленных им, о том, что сказал ему полицеймейстер или другой начальник... Говорили о возможности повышения по службе, обсуждали вопрос, понадобится ли вместе с повышением переменить квартиру.

Илья слушал, и вдруг его охватывала непонятная, тяжёлая скука. Становилось душно в маленькой голубой комнате, он беспокойно осматривал её, как бы отыскивая причину скуки, и, чувствуя, что не может больше выносить тяжести в груди, уходил к Олимпиаде или гулял по улицам.

Олимпиада относилась к нему всё более требовательно и ревниво, всё чаще он ссорился с ней. Во время ссор она никогда не вспоминала об убийстве Полуэктова, но в хорошие минуты по прежнему уговаривала Илью забыть про это. Лунёв удивлялся её сдержанности и как-то раз после ссоры спросил её:

- Липа! Почему ты, когда ругаешься, про старика ни словом не помянешь?

Она ответила, не задумываясь:

- А потому, что это дело не моё, да и не твоё. Коли тебя не нашли значит, так ему и надо было. Душить его тебе надобности не было, - ты сам говоришь. Значит, он через тебя наказан...

Илья недоверчиво засмеялся.

- Что ты? - спросила женщина.

- Та-ак... Я подумал, что, коли человек неглуп - он обязательно жулик... Всё может оправдать... И обвинить всё может...

- Не пойму тебя, - сказала Олимпиада, качая головой.

- Чего не понимать? - спросил Илья, вздохнув и пожимая плечами. Просто. Я говорю: поставь ты мне в жизни такое, что всегда бы незыблемо стояло; найди такое, что ни один бы самоумнейший человек ни обвинить, ни оправдать не мог... Найди такое! Не найдёшь... Нет такого предмета в жизни...

После одной ссоры Илья, дня четыре не ходивший к Олимпиаде, получил от неё письмо... Она писала:

"Ну и прощай, милый Ильюша, навсегда, не увидимся мы с тобой больше. Не ищи меня, - не найдёшь. А с первым пароходом уеду я из окаянного этого города: в нём душу свою размозжила на всю жизнь. Уеду я далеко никогда не ворочусь, - не думай и не жди. За хорошее твоё - спасибо тебе от всего сердца, а дурное я помнить не буду. Ещё должна сказать тебе по правде, что ухожу я не куда-нибудь, а просто сошлась с молодым Ананьиным, который давно ко мне приставал и жаловался, что я его погублю, коли не соглашусь жить с ним. Согласилась: всё равно. Мы уедем к морю, в село, где у Ананьиных рыбные ватаги. Он очень простой и даже предлагает обвенчаться, дурачок. Прощай! Как будто во сне видела я тебя, а проснулась - и нет ничего. Как у меня сердце ноет, если бы ты знал! Целую тебя, единственный человек. Не гордись перед людьми: мы все несчастные. Смирная стала я, твоя Липа, и как под обух иду, до того болит моя душа растерзанная. Олимпиада Шлыкова. По почте послала посылку тебе - кольцо на память. Носи, пожалуйста.

Ол. Ш."

Илья прочитал письмо и до боли крепко закусил губу. Потом прочитал ещё и ещё. С каждым разом письмо всё больше нравилось ему, - было и больно и лестно читать простые слова, написанные неровными, крупными буквами. Раньше Илья не думал о том, насколько серьёзно любит его эта женщина, а теперь ему казалось, что она любила сильно, крепко, и, читая её письмо, он чувствовал гордое удовольствие в сердце. Но это удовольствие понемногу уступало место сознанию утраты близкого человека, и вот Илья грустно задумался: куда теперь, к кому пойдёт он в час скуки? Образ женщины стоял пред его глазами, он вспоминал её бешеные ласки, её умные разговоры, шутки, и всё глубже в

130

грудь ему впивалось острое чувство сожаления. Стоя пред окном, он, нахмурив брови, смотрел в сад, там, в сумраке, тихо шевелились кусты бузины и тонкие, как бечёвки, ветви берёзы качались в воздухе. За стеной грустно звенели струны гитары, Татьяна Власьевна высоким голосом пела:

Пуска-ай кто хо-чет и-и-ищет
Б-бога-атых ян-тар-рей...

Илья держал письмо в руке и чувствовал себя виноватым пред Олимпиадой, грусть и жалость сжимали ему грудь и давили горло.

А м-не мо-ё ко-ле-е-ечко
До-оста-ань со дна мор-рей,

- раздавалось за стеной. Потом околоточный густо захохотал, а певица выбежала в кухню, тоже звонко смеясь. Но в кухне она сразу замолчала. Илья чувствовал присутствие хозяйки где-то близко к нему, но не хотел обернуться посмотреть на неё, хотя знал, что дверь в его комнату отворена. Он прислушивался к своим думам и стоял неподвижно, ощущая, как одиночество охватывает его. Деревья за окном всё покачивались, а Лунёву казалось, что он оторвался от земли и плывёт куда-то в холодном сумраке...

- Илья Яковлевич! Чай пить будете? - окрикнула его хозяйка,
- Нет...

За окном раздался могучий удар колокола; густой звук мягко, но сильно коснулся стёкол окна, и они чуть слышно дрогнули... Илья перекрестился, вспомнил, что давно уже не бывал в церкви, и обрадовался возможности уйти из дома...

- Я ко всенощной пойду, - сказал он, обернувшись к двери. Хозяйка стояла как раз в двери, держась руками за косяки, и смотрела на него с любопытством. Илью смутил её пристальный взгляд, и, как бы извиняясь пред нею, он проговорил:

- Давно в церкви не был...
- Хорошо! Я приготовлю самовар к девяти часам.

Идя в церковь, Лунёв думал о молодом Ананьине. Он знал его: это богатый купчик, младший член рыбопромышленной фирмы "Братья Ананьины", белокурый, худенький паренёк с бледным лицом и голубыми глазами. Он недавно появился в городе и сразу начал сильно кутить.

"Вот как живут люди, как ястреба, - размышлял Илья с горечью. - Только оперился и сейчас же - цап себе голубку..."

Он вошёл в церковь расстроенный, обозлённый своими думами, встал там в тёмный угол, где стояла лестница для зажигания паникадила.

"Господи, помилу-уй", - пели на левом клиросе. Какой-то мальчишка подпевал противным, резавшим уши криком, не умея подладиться к хриплому и глухому голосу дьячка. Нескладное пение раздражало Илью, вызывая в нём желание надрать мальчишке уши. В углу было жарко от натопленной печи, пахло горелой тряпкой. Какая-то старушка в салопе подошла к нему и брюзгливо сказала:

- Не на своё место встали, сударь мой...

Илья посмотрел на воротник её богатого салопа, украшенный хвостами куницы, и молча отодвинулся, подумав: "И в церкви свои места..."

После убийства Полуэктова он впервые пришёл в церковь и теперь, вспомнив об этом, вздрогнул.

- Господи! Помилуй... - прошептал он, крестясь.

Стройно и громогласно запели певчие. Голоса дискантов, отчётливо выговаривая слова песнопения, звенели под куполом чистым и сладостным звоном маленьких колокольчиков, альты дрожали, как звучная, туго натянутая струна; на фоне их непрерывного звука, который лился подобно ручью, дисканты вздрагивали, как отблески солнца в прозрачной струе воды. Густые, тёмные ноты басовой партии торжественно колыхались в воздухе, поддерживая пение детей; порою выделялись красивые и сильные возгласы тенора, и снова ярко блистали голоса детей, возносясь в сумрак купола, откуда, величественно простирая руки над молящимися, задумчиво смотрел вседержитель в белых одеждах. Вот пение хора слилось в массу звуков и стало похоже на облако в час заката, когда оно, розовое, алое и пурпурное, горит в лучах солнца великолепием своих красок и тает в наслаждении своей красотой...

Замерло пение, - Илья вздохнул глубоким, лёгким вздохом. Ему было хорошо: он не чувствовал раздражения, с которым пришёл сюда, и не мог остановить мысли на грехе своём. Пение облегчило его душу и очистило её. Чувствуя себя так неожиданно хорошо, он недоумевал, не верил ощущению своему, но искал в себе раскаяния и - не находил его.

И вдруг его, как иглой, кольнула острая мысль:

"Что, если хозяйка войдёт из любопытства в его комнату, начнёт рыться там и найдёт деньги?"

Илья быстро сорвался с места, вышел из церкви и, крикнув извозчика, поехал домой. Дорогой его мысль неотвязно развивалась, возбуждая его.

"Найдёт - ну, что же? Они не донесут, они просто украдут сами..."

Но мысль, что они не донесут, а именно украдут деньги, ещё более возбудила его. Он чувствовал, что если это случилось, то сейчас же, на этом же извозчике, он поедет в полицию и скажет, что это он убил Полуэктова. Нет, он не хочет больше маяться и жить в беспокойстве, тогда как другие на деньги, за которые он заплатил великим грехом, будут жить спокойно, уютно, чисто. Эта мысль родила в нём холодное бешенство. Подъехав к дому, он сильно дёрнул звонок и, стиснув зубы, сжал кулаки, ожидая, когда ему отворят дверь.

Дверь отворила ему Татьяна Власьевна.

- Ух, как вы громко звоните!.. Что вы? Что с вами? - испуганно вскричала она, взглянув на него.

Он молча оттолкнул её, прошёл в свою комнату и с первого же взгляда понял, что все его страхи напрасны. Деньги лежали у него за верхним наличником окна, а на наличник он чуть-чуть приклеил маленькую пушинку, так что, если бы кто коснулся денег, пушинка непременно должна была слететь. Но вот он ясно видел на коричневом наличнике - её белое пятнышко.

- Вы больны? - тревожно спрашивала хозяйка, являясь в двери.

- Да, - нездоровится... Вы - извините: я толкнул вас...

- Это пустяки... Подождите... сколько нужно дать извозчику?

- Сделайте милость, отдайте...

Она убежала, а Илья тотчас же вскочил на стул, выхватил из-за наличника деньги и, сунув их в карман, облегчённо вздохнул... Ему стало стыдно своей тревоги. Пушинка показалась ему глупой, смешной, как и всё это... "Навождение!.." - подумал он, внутренне усмехаясь. В двери снова явилась Татьяна Власьевна.

- Извозчику - двадцать, - торопливо заговорила она. - У вас что закружилась голова?

- Да... знаете, стою в церкви... вдруг это...

- Вы прилягте, - сказала женщина, входя в комнату. - Прилягте, не стесняясь... А я посижу с вами... Я одна, - муж отправился в наряд, в клуб...

Илья сел на постель, а она на стул, единственный в комнате.

- Обеспокоил я вас, - смущённо улыбаясь, сказал Илья.

- Ничего, - ответила Татьяна Власьевна, пытливо и бесцеремонно разглядывая его лицо. Помолчали. Илья не знал, о чём говорить с этой женщиной, а она, всё разглядывая его, вдруг стала странно улыбаться.

- Что вы? - спросил Лунёв, опуская глаза.

- Сказать? - плутовато спросила она.

- Скажите...

- Не умеете вы притворяться - вот что!

Илья вздрогнул и тревожно взглянул на женщину.

- Да, не умеете. Какой вы больной? Вовсе не больной, а просто получили вы одно неприятное письмо, - я видела, видела.

- Да, получил... - тихо и осторожно сказал Илья. За окном раздался шелест веток. Женщина зорко посмотрела сквозь стёкла и снова повернулась лицом к Илье.

- Это - ветер или птица. Вот что, мой хороший постоялец, хотите вы меня послушать? Я хоть и молоденькая женщина, но неглупая...

- Сделайте милость, говорите, - попросил Лунёв, с любопытством глядя на неё.

- Вы это письмо разорвите и бросьте, - солидно заговорила хозяйка. Если она вам отказала, она поступила, как паинька-девочка, да! Жениться вам рано, вы необеспеченный человек, а необеспеченные люди не должны жениться. Вы здоровый юноша, можете много работать, вы красивый, - вас всегда полюбят... А сами вы влюбляться погодите. Работайте, торгуйте, копите деньги, добивайтесь, чтобы завести какое-нибудь дело побольше, старайтесь открыть лавочку и тогда, когда у вас будет что-нибудь солидное, женитесь. Вам всё это удастся: вы не пьёте, вы - скромный, одинокий...

Илья слушал, опустив голову, и внутренне улыбался. Ему хотелось засмеяться вслух, громко, весело.

- Нечего вешать голову, - тоном опытного человека продолжала Татьяна Власьевна. - Пройдёт! Любовь - болезнь излечимая. Я сама до замужества три раза так влюблялась, что хоть топиться впору, и однако - прошло! А как увидала, что мне уж серьёзно пора замуж выходить, - безо всякой любви вышла... Потом полюбила - мужа... Женщина иногда может и в своего мужа влюбиться...

- Это как? - широко раскрыв глаза, спросил Илья.

Татьяна Власьевна засмеялась весёлым смехом.

- Я пошутила... Но и серьёзно скажу: можно выйти замуж не любя, а потом полюбить...

И она снова защебетала, играя своими глазками. Илья слушал внимательно, с интересом и уважением разглядывая её маленькую, стройную фигурку. Такая она маленькая и такая гибкая, надёжная, умная...

"Вот с такой женой не пропадёшь", - думал он. Ему было приятно: сидит с ним женщина образованная, мужняя жена, а не содержанка, чистая, тонкая, настоящая барыня, и не кичится ничем перед ним, простым человеком, а даже говорит на "вы". Эта мысль вызвала в нём чувство благодарности к хозяйке, и, когда она встала, чтоб уйти, он тоже вскочил на ноги, поклонился ей и сказал:

- Покорно благодарю, что не погнушались... беседой вашей утешили меня...

- Утешила? Вот видите! - она тихонько засмеялась, на щеках у неё вспыхнули красные пятна, и глаза несколько секунд неподвижно смотрели в лицо Ильи.

- Ну, до свиданья... - как-то особенно сказала она и ушла лёгкой походкой девушки...

С каждым днём супруги Автономовы всё больше нравились Илье. Он видел много зла от полицейских, но Кирик казался ему рабочим человеком, добрым и недалёким. Он был телом, его жена - душой; он мало бывал дома и мало значил в нём. Татьяна Власьевна всё проще относилась к Илье, стала просить его наколоть дров, принести воды, выплеснуть помои. Он охотно исполнял её просьбы, и незаметно эти маленькие услуги стали его обязанностями. Тогда хозяйка рассчитала рябую девочку, сказав ей, чтоб она приходила только по субботам.

Иногда к Автономовым приходили гости - помощник частного пристава Корсаков, тощий человек с длинными усами. Он носил тёмные очки, курил толстые папиросы, терпеть не мог извозчиков и всегда говорил о них с раздражением.

- Никто не нарушает так порядка и благообразия, как извозчик, - рассуждал он. - Это такие нахальные скоты! Пешеходу всегда можно внушить уважение к порядку на улице, стоит только полицеймейстеру напечатать правило: "Идущие вниз по улице должны держаться правой стороны, идущие вверх - левой", и тотчас же движению по улицам будет придана дисциплина. Но извозчика не проймёшь никакими правилами, извозчик это - это чёрт знает что такое!

Об извозчиках он мог говорить целый вечер, и Лунёв никогда не слыхал от него других речей. Приходил ещё смотритель приюта для детей Грызлов, молчаливый человек с чёрной бородой. Он любил петь басом "Как по морю, морю синему", а жена его, высокая и полная женщина с большими зубами, каждый раз съедала все конфекты у Татьяны Власьевны, за что после её ухода Автономова ругала её.

- Это она назло мне делает!

Потом являлась Александра Викторовна Травкина с мужем, - высокая, тонкая, рыжая, она часто сморкалась так странно, точно коленкор рвали. А муж её говорил шёпотом, - у него болело горло, - но говорил неустанно, и во рту у него точно сухая солома шуршала. Был он человек зажиточный, служил по акцизу, состоял членом правления в каком-то благотворительном обществе, и оба они с женой постоянно ругали бедных, обвиняли их во лжи, в жадности, в непочтительности к людям, которые желают им добра...

Лунёв, сидя в своей комнате, внимательно вслушивался: что они говорят о жизни? То, что он слышал, было непонятно ему. Казалось, что эти люди всё решили, всё знают и строго осудили всех людей, которые живут иначе, чем они.

Иногда вечером хозяева приглашали постояльца пить чай. За чаем Татьяна Власьевна весело шутила, а её муж мечтал о том, как бы хорошо разбогатеть сразу и - купить дом.

- Развёл бы я кур!.. - сладко прищуривая глаза, говорил он. - Всех пород: брамапутр, кохинхин, цыцарок, индюшек... И - павлина! Хорошо, чёрт возьми, сидеть у окна в халате, курить папиросу и смотреть, как по двору, распустя хвост зонтом, твой собственный павлин ходит! Ходит эдаким полицеймейстером и ворчит: брлю, брлю, брлю!

Татьяна Власьевна смеялась тихим, вкусным смешком и, поглядывая на Илью, тоже мечтала:

- А я бы тогда летом ездила в Крым, на Кавказ, а зимой заседала бы в обществе попечения о бедных. Сшила бы себе чёрное суконное платье, самое скромное, и никаких украшений, кроме броши с рубином и серёжек из жемчуга. Я читала в "Ниве" стихи, в которых было сказано, что кровь и слёзы бедных обратятся на том свете в жемчуг и рубины. - И, тихонько вздохнув, она заключала: - Рубины удивительно идут брюнеткам...

Илья молчал, улыбался. В комнате было тепло, чисто, пахло вкусным чаем и ещё чем-то, тоже вкусным. В клетках, свернувшись в пушистые комки, спали птички, на стенах висели яркие картинки. Маленькая этажерка, в простенке между окон, была уставлена красивыми коробочками из-под лекарств, курочками из фарфора, разноцветными пасхальными яйцами из сахара и стекла. Всё это нравилось Илье, навевая тихую, приятную грусть.

Но порой - особенно во дни неудач - эта грусть перерождалась у Ильи в досадное, беспокойное чувство. Курочки, коробочки и яички раздражали, хотелось швырнуть их на пол и растоптать. Когда это настроение охватывало Илью, он молчал, глядя в одну точку и боясь говорить, чтоб не обидеть чем-нибудь милых людей. Однажды, играя в карты с хозяевами, он, в упор глядя в лицо Кирика Автономова, спросил его:

- А что, Кирик Никодимович, так и не нашли того, который купца на Дворянской задушил?..

Спросил - и почувствовал в груди приятное жгучее щекотание.

- То есть Полуэктова? - рассматривая свои карты, задумчиво сказал околоточный. И тотчас же повторил: - То есть Полуэктова-вва-ва-ва?.. Нет, не нашли Полуэктова-вва-ва-ва... То есть не Полуэктова, а того, которого... Я не искал... мне его не надо... а надо мне знать - у кого дама пик? Пик-пик-пик! Ты, Таня, ходила ко мне тройкой, - дама треф, дама бубен и что ещё?

- Семёрка бубен... думай скорее...

- Так и пропал человек! - сказал Илья, усмехаясь. Но околоточный не обращал на него внимания, обдумывая ход.

- Так и пропал! - повторил он. - Так и укокошили Полуэктова-вва-ва-ва...

- Киря, оставь вавкать, - сказала его жена. - Ходи скорее...

- Ловкий, должно быть, человек убил! - не отставал Илья. Невнимание к его словам ещё более разжигало его охоту говорить об убийстве.

- Ло-овкий? - протянул околоточный. - Нет, это я - ловкий! Р-раз!

И, громко шлёпнув картами по столу, он пошёл к Илье пятком. Илья остался в дураках. Супруги смеялись над ним, а его ещё более раздражало это. И, сдавая карты, он упрямо говорил:

- Среди белого дня, на главной улице города убить человека - для этого надо иметь храбрость...

- Счастье, а не храбрость, - поправила его Татьяна Власьевна.

Илья посмотрел на неё, на её мужа, негромко засмеялся и спросил:

- Убить - счастье?

- То есть убить и не попасть в тюрьму.

- Опять мне бубнового туза влепили! - сказал околоточный.

- Его мне бы надо! - сказал Илья серьёзно.

- Убейте купца, и дадут! - пообещала ему Татьяна Власьевна, думая над картами.

- Убей, и получишь туза суконного, а пока получи картонного! - бросив Илье две девятки и туза, сказал Кирик и громко захохотал.

Лунёв снова посмотрел на их весёлые лица, и у него пропала охота говорить об убийстве.

Бок о бок с этими людьми, отделённый от чистой и спокойной жизни тонкой стеной, он всё чаще испытывал приступы тяжкой скуки. Снова являлись думы о противоречиях жизни, о боге, который всё знает, но не наказывает. Чего он ждёт?

От скуки Лунёв снова начал читать: у хозяйки было несколько томов "Нивы" и "Живописного обозрения" и ещё какие-то растрёпанные книжонки.

Так же, как в детстве, ему нравились только те рассказы и романы, в которых описывалась жизнь неизвестная ему, не та, которой он жил; рассказы о действительной жизни, о быте простонародья он находил скучными и неверными. Порою они смешили его, но чаще казалось, что эти рассказы пишутся хитрыми людьми, которые хотят прикрасить тёмную, тяжёлую жизнь. Он знал её и узнавал всё более. Расхаживая по улицам, он каждый день видел что-нибудь такое, что настраивало его на критический лад. И, приходя в больницу, говорил Павлу, насмешливо улыбаясь:

- Порядки! Видел я давеча - идут тротуаром плотники и штукатуры. Вдруг - полицейский: "Ах вы, черти!" И прогнал их с тротуара. Ходи там, где лошади ходят, а то господ испачкаешь грязной твоей одеждой... Строй мне дом, а сам жмись в ком...

Павел тоже вспыхивал и ещё больше подкладывал сучьев в огонь. Он томился в больнице, как в тюрьме, глаза у него горели тоскливо и злобно, он худел, таял. Яков Филимонов не нравился ему, он считал его полуумным.

А Яков, у которого оказалась чахотка, лёжа в больнице, блаженствовал. Он свёл дружбу с соседом по койке, церковным сторожем, которому недавно отрезали ногу. Это был человек толстый, коротенький, с огромной лысой головой и чёрной бородою во всю грудь. Брови у него большие, как усы, он постоянно шевелил ими, а голос его был глух, точно выходил из живота. Каждый раз, когда Лунёв являлся в больницу, он заставал Якова сидящим на койке сторожа. Сторож лежал и молча шевелил бровями, а Яков читал вполголоса библию, такую же короткую и толстую, как сторож.

- "Так! ночью будет разорён Ар-Моав и уничтожен; так! ночью будет разорён Кир-Моав и уничтожен!"

Голос у Якова стал слаб и звучал, как скрип пилы, режущей дерево. Читая, он поднимал левую руку кверху, как бы приглашая больных в палате слушать зловещие пророчества Исайи. Большие мечтательные глаза придавали жёлтому лицу его что-то страшное. Увидав Илью, он бросал книгу и с беспокойством спрашивал товарища всегда об одном:

- Машутку не видал?

Илья не видал её.

- Господи! - печально говорил Яков. - Как всё это... словно в сказке! Была - и вдруг колдун похитил, и нет её больше...

- Отец был? - спрашивал Илья.

Лицо у Якова вздрагивало, глаза пугливо мигали.

- Был. "Довольно, говорит, валяться, выписывайся!" Я умолил доктора, чтобы меня не отпускали отсюда... Хорошо здесь, - тихо, скромно... Вот Никита Егорович, читаем мы с ним библию. Семь лет читал её, всё в ней наизусть знает и может объяснить пророчества... Выздоровлю - буду жить с Никитой Егорычем, уйду от отца! Буду помогать в церкви Никите Егорычу и петь на левом клиросе...

Сторож медленно поднимал брови; под ними в глубоких орбитах тяжело ворочались круглые, тёмные глаза. Они смотрели в лицо Ильи спокойно, без блеска, неподвижным матовым взглядом.

- Какая это книга хорошая - библия! - захлёбываясь кашлем, вскрикивал Яков. - И это есть, - помнишь, начётчик в трактире говорил: "Покойны шатры у грабителей"? Есть, я нашёл! Хуже есть!

Закрыв глаза, с поднятой кверху рукою, он наизусть возглашал торжественным голосом:

- "Часто ли угасает светильник у беззаконных и находит на них беда, и он даст им в удел страдания во гневе своём?" Слышишь? "Скажешь: бог бережёт для детей его несчастие его. Пусть воздаст он ему самому, чтоб он знал"...

- Неужто так и сказано? - с недоверием спросил Илья.

- Слово в слово!..

- По-моему, это - нехорошо - грех! - сказал Илья. Сторож двинул бровями, и они закрыли ему глаза.

Борода его зашевелилась, и глухим, странным голосом он сказал:

- Дерзновение человека, правды ищущего, не есть грех, ибо творится по внушению свыше...

Илья вздрогнул. А сторож глубоко вздохнул и сказал ещё, так же медленно и внятно:

- Правда сама внушает человеку - ищи меня! Ибо правда - есть бог... А сказано: "великая слава - следовать господу"...

Лицо сторожа, заросшее густыми волосами, внушало Илье уважение и робость: было в этом лице что-то важное, суровое.

Вот брови сторожа поднялись, он уставился глазами в потолок, и вновь волосы на его лице зашевелились.

- Прочитай ему, Яша, от Иова, начало десятой главы...

Яков молча поспешно перебросил несколько страниц книги и прочёл тихо, вздрагивающими звуками:

- "Опротивела душе моей жизнь моя, предамся печали моей, буду говорить в горести души моей. Скажу богу: не обвиняй меня, скажи мне, за что ты со мной борешься? Хорошо ли для тебя, что ты угнетаешь, что ты презираешь дело рук твоих..."

Илья вытянул шею и заглянул в книгу, мигая глазами.

- Не веришь? - воскликнул Яков. - Вот чудак!

- Не чудак, а трус, - спокойно сказал сторож.

Он тяжело перевёл свой матовый взгляд с потолка на лицо Ильи и сурово, точно хотел словами раздавить его, продолжал:

- Есть речи и ещё тяжелее читанного. Стих третий, двадцать второй главы, говорит тебе прямо: "Что за удовольствие вседержителю, что ты праведен? И будет ли ему выгода от того, что ты держишь пути твои в непорочности?"... И нужно долго понимать, чтобы не ошибиться в этих речах...

- А вы... понимаете? - тихо спросил Лунёв.

- Он? - воскликнул Яков. - Никита Егорович всё понимает!

Но сторож сказал, ещё понизив свой голос:

- Мне - поздно... Мне надо смерть понимать... Отрезали мне ногу, а она вот выше пухнет... и другая пухнет... а также и грудь... я умру скоро от этого...

Глаза его давили лицо Ильи, и медленно, спокойно он говорил:

- А умирать мне не хочется... потому что - жил я плохо, в обидах и огорчениях, радостей же - не было в жизни моей. Смолоду - как Яша, жил под отцом. Был он пьяница, зверь... Трижды голову мне проламывал и раз

139

кипятком ноги сварил. Матери не было: родив меня, померла. Женился. Насильно пошла за меня жена, - не любила... На третьи сутки после свадьбы повесилась. Зять был. Ограбил меня; сестра же сказала мне, что это я жену в петлю вогнал. И все так говорили, хотя знали - не тронул я её, и как она была девкой, так и... издохла... Жил я после того ещё девять лет. Страшно жить одному!.. Всё ждал, когда радости будут. И - вот, помираю. Только и всего.

Он закрыл глаза, помолчал и спросил:

- Зачем жил?

Илья слушал его тяжёлую речь со страхом в сердце. Лицо Якова побурело, на глазах у него сверкали слёзы.

- Зачем жил, - спрашиваю... Лежу вот и думаю - зачем жил?

Голос сторожа иссяк. Он порвался сразу, как будто по земле тёк мутный ручей и вдруг скрылся под землю.

- "Кто находится между живыми, тому еще есть надежда, так как и псу живому лучше, чем мертвому льву", - снова заговорил сторож, открыв глаза. И борода зашевелилась снова.

- Там же, в Екклезиасте, сказано: "Во дни благополучия пользуйся благом, а во дни несчастия - размышляй: то и другое содеял бог для того, чтоб человек не мог ничего сказать против него"...

Больше Илья не мог слушать. Он тихо встал и, пожав руку Якова, поклонился сторожу тем низким поклоном, которым прощаются с мёртвыми. Это вышло у него случайно.

Он вынес из больницы что-то по-новому тяжёлое, мрачный образ этого человека глубоко врезался в память. Увеличилось ещё одним количество людей, обиженных жизнью. Он хорошо запомнил слова сторожа и переворачивал их на все лады, стараясь понять их смысл. Они мешали ему, возмущая глубину его души, где хранил он свою веру в справедливость бога.

Ему казалось, что когда-то, незаметно для него, вера в справедливость бога пошатнулась в нём, что она не так уже крепка, как прежде: что-то разъело её, как ржавчина железо. В его груди было что-то несоединимое, как вода и огонь. И с новой силой в нём возникло озлобление против своего прошлого, всех людей и порядков жизни.

Автономовы обращались с ним всё ласковее. Кирик покровительственно хлопал его по плечу, шутил с ним и осанисто говорил:

- Ты пустяками занимаешься, братец! Такой скромный, серьёзный парень должен развернуться шире. Если у человека способности частного пристава, не подобает ему служить околоточным...

Татьяна Власьевна стала внимательно и подробно расспрашивать Илью о том, как идёт его торговля, сколько в месяц имеет он чистой прибыли. Он охотно говорил с ней, и в нём всё повышалось уважение к этой женщине, умевшей из пустяков устроить чистую и милую жизнь...

Однажды вечером, когда он, охваченный скукой, сидел в своей комнате у открытого окна и, глядя в тёмный сад, вспоминал Олимпиаду, Татьяна Власьевна вышла в кухню и позвала его пить чай. Он пошёл неохотно: ему жаль было отвлекаться от своих дум и не хотелось ни о чём говорить. Хмуро, молча он сел за чайный стол и, взглянув на хозяев, увидал, что лица у них торжественны, озабочены чем-то. Сладко курлыкал самовар, какая-то птичка, проснувшись, металась в клетке. Пахло печёным луком и одеколоном. Кирик повернулся на стуле и, забарабанив пальцами по краю подноса, запел:

- Бум, бум, тру-ту-ту! тру-ту-ту!..

- Илья Яковлевич! - внушительно заговорила женщина. - Мы с мужем обдумали одно дело и хотим поговорить с вами серьёзно...

- Хо, хо, хо! - захохотал околоточный, крепко потирая свои красные руки. Илья вздрогнул, удивлённо взглянув на него.

- Мы обдумали! - широко улыбаясь, воскликнул Кирик и, подмигнув Илье на жену, добавил: - Гениальная башка!

- Мы скопили немножко денег, Илья Яковлевич.

- Мы скопили! Хо, хо! Милая моя!..

- Перестань! - строго сказала Татьяна Власьевна, Лицо у неё стало сухое и ещё более заострилось.

- Мы скопили рублей около тысячи, - говорила она вполголоса, наклонясь к Илье и впиваясь острыми глазками в его глаза. - Деньги эти лежат в банке и дают нам четыре процента...

- А этого мало! - вскричал Кирик, стукнув по столу. - Мы хотим...

Жена остановила его строгим взглядом.

- Нам, конечно, вполне достаточно такого процента, Но мы хотим помочь вам выйти на дорогу...

Сказав несколько комплиментов Илье, продолжала:

- Вы говорили, что галантерейный магазин может дать процентов двадцать и более, смотря по тому, как поставить дело. Ну-с, мы готовы дать вам под вексель на срок - до предъявления, не иначе, - наши деньги, а вы открываете магазин. Торговать вы будете под моим контролем, а прибыль мы делим пополам. Товар вы страхуете на моё имя, а кроме того, вы даёте мне на него ещё одну бумажку - пустая бумажка! Но она необходима для формы. Нуте-ка, подумайте над этим и скажите: да или нет?

Илья слушал её тонкий, сухой голос и крепко тёр себе лоб. Несколько раз в течение её речи он поглядывал в угол, где блестела золочёная риза иконы с венчальными свечами по бокам её. Он не удивлялся, но ему было как-то неловко, даже боязно. Это предложение, осуществляя его давнюю

141

мечту, ошеломило его, обрадовало. Растерянно улыбаясь, он смотрел на маленькую женщину и думал: "Вот она, судьба..."

А она говорила ему тоном матери:

- Подумайте об этом хорошенько; рассмотрите дело со всех сторон. Можете ли вы взяться за него, хватит ли сил, уменья? И потом скажите нам, кроме труда, что ещё можете вложить вы в дело? Наших денег - мало... не так ли?

- Я могу, - медленно заговорил Илья, - вложить рублей тысячу. Мне дядя даст... Может быть, и больше...

- Ур-ра! - крикнул Кирик Автономов.

- Значит - вы согласны? - спросила Татьяна Власьевна.

- Ну ещё бы! - закричал околоточный и, сунув руку в карман, заговорил громко и возбуждённо: - А теперь - пьём шампанское! Шампанское, чёрт побери мою душу! Илья, беги, братец, в погребок, тащи шампань! На - мы тебя угощаем. Спрашивай донского шампанского в девять гривен и скажи, что это мне, Автономову, - тогда за шестьдесят пять отдадут... Живо-о!

Илья с улыбкой поглядел на сияющие лица супругов и ушёл.

Он думал: вот - судьба ломала, тискала его, сунула в тяжёлый грех, смутила душу, а теперь как будто прощенья у него просит, улыбается, угождает ему... Теперь пред ним открыта свободная дорога в чистый угол жизни, где он будет жить один и умиротворит свою душу. Мысли кружились в его голове весёлым хороводом, вливая в сердце неведомую Илье до этой поры уверенность.

Он принёс из погребка настоящего шампанского, заплатив за бутылку семь рублей.

- Ого-о! - воскликнул Автономов. - Это шикозно, братец! В этом есть идея, да-а!

Татьяна Власьевна отнеслась иначе. Она укоризненно покачала головой и, рассмотрев бутылку, с укором сказала:

- Рублей пять? Ай, как это непрактично!

Лунёв, счастливый и умилённый, стоял пред ней и улыбался.

- Настоящее! - сказал он, полный радости. - В первый раз в жизни моей настоящего хлебну! Какая жизнь была у меня? Вся - фальшивая... грязь, грубость, теснота... обиды для сердца... Разве этим можно человеку жить?

Он коснулся наболевшего места в душе своей и продолжал:

- Я с малых лет настоящего искал, а жил... как щепа в ручье... бросало меня из стороны в сторону... и всё вокруг меня было мутное, грязное, беспокойное. Пристать не к чему... И вот - бросило меня к вам. Вижу первый раз в жизни! - живут люди тихо, чисто, в любви...

Он посмотрел на них с ясной улыбкой и поклонился им.

- Спасибо вам! У вас я душу облегчил... ей-богу! Вы мне даёте помощь на всю жизнь! Теперь я пойду! Теперь я знаю, как жить!

Татьяна Власьевна смотрела на него взглядом кошки на птицу, увлечённую своим пением. В глазах у неё сверкал зелёный огонёк, губы вздрагивали. Кирик возился с бутылкой, сжимая её коленями и наклоняясь над ней. Шея у него налилась кровью, уши двигались...

Пробка хлопнула, ударилась в потолок и упала на стол. Задребезжал стакан, задетый ею...

Кирик, чмокая губами, разлил вино в стаканы и скомандовал:

- Берите!

А когда его жена и Лунёв взяли стаканы, он поднял высоко над головой свой стакан и крикнул:

- За преуспеяние фирмы "Татьяна Автономова и Лунёв" - ур-ра-а!

Несколько дней Лунёв обсуждал с Татьяной Власьевной подробности затеянного предприятия. Она всё знала и обо всём говорила с такой уверенностью, как будто всю жизнь вела торговлю галантерейным товаром. Илья с улыбкой слушал её, молчал и удивлялся. Ему хотелось скорее начать дело, и он соглашался на все предложения Автономовой, не вникая в них.

Оказалось, что Татьяна Власьевна имеет в виду и помещение. Оно было как раз таково, о каком мечтал Илья: на чистой улице маленькая лавочка с комнатой для торговца. Всё удавалось, всё, до мелочей, и Лунёв ликовал.

Бодрый и радостный явился он в больницу к товарищам; там его встретил Павел, тоже весёлый.

- Завтра выписываюсь! - возбуждённо объявил он Илье, прежде чем поздоровался с ним. - От Верки письмо получил... Ругается... Чертёнок!

Глаза у него сияли, на щеках горел румянец, он не мог спокойно стоять на месте, шаркал туфлями по полу, размахивал руками.

- Смотри! - сказал ему Илья. - Берегись теперь...

- Я? Кончено? Вопрос: мамзель Вера, - желаете вы венчаться? Пожалуйте! Нет? Нож в сердце!

По лицу и телу Павла пробежала судорога.

- Ну-ну!.. - усмехаясь, сказал Илья. - Тоже - нож!..

- Нет уж!.. Будет! Я без неё жить не могу... Пакостей довольно с неё... должна быть сыта... я - по горло сыт! Завтра у нас всё и произойдёт... так или эдак...

Лунёв всмотрелся в лицо товарища, и вдруг в голове его блеснула простая, ясная мысль. Он покраснел, а потом улыбнулся...

- Пашутка! Знаешь, я своё счастье нашёл!

И он кратко рассказал товарищу, в чём дело. Павел выслушал его и вздохнул, сказав:

- Да-а, везёт тебе...

- Так повезло, что мне пред тобой теперь даже стыдно... право! По совести говорю.

- И на том спасибо! - усмехнулся Павел.

- Знаешь что? - тихо заговорил Илья. - Я ведь это не хвастаясь, а серьёзно говорю, что стыдно мне...

Павел молча взглянул на него и вновь задумчиво опустил голову.

- И я хочу тебе сказать... в горе вместе жили, давай и радость поделим.

- Мм... - промычал Павел. - Я слышал, что радость, как бабу, делить нельзя...

- Можно! Ты разузнай, что надо для водопроводной мастерской, какие инструменты, материал и всё... и сколько стоит... А я тебе дам денег...

- Н-н-ну-у? - протянул Павел недоверчиво. Лунёв горячо и крепко схватил его руку и сжал её.

- Чудак! Дам!

Но ему долго пришлось убеждать Павла в серьёзности своего намерения. Тот всё покачивал головой, мычал и говорил:

- Не бывает так...

Лунёв, наконец, убедил его. Тогда он, в свою очередь, обнял его и сказал дрогнувшим, глухим голосом:

- Спасибо, брат! Из ямы тащишь... Только... вот что: мастерскую я не хочу, - ну их к чёрту, мастерские! Знаю я их... Ты денег - дай, а я Верку возьму и уеду отсюда. Так и тебе легче - меньше денег возьму, - и мне удобнее. Уеду куда-нибудь и поступлю сам в мастерскую...

- Это ерунда! - сказал Илья. - Лучше хозяином быть...

- Какой я хозяин? - весело воскликнул Павел. - Нет, хозяйство и всё эдакое... не по душе мне... Козла свиньёй не нарядишь...

Лунёв неясно понимал отношение Павла к хозяйству, но оно чем-то нравилось ему. Он ласково, весело говорил:

- А - верно, - похож ты на козла: такой же сухопарый. Знаешь - ты на сапожника Перфишку похож, - право! Так ты завтра приходи и возьми денег на первое время, пока без места будешь... А я - к Якову схожу теперь... Ты как с Яковом-то?

- Да всё - так как-то... не наладимся!.. - усмехнулся Грачёв.

- Несчастный он... - задумчиво сказал Илья.

- Ну, этого всем много дадено!.. - ответил Павел, пожав плечами. - Мне всё думается, что он не в своём уме... Пошехонец какой-то...

Когда Илья отошёл от него, он, стоя среди коридора, крикнул ему:

- Спасибо, брат!

Илья улыбнулся и кивнул ему головой.

Якова он застал грустным и убитым. Лёжа на койке лицом к потолку, он смотрел широко открытыми глазами вверх и не заметил, как подошёл к нему Илья.

- Никиту-то Егорыча унесли в другую палату, - уныло сказал он Илье.

- Ну, и - хорошо! - одобрительно заметил Лунёв. - А то - больно он страшен...

Яков укоризненно взглянул на него и закашлялся.

- Поправляешься?

- Да-а! - со вздохом ответил Яков. - И похворать не удастся мне, сколько хочется... Вчера опять отец был. Дом, говорит, купил. Ещё трактир хочет открыть. И всё это - на мою голову...

Илье хотелось порадовать товарища своей радостью, но что-то мешало ему говорить.

Весёлое солнце весны ласково смотрело в окна, но жёлтые стены больницы казались ещё желтее. При свете солнца на штукатурке выступали какие-то пятна, трещины. Двое больных, сидя на койке, играли в карты, молча шлёпая ими. Высокий, худой мужчина бесшумно расхаживал по палате, низко опустив забинтованную голову. Было тихо, хотя откуда-то доносился удушливый кашель, а в коридоре шаркали туфли больных. Жёлтое лицо Якова было безжизненно, глаза его смотрели тоскливо.

- Эх, умереть бы! - говорил он скрипящим голосом. - Лежу вот и думаю: интересно умереть! - Голос у него упал, зазвучал тише. - Ангелы ласковые... На всё могут ответить тебе... всё объяснят... - Он замолчал, мигнув, и стал следить, как на потолке играет бледный солнечный луч, отражённый чем-то. Машутку-то не видал?..

- Н-нет. Как-то всё в ум не входит...

- В сердце не вошло...

Лунёв сконфуженно замолчал.

Яков вздохнул и беспокойно заворочал головой по подушке.

- Вот Никита Егорыч не хочет, а умрёт... Мне фельдшер сказал... умрёт! А я хочу - не умирается... Выздоровлю - опять в трактир... Бесполезный всему...

Губы его медленно растянулись в грустную улыбку. Он как-то особенно поглядел на товарища и заговорил снова:

- Чтобы жить в этой жизни, надо иметь бока железные, сердце железное...

Илья почувствовал в словах Якова что-то неприязненное, сухое и нахмурился.

- А я - как стекло в камнях: повернусь, и - трещина...

- Любишь ты жаловаться! - неопределённо сказал Лунёв.

- А ты? - спросил Яков.

145

Илья отвернулся и промолчал. Потом, чувствуя, что Яков не собирается говорить, он задумчиво молвил:

- Всем тяжко. Взять хотя бы Павла...

- Не люблю я его, - сказал Яков, сморщив лицо.

- За что?

- Так... Не люблю...

- Эх!.. надо мне идти...

Яков молча протянул ему руку и вдруг жалобно, голосом нищего, попросил:

- Узнай ты про Машутку, а? Христа ради!..

- Ладно! - сказал Илья.

Уходя, он облегчённо вздохнул. Просьба Якова узнать о Маше возбудила в нём что-то вроде стыда за своё отношение к Перфишкиной дочери, и он решил сходить к Матице, которая, наверное, знает, как устроилась Машутка.

Он шёл по направлению к трактиру Филимонова, а в душе его одна за другой возникали мечты о будущем. Оно улыбалось ему, и, охваченный думами о нём, он незаметно для себя прошёл мимо трактира, а когда увидал это, то уже не захотел воротиться назад. Он вышел за город: широко развернулось поле, ограждённое вдали тёмной стеной леса. Заходило солнце, на молодой зелени дёрна лежал розоватый отблеск. Илья шёл, подняв голову кверху, и смотрел в небо, в даль, где красноватые облака, неподвижно стоя над землей, пылали в солнечных лучах. Ему было приятно идти: каждый шаг вперёд, каждый глоток воздуха родил в душе его новую мечту. Он представлял себя богатым, властным, разоряющим Петруху Филимонова. Он разорил уже его, и вот Петруха стоит и плачется, а он, Илья Лунёв, говорит ему:

"Пожалеть тебя? А ты - жалел кого-нибудь? Ты сына мучил? Дядю моего в грех втянул? Надо мной издевался? В твоём проклятом доме никто счастлив не был, никто радости не видал. Гнилой твой дом - тюрьма для людей".

Петруха дрожит и стонет в страхе перед ним, - жалкий, подобно нищему. А Илья громит его:

"Сожгу твой дом, потому что он - беда для всех. А ты - ходи по миру, проси жалости у обиженных тобой; до смерти ходи и сдохни с голоду, как собака!.."

Вечерний сумрак окутал поле; лес вдали стал плотно чёрен, как гора. Летучая мышь маленьким тёмным пятном бесшумно мелькала в воздухе, и точно это она сеяла тьму. Далеко на реке был слышен стук колёс парохода по воде; казалось, что где-то далеко летит огромная птица и это её широкие крылья бьют воздух могучими взмахами. Лунёв припомнил всех людей, которые ему мешали жить, и всех их, без пощады, наказал. От этого ему стало ещё приятнее... И один среди поля, отовсюду стиснутый тьмою, он тихо запел...

Но вот в воздухе запахло гнилью, прелым навозом. Илья перестал петь: этот запах пробудил в нём хорошие воспоминания. Он пришёл к месту городских свалок, к оврагу, где рылся с дедушкой Еремеем. Образ старого тряпичника встал в памяти. Илья оглянулся вокруг, стараясь узнать во тьме то место, где старик любил отдыхать с ним. Но этого места не было: должно быть, его завалили мусором. Илья вздохнул, чувствуя, что и в его душе тоже что-то завалено мусором...

"Кабы я не удушил купца, было бы мне теперь совсем хорошо жить..." вдруг подумалось ему. Но вслед за этим в его сердце как будто откликнулся кто-то другой: "Что купец? Он - несчастие моё, а не грех..."

Раздался шум: небольшая собака шмыгнула из-под ног Ильи и с тихим визгом скрылась. Он вздрогнул: пред ним как будто ожила часть ночной тьмы и, застонав, исчезла.

"Всё равно, - думалось ему, - и без купца покоя в сердце не было бы. Сколько обид видел я и себе, и другим! Коли оцарапано сердце, то уж всегда будет болеть..."

Он медленно шагал по краю оврага, ноги его вязли в сору, под ними потрескивали щепки, шуршала бумага. Вот перед ним кусок не засорённой земли узким мысом врезался в овраг; он пошёл по этому мысу и, дойдя до острого конца его, сел там, свесив ноги с обрыва. Воздух здесь был свежее, и, посмотрев вдоль оврага, Илья, увидал вдали стальное пятно реки. На воде, неподвижной, как лёд, тихо вздрагивали огни невидимых судов, один из них двигался в воздухе, точно красная птица. А ещё один, зелёный, зловещий, горел неподвижно, без лучей... У ног Ильи широкая пасть оврага была наполнена густой тьмой, и овраг был - как река, в которой безмолвно текли волны чёрного воздуха. Грусть окутывала сердце Лунёва; он смотрел в овраг и думал: "Было мне хорошо сейчас... улыбнулось, и - нет..." Вспомнилось, как неприязненно говорил с ним сегодня Яков, - стало ещё грустнее от этого... В овраге что-то зашумело: должно быть, ком земли оторвался. Илья вытянул шею и посмотрел вниз, во тьму... Ночная сырость пахнула в лицо его... Он взглянул в небо. Там несмело разгорались звёзды, а из-за леса медленно поднимался большой красноватый шар луны, точно огромный глаз. И, как незадолго перед тем летучая мышь носилась в сумраке, - в душе Ильи быстро замелькали тёмные мысли и воспоминания: они являлись и исчезали без ответа, и всё гуще становилась тьма в душе.

Он долго сидел и думал, поглядывая то в овраг, то в небо. Свет луны, заглянув во тьму оврага, обнажил на склоне его глубокие трещины и кусты. От кустов на землю легли уродливые тени. В небе ничего не было, кроме звёзд и луны. Стало холодно; он встал и, вздрагивая от ночной свежести, медленно пошёл полем на огни города. Думать ему уже не хотелось ни о чём: грудь его была полна в этот час холодной беспечностью и тоскливой пустотой, которую он видел в небе, там, где раньше чувствовал бога.

Он поздно пришёл домой и, в раздумье стоя пред дверью, стеснялся позвонить. В окнах не было огня, - значит, хозяева спали. Ему было совестно беспокоить Татьяну Власьевну: она всегда сама отпирала дверь... Но всё же нужно войти в дом. Лунёв тихонько дёрнул ручку звонка. Почти тотчас дверь отворилась, и пред Ильёй встала тоненькая фигурка хозяйки, одетая в белое.

- Затворяйте скорее! - сказала она каким-то незнакомым Илье голосом. Холодно... я раздета... мужа нет...

- Простите, - пробормотал Лунёв.

- Как вы поздно! Откуда это, а?

Илья запер дверь, обернулся, чтобы ответить, - и встретил перед собой грудь женщины. Она не отступала перед ним, а как будто всё плотнее прижималась к нему. Он тоже не мог отступить: за спиной его была дверь. А она стала смеяться... тихонько так, вздрагивающим смехом. Лунёв поднял руки, осторожно положил их ладонями на её плечи, и руки у него дрожали от робости пред этой женщиной и желания обнять её. Тогда она сама вытянулась кверху, цепко охватила его шею тонкими, горячими руками и сказала звенящим голосом:

- Ты куда шляешься по ночам? Зачем? Это есть для тебя ближе... милый!.. красавец!.. силач!..

Илья, как во сне, ловил её острые поцелуи и пошатывался от судорожных движений гибкого тела. А она, вцепившись в грудь ему, как кошка, всё целовала его. Он схватил её крепкими руками, понёс к себе в комнату и шёл с нею легко, как по воздуху...

Наутро Илья проснулся со страхом в душе.

"Как я теперь Кирику-то в глаза глядеть буду?" - подумал он. Кроме страха пред околоточным, он чувствовал и стыд пред ним.

"Хоть бы зол я был на этого человека или не нравился бы он мне... А то так просто... ни за что обидел я его", - с тревогой думал он, и в душе его шевелилось что-то нехорошее к Татьяне Власьевне. Ему казалось, что Кирик непременно догадается об измене жены.

"И чего она бросилась на меня, как голодная?" - с тяжёлым недоумением спрашивал он себя и тут же почувствовал в сердце приятное щекотание самолюбия. На него обратила внимание настоящая женщина - чистая, образованная, мужняя жена.

"Значит, есть во мне что-то особое, - родилась в нём самодовольная мысль. - Стыдно - стыдно... но ведь я не каменный!.. Не гнать же было мне её..."

Он был молод: ему вспоминались ласки этой женщины, какие-то особенные, ещё незнакомые ему ласки. И он был практик: ему невольно думалось, что эта связь может дать ему множество различных удобств. А вслед за этими мыслями на него тёмной тучей надвигались другие:

"Опять я в угол затискался... Хотел я этого? Уважал ведь бабёнку... никогда дурной мысли о ней не было у меня... ан вышло вон что..."

А потом всю смуту в его душе, все противоречия покрывала собою радостная дума о том, что теперь настоящая, чистая жизнь скоро начнется для него. И снова вторгалась острая мысль: "А всё лучше бы без этого..."

Он нарочно не вставал с постели до поры, пока Автономов не ушёл на службу, и слышал, как околоточный, вкусно причмокивая губами, говорил жене:

- Ты на обед сострой пельмешки, Таня. Побольше свининки положи и, знаешь, поджарь их чуточку. Чтобы они, мамочка, смотрели на меня из тарелки эдакими поросятками розовыми... мм-а! И, голубчик, перчику побольше!

- Ну-ну, иди! Точно я не знаю твоих вкусов... - ласково говорила ему жена.

- Голубчик, Татьянчик, позволь поцелуйчик!

Услыхав звук поцелуя, Лунёв вздрогнул. Ему было и неприятно и смешно.

- Чик! чик! чик! - проговорил Автономов, целуя жену. А она смеялась. Заперев дверь за мужем, она тотчас же вскочила в комнату Ильи и прыгнула к нему на кровать, весело крикнув:

- Целуй скорей, - мне некогда!

Илья угрюмо сказал ей:

- Да ведь вы сейчас мужа целовали...

- Что-о? "Вы"? Да он ревнивый!.. - с удовольствием воскликнула женщина и, со смехом вскочив с кровати, стала занавешивать окно, говоря:
- Ревнивый - это хорошо! Ревнивые любят страстно...

- Я это не от ревности.

- Молчать! - шаловливо скомандовала она, закрывая ему рот рукой...

Потом, когда они нацеловались, Илья, с улыбкой глядя на неё, не утерпев, сказал:

- Ну и храбрая ты - настоящая сорви-голова. Под носом у мужа эдакую штуку затеять!..

Её зеленоватые глаза задорно блеснули, и она воскликнула:

- Очень даже обыкновенно, и совсем ничего нет особенного! Ты думаешь много есть женщин, которые интрижек не заводят? Только одни некрасивые да больные... А хорошенькой женщине всегда хочется роман разыграть...

Целое утро она просвещала Илью, весело рассказывая ему разные истории о том, как женщины обманывают мужей. В переднике и красной кофточке, с засученными рукавами, ловкая и лёгонькая, она птичкой порхала по кухне, приготовляя мужу пельмени, и её звонкий голос почти непрерывно лился в комнату Ильи.

- Ты думаешь - муж! - так этого достаточно для женщины? Муж может очень не нравиться, если даже любишь его. И потом - он ведь тоже никогда не стесняется изменить жене, только бы нашёлся подходящий сюжет... И женщине тоже скучно всю жизнь помнить одно - муж, муж, муж! Пошалить с другим мужчиной - забавно: узнаёшь, какие мужчины бывают и какая между ними разница. Ведь и квас разный: просто квас, баварский квас, можжевеловый, клюковный... И это даже глупо всегда пить просто квас...

Илья слушал, пил чай, и ему казалось, что чай горьковат. В речах этой женщины было что-то неприятно взвизгивающее, новое для него. Он невольно вспомнил Олимпиаду, её густой голос, спокойные жесты, её горячие слова, в которых звучала сила, трогавшая за сердце. Конечно, Олимпиада была женщина необразованная, простая. Оттого, должно быть, она и в бесстыдстве своём была проще... Слушая Татьяну, Илья принуждённо смеялся. Ему было невесело, и смеялся он потому, что не знал, о чём и как говорить с этой женщиной, но слушал её с глубоким интересом и, наконец, задумчиво сказал:

- Не ждал я, что в вашей чистой жизни такие порядки...

- Порядки, милый мой, везде одни. Порядки делают люди, а люди все одного хотят - хорошо жить: спокойно, сытно и удобно, а для этого нужно иметь деньги. Деньги достаются по наследству или по счастью. Кто имеет выигрышные билеты, тот может надеяться на счастье. Красивая женщина имеет выигрышный билет от природы - свою красоту. Красотой можно много взять - о! А кто не имеет богатых родственников, выигрышных билетов и красоты, должен трудиться. Трудиться всю жизнь - это обидно... А вот я тружусь, хотя у меня есть два билета. Но я решила заложить их для тебя на магазин... Два билета - мало! Стряпать пельмени и целовать околоточного в угрях - скучно!.. Вот я и захотела целовать тебя...

Она взглянула на Илью и шаловливо спросила:

- Тебе это не противно?.. Почему ты смотришь так сердито?

Подошла к нему, положила руки на плечи его и с любопытством заглядывала в лицо ему.

- Я не сержусь, - сказал Илья.

Она расхохоталась, вскрикивая сквозь смех:

- Да? Ах... какой ты добрый!..

- Я вот думаю, - медленно выговаривая слова, продолжал Илья, говоришь ты как будто и верно... но как-то нехорошо...

- Ого-о, какой... ёж! Что нехорошо? Ну-ка, объясни?

Но он ничего не мог объяснить. Он сам не понимал, чем недоволен в её словах. Олимпиада говорила гораздо грубее, но она никогда не задевала сердце так неприятно, как эта маленькая, чистенькая птичка. Весь день он упорно думал о странном недовольстве, рождённом в его сердце этой лестной ему связью, и не мог понять - откуда оно?..

Когда он воротился домой - в кухне его встретил Кирик и весело объявил:

- Ну-ну, и настряпала сегодня Танюша! Такие пельмени, - есть жалко и совестно, как совестно было бы живых соловьёв есть... Я, брат, даже тебе тарелку оставил. Снимай с шеи магазин, садись, ешь и - знай наших!

Илья виновато посмотрел на него и тихо засмеялся, сказав:

- Спасибо!

Потом, вздохнув, добавил:

- Хороший вы человек... ей-богу!

- Э, что там? - отмахиваясь от него рукой, воскликнул Кирик. - Тарелка пельменей - пустяк! Нет, братец, будь я полицеймейстером - гм! - вот тогда бы ты мог сказать мне спасибо... о да! Но полицеймейстером я не буду... и службу в полиции брошу... Я, кажется, поступлю доверенным к одному купцу... это получше! Доверенный? Это - шишка!

Жена его, тихо напевая, хлопотала у печки. Илья посмотрел на неё и снова почувствовал неловкость, стеснение. Но постепенно это чувство исчезало в нём под наплывом других впечатлений и новых забот. Думать ему некогда было в эти дни: приходилось много хлопотать об устройстве магазина, о закупке товара. И день ото дня, незаметно для себя, он привыкал к женщине. Как любовница она всё больше нравилась ему, хотя её ласки часто вызывали в нём стыд, даже страх пред нею. И вместе с разговорами её эти ласки потихоньку уничтожали в нём уважение к ней. Каждое утро, проводив мужа на службу, или вечером, когда он уходил в наряд, она звала Илью к себе или приходила в его комнату и рассказывала ему разные житейские истории. Все эти истории были как-то особенно просты, как будто они совершались в стране, населённой жуликами обоего пола, все эти жулики ходили голыми, а любимым их удовольствием был свальный грех.

- Неужто это правда? - угрюмо спрашивал Илья. Ему не хотелось верить её словам, но он чувствовал себя беспомощным против них, не мог их опровергнуть. А она хохотала и, целуя его, убедительно доказывала:

- Начнём сверху: губернатор живёт с женой управляющего казённой палатой, а управляющий - недавно отнял жену у одного из своих чиновников, снял ей квартиру в Собачьем переулке и ездит к ней два раза в неделю совсем открыто. Я её знаю: совсем девчонка, году нет, как замуж вышла. А мужа её в уезд послали податным инспектором. Я и его знаю, - какой он инспектор? Недоучка, дурачок, лакеишка...

Она рассказывала ему о купцах, покупающих девочек-подростков для разврата, о купчихах, которые держат любовников, о том, как барышни из светского общества, забеременев, вытравляют плод.

Илья слушал, и жизнь казалась ему чем-то вроде помойной ямы, в которой люди возятся, как черви.

- Ф-фу! - устало говорил он. - Да чистое-то, настоящее-то есть где-нибудь, скажи?

- Какое - настоящее? - удивлённо спрашивала женщина. - Я говорю о настоящем... Вот чудак! Не выдумала же я сама всё это!

- Я - не про то! Ведь где-нибудь, что-нибудь настоящее... чистое есть или нет?

Она не понимала его и смеялась. Иногда разговор её принимал иной характер. Заглядывая в лицо ему сверкающими жутким огнём зеленоватыми глазами, она спрашивала:

- Скажи мне, как ты в первый раз узнал, что такое женщина?

Этого воспоминания Илья стыдился, оно было противно ему. Он отвёртывался в сторону от клейкого взгляда своей любовницы и глухо, с упрёком говорил:

- Экие пакости спрашиваешь ты... постыдилась бы...

Но она, весело смеясь, снова приставала к нему, и порою рядом с ней Лунёв чувствовал себя обмазанным её зазорными словами, как смолой. А когда она видела на лице Ильи недовольство ею, тоску в глазах его, она смело будила в нём чувство самца и ласками своими заглаживала в нём враждебное ей...

Однажды, придя домой из магазина, где столяры устраивали полки, Илья с удивлением увидал в кухне Матицу. Она сидела у стола, положив на него свои большие руки, и разговаривала с хозяйкой, стоявшей у печки.

- Вот, - сказала Татьяна Власьевна, с улыбкой кивая головой на Матицу, - эта дама ждёт вас... давно уже!..

- Добрый вечир! - сказала дама, тяжело поднимаясь со скамьи.

- Ба! - вскричал Илья. - Жива ещё?

- Гнилу колоду и свиня не зъист... - густо ответила Матица.

Илья давно не видел её и теперь смотрел на Матицу со смесью удовольствия и жалости. Она была одета в дырявое платье из бумазеи, её голову покрывал рыжий от старости платок, а ноги были босы. Едва передвигая их по полу, упираясь руками в стены, она медленно ввалилась в комнату Ильи и грузно села на стул, говоря сиплым, деревянным голосом:

- Скоро околею... Ноги отнимаются... а отнимутся - нельзя буде корму искать... тогда мне смерть...

Лицо у неё страшно распухло, сплошь покрыто тёмными пятнами, огромные глаза затекли в опухолях и стали узенькими.

- Что на рожу мою смотришь? - сказала она Илье. - Думаешь, бита? Ни, то болезнь меня ест...

- Как живёшь? - спросил Илья.

- На папертях грошики собираю... - гудела Матица равнодушно, как труба. - За делом к тебе пришла. Узнала от Перфишки, что у чиновника живёшь ты, и пришла...

- Чаем тебя напоить? - предложил Лунёв. Ему неприятно было слушать голос Матицы и смотреть на её заживо гниющее, большое, дряблое тело.

- Пускай черти хвосты себе моют тем твоим чаем... Ты пятак дай мне... А пришла я до тебя - зачем, спроси?

Говорить ей было трудно, дышала она коротко, и от неё удушливо пахло.

- Зачем? - спросил Илья, отвернувшись от неё в сторону и вспоминая, как он обидел её однажды...

- Марильку помнишь? Заел свою память!.. Богач стал...

- Что она... как живёт? - торопливо спросил Илья. Матица медленно закачала головой и кратко сказала:

- Ещё не задавилась...

- Да ты говори прямо! - сердито крикнул Илья. - Чего меня укоряешь? Сама же за трёшницу продала её...

- Я не тебя - я себя корю... - спокойно возразила женщина и, задыхаясь, начала рассказывать о Маше.

Старик-муж ревнует и мучает Машу. Он никуда, даже в лавку, не выпускает её; Маша сидит в комнате с детьми и, не спросясь у старика, не может выйти даже на двор. Детей старик кому-то отдал и живёт один с Машей. Он издевается над нею за то, что первая жена обманывала его... и дети - оба - не от него. Маша уже дважды убегала от него, но полиция возвращала её мужу, а он её щипал за это и голодом морил.

- Да, устроила ты с Перфишкой дельце! - хмуро сказал Илья.

- Я думала - так лучше, - деревянным голосом проговорила баба. - А надо было сделать как хуже... Надо бы её тогда богатому продать... Он дал бы ей квартиру и одёжу и всё... Она потом прогнала бы его и жила... Многие живут так... от старика...

- Ну, - а пришла ты зачем? - спросил Илья.

- А живёшь ты у полицейского... Вот они всё ловят её... Скажи ему, чтоб не ловили... Пусть бежит! Может, она и убежит куда... Разве уж некуда бежать человеку?

Илья задумался. Что он может сделать для Маши?..

Матица поднялась со стула, осторожно двигая ногами.

153

- Прощай!.. Скоро я подохну... - бормотала она. - Спасибо тебе... чистяк! богач!..

Когда она вывалилась из двери кухни, в комнату Ильи вбежала хозяйка и, обняв его, спросила, смеясь:

- Это - твоя первая любовь, да?

Илья развел руки своей любовницы, крепко охватившие его шею, и угрюмо проговорил:

- Едва ноги таскает, а... хлопочет о том, кого любит...

- Кого она любит? - спрашивала женщина, с удивлением и любопытством разглядывая озабоченное лицо Ильи.

- Погоди, Татьяна, - сказал Илья, - погоди! Не шути...

Он кратко рассказал ей о Маше и спросил:

- Что тут делать?

- Делать тут нечего! - передёрнув плечиками, ответила Татьяна Власьевна. - По закону жена принадлежит мужу, и никто не имеет права отнимать её у него...

С важностью человека, которому хорошо известны законы и который убеждён в их незыблемости, Автономова долго говорила Илье о том, что Маше нужно подчиниться требованиям мужа.

- Пусть подождёт. Он - старый, скоро умрёт, тогда она будет свободна, всё его имущество отойдёт к ней... И ты женишься на молодой вдовушке с состоянием... да?

Она засмеялась и снова серьёзно продолжала поучать Илью:

- Но будет лучше, если ты прекратишь сношения с твоими старыми знакомыми. Теперь они уже не пара тебе... и даже могут сконфузить тебя. Все они - грязные, грубые... например, этот, который занимал денег у тебя? Худой такой?.. Злые глаза?..

- Грачёв...

- Ну да... Какие у простолюдинов смешные птичьи фамилии: Грачёв, Лунёв, Петухов, Скворцов. В нашем кругу и фамилии лучше, красивее: Автономов! Корсаков! Мой отец - Флорианов! А когда я была девушкой, за мной ухаживал кандидат на судебные должности Глориантов... Однажды, на катке, он снял с ноги у меня подвязку и пригрозил, что устроит мне скандал, если я сама не приду к нему за ней...

Илья слушал её рассказы и тоже вспоминал о своём прошлом, ощущая в душе невидимые нити, крепко связывавшие её с домом Петрухи Филимонова. И ему казалось, что этот дом всегда будет мешать ему жить спокойно...

Наконец, мечта Ильи Лунёва осуществилась.

Полный спокойной радости, он стоял с утра до вечера за прилавком своего магазина и любовался им. Вокруг на полках красовались аккуратно расставленные коробки и картоны; в окне он устроил выставку, разложив

154

на нём блестящие пряжки, кошельки, мыла, пуговицы, развесив яркие ленты, кружева. Всё это было яркое, лёгкое. Солидный и красивый, он встречал покупателей вежливым поклоном и ловко разбрасывал пред ними по прилавку товар. В шелесте кружев и лент он слышал приятную музыку, девушки-швейки, прибегавшие купить у него на несколько копеек, казались ему красивыми и милыми. Жизнь стала приятной, лёгкой, явился какой-то простой, ясный смысл, а прошлое как бы туман задёрнул. И ни о чём не думалось, кроме торговли, товара, покупателей... Илья взял для услуг себе мальчика, одел его в серую курточку и внимательно следил за тем, чтобы мальчик умывался тщательно, как можно чище.

- Мы с тобой, Гаврик, торгуем товаром нежным, - говорил он ему, - и должны быть чистыми...

Гаврик - человек лет двенадцати от роду, полный, немножко рябой, курносый, с маленькими серыми глазами и подвижным личиком. Он только что кончил учиться в городской школе и считал себя человеком взрослым, серьёзным. Его тоже занимала служба в маленьком, чистом магазине; он с удовольствием возился с коробками и картонками и старался относиться к покупателям так же вежливо, как хозяин.

Илья смотрел на него, вспоминая себя в рыбной лавке купца Строганого. И, чувствуя к мальчику какое-то особенное расположение, он ласково шутил и разговаривал с ним, когда в лавке не было покупателей.

- Чтобы тебе не скучно было, ты, Гаврик, когда свободно, книжки читай, - советовал он своему сотруднику. - За книжкой время незаметно идёт, а читать приятно...

Лунёв ко всем людям стал относиться мягко, внимательно и улыбался улыбкой, которая как бы говорила: "Повезло мне, знаете... Но - вы потерпите! Наверное, и вам вскорости повезёт..."

Открывая свой магазин в семь часов утра, он запирал его в девять. Покупателей было немного, и Лунёв, сидя у двери на стуле, грелся в лучах весеннего солнца и отдыхал, ни о чём не думая, ничего не желая. Гаврик сидел тут же в двери, наблюдал за прохожими, передразнивая их, подманивал к себе собак, лукал камнями в голубей и воробьёв или, возбуждённо шмыгая носом, читал книжку. Иногда хозяин заставлял его читать вслух, но чтение не интересовало его: он прислушивался к тишине и покою и своей душе. Эту тишину он слушал с наслаждением, упивался ею, она была нова для него и невыразимо приятна. Но порою сладостная полнота чем-то нарушалась. Это было странное, едва уловимое предчувствие тревоги; оно не колебало покоя души, а только касалось его легко, как тень.

Тогда Илья начинал разговаривать с мальчиком.

- Гаврик! У тебя отец чем занимается?

155

- Почтальон, письма носит...

- А семья большая у вас?

- Больша-ая! Нас множество. Которые - большие, а которые ещё маленькие.

- Маленьких сколько?

- Пять. Да больших - трое... Большие уже все на местах: я - у вас, Василий - в Сибири, на телеграфе служит, а Сонька - уроки даёт. Она здорово! Рублей по двенадцати в месяц приносит. А то есть ещё Мишка... Он - так себе... Он старше меня... учится в гимназии...

- Стало быть, больших-то не трое, а четверо...

- Ну как же? - воскликнул Гаврик и поучительно добавил: - Мишка только учится ещё... А большой - который уж работает.

- Бедно живёте?

- А конечно! - спокойно ответил Гаврик и громко втянул носом воздух. Потом он начинал рассказывать Илье о своих планах в будущем.

- Вырасту - в солдаты пойду. Тогда будет война... Вот я на войну и закачу. Я - храбрый... Сейчас это впереди всех на неприятеля брошусь и отниму знамя... Дядя мой отнял этак-то, - так ему генерал Гурко крест дал и пять целковых...

Илья улыбался, глядя на рябое лицо и широкий, постоянно вздрагивающий нос. Вечером, закрыв магазин, Илья уходил в маленькую комнатку за прилавком. Там на столе уже кипел самовар, приготовленный мальчиком, лежал хлеб, колбаса. Гаврик выпивал стакан чаю с хлебом и уходил в магазин спать, а Илья сидел за самоваром долго, иногда часа два кряду.

Два стула, стол, постель и шкаф с посудой составляли убранство нового жилища Ильи. Комната была узкая, низенькая, с квадратным окном, из которого было видно ноги людей, проходивших мимо него, крышу дома на противоположной стороне улицы и небо над крышей. На окно он повесил белую занавеску из кисеи. С улицы окно заграждала железная решётка, она очень не нравилась Илье. А над постелью он повесил картину "Ступени человеческого века". Эта картина нравилась Илье, и он давно хотел купить её, но почему-то до открытия магазина не покупал, хотя она стоила всего гривенник.

"Ступени человеческого века" были расположены по арке, а под нею был изображён рай. В нём Саваоф, окружённый сиянием и цветами, разговаривал с Адамом и Евой. Всех ступеней было семнадцать. На первой из них стоял ребёнок, поддерживаемый матерью, и было подписано красными буквами: "Первые шаги". На второй - ребёнок, приплясывая, бил в барабан, а подпись под ним гласила: "5 лет, - играет". Семи лет его "начали учить", десяти - он "ходит в школу", двадцати одного года - он стоит на ступеньке с ружьём в руках и с улыбкой на лице, - подписано:

"Отбывает воинскую повинность". На следующей ступени ему двадцать пять лет: он во фраке, со складной шляпой в руке и с букетом цветов в другой, - "жених". Потом у него выросла борода, он надел длинный сюртук с розовым галстухом и, стоя рядом с толстой женщиной в жёлтом платье, крепко жмёт ей руки. Дальше человеку исполнилось тридцать пять лет: в рубахе, с засученными рукавами, он, стоя у наковальни, куёт железо. На вершине лестницы он сидит в красном кресле, читает газету, а четверо детей и жена слушают его. И сам он и его семья одеты прилично, чисто, лица у всех здоровые, довольные. В эту пору человеку пятьдесят лет. Но вот ступеньки опускаются книзу: борода у человека уже седая, он одет в длинный жёлтый кафтан, в руках у него кулёк с рыбой и кувшин с чем-то. Под этой ступенькой подписано: "Домашний труд"; на следующей - человек нянчит своего внука; ниже - его "водят", ибо ему уже восемьдесят лет, а на последней ступеньке - девяноста пяти лет от роду - он сидит в кресле, поставив ноги в гроб, и за креслом его стоит смерть с косой в руках...

Сидя за самоваром, Илья поглядывал на картину, и ему было приятно видеть жизнь человека, размеренную так аккуратно и просто. От картины веяло спокойствием, яркие краски её улыбались, словно уверяя, что ими мудро написана, для примера людям, настоящая жизнь, именно так написана, как она и должна идти. Рассматривая это изображение человеческой жизни, Лунёв думал о том, что вот достиг он, чего желал, и теперь жизнь его должна пойти так же аккуратно, как на картине. Будет она подниматься вверх, и на самом верху, когда он накопит достаточно денег, он женится на скромной, грамотной девушке...

Самовар уныло курлыкал и посвистывал. Сквозь стекло окна и кисею занавески в лицо Ильи тускло смотрело небо, и звёзды на нём были едва видны. В блеске звёзд небесных всегда есть что-то беспокойное...

Самовар свистит тише, но пронзительнее. Этот тонкий звук надоедливо лезет в уши, - он похож на писк комара и беспокоит, путает мысли. Но закрыть трубу самовара крышкой Илье не хочется: когда самовар перестаёт свистеть, в комнате становится слишком тихо... На новой квартире у Лунёва появились неизведанные до этой поры им ощущения. Раньше он жил всегда рядом с людьми - его отделяли от них тонкие деревянные переборки, - а теперь отгородился каменными стенами и не чувствовал за ними людей.

"Зачем надо умирать?" - вдруг спрашивает себя Лунёв, глядя на человека, нисходящего с вершины благополучия в могилу... И ему вспоминается Яков Филимонов, постоянно думающий о смерти, и слова Якова: "Интересно умереть..."

Илья неприязненно отталкивает от себя эти воспоминания, старается отвернуться от них куда-нибудь в сторону.

157

"Как-то поживает Павел с Верой?" - возникает у него новый ненужный вопрос.

По улице едет извозчик. Стёкла в окнах вздрагивают от шума колёс о камни мостовой, лампа трясётся. Потом в магазине раздаются какие-то странные звуки... Это Гаврик бормочет во сне. Густая тьма в углу комнаты тоже как будто колеблется. Илья сидит, облокотясь на стол, и, сжимая виски ладонями, разглядывает картину. Рядом с господом Саваофом стоит благообразный лев, по земле ползёт черепаха, идёт барсук, прыгает лягушка, а дерево познания добра и зла украшено огромными цветами, красными, как кровь. Старик, с ногами в гробу, похож на купца Полуэктова, - такой же лысый и худенький, и шея у него такая же тонкая... Глухой звук шагов раздаётся на улице: мимо магазина по тротуару кто-то идёт, торопясь. Самовар погас, и теперь в комнате так тихо, что кажется - и воздух в ней застыл, сгустился до плотности её стен...

Воспоминание о купце не тревожило Илью, и вообще думы не беспокоили его, - они мягко, осторожно стесняли его душу, окутывая её, как облако луну. От них краски на картине "Ступени человеческого века" немного блекли: на ней как бы являлось пятно. Всегда вслед за мыслью об убийстве Полуэктова Лунёв спокойно думал, что ведь в жизни должна быть справедливость, значит, рано или поздно человек будет наказан за грех свой. Но, подумав так, он зорко присматривался в тёмный угол комнаты, где было особенно тихо и тьма как будто хотела принять некую определённую форму... Потом Илья раздевался, ложился в постель и гасил лампу. Гасил он её не сразу, а сначала вертел вверх и вниз винтик, двигавший фитиль. Огонь в лампе то почти исчезал, то появлялся вновь, тьма прыгала вокруг кровати, бросаясь к ней отовсюду, снова отскакивая в углы комнаты. Илья следил, как неощутимые чёрные волны пытаются залить его, и долго играл так, широко раскрытыми глазами прощупывая тьму, точно ожидая поймать в ней взглядом что-то... Наконец, огонь, вздрогнув последний раз, исчезал, тьма на момент заливала собою всю комнату и как будто колебалась, ещё не успев успокоиться от борьбы со светом. Вот из неё выступало пред глазами Ильи тускло-голубоватое пятно окна. Если ночь была лунная, на стол и на пол падали чёрные полоски теней от железной решётки за окном. В комнате становилось так напряжённо тихо, что казалось, если сильно вздохнуть, всё в ней дрогнет. Лунёв плотно закутывался в одеяло, особенно тщательно окутывал шею и, оставив открытым лицо, смотрел в сумрак комнаты до поры, пока сон не одолевал. Поутру он просыпался бодрый, спокойный, и ему было почти стыдно при воспоминании о вчерашних глупостях. Пил с Гавриком чай и осматривал свой магазин, как что-то новое. Иногда к нему забегал с работы Павел, весь измазанный грязью, салом, в прожжённой блузе, с

158

чёрным от копоти лицом. Он снова работал у водопроводчика, таскал с собою котелок с оловом, свинцовые трубы, паяльники. Он всегда торопился домой, а если Илья уговаривал его посидеть, Павел со смущённой улыбкой говорил:

- Не могу! Я, брат, так себя чувствую, как будто у меня дома жар-птица, - а клетка-то для неё слаба. Целые дни одна она там сидит... и кто её знает, о чём думает? Житьё ей серое наступило... я это очень хорошо понимаю... Если б ребёнок был...

И Грачев тяжело вздыхал... Однажды он сумрачно сказал товарищу:

- Отвёл я всю воду своему огороду, да не потопила бы, боюсь.

Другой раз на вопрос Ильи - пишет ли он стихи? - Грачёв, усмехаясь, молвил:

- Пальцем в небе... Э, ну их ко всем чертям! Куда уж нам лаптем щи хлебать!.. Я, брат, теперь всем корпусом сел на мель. Ни искры в голове, ни искорки! Всё про неё думаю... Работаю - паять начну - всё льются в голову, подобно олову, мечты о ней... Вот тебе и стихи... ха-ха!.. Положим, - тому и честь, кто во всём - весь... Н-да, тяжело ей...

- А тебе? - спросил Илья.

- И мне - оттого тяжело... К веселью она привыкла... вот что! Всё о деньгах мечтает. "Если б, говорит, денег хватить где-нибудь - сразу бы всё перевернулось... Дура, говорит, я: надо бы мне какого-нибудь купчика обворовать..." Вообще - ерунду говорит. Из жалости ко мне всё... я понимаю... Тяжело ей...

Павел вдруг обеспокоился и убежал.

Часто заходил к Илье оборванный, полуголый сапожник с неразлучной гармонией подмышкой. Он рассказывал о событиях в доме Филимонова, о Якове. Тощий, грязный и растрёпанный Перфишка жался в двери магазина и, улыбаясь всем лицом, сыпал свои прибаутки.

- Женился Петруха, жена его - как свёкла, а пасынок - морковь! Целый огород, ей-богу! Жена - толстая, коротенькая, красная, рожа у неё трёхэтажная. Три подбородка человек имеет, а рот - всё-таки один. Глазёнки - как у благородной свиньи: маленькие и вверх не видят. Сын у неё - жёлтый, длинный и в очках. Листократ! Зовут его Савва, говорит гнусаво, при матери - блажен муж, а без неё - вскую шаташася языцы... Ка-ам-пания - моё почтение! Яшутка теперь такой вид имеет, словно в щель забиться хочет, на манер испуганного таракана. Пьёт, сердяга, потихоньку да кашляет во всю мочь. Видно, папенька печёнки-то ему повредил как следует! Едят его. Парень мягкий, - не подавятся сожрут... Дядя твой письмо прислал из Киева... По-моему - напрасно он старается: горбатого в рай не пустят, я думаю!.. А у Матицы ноги совсем отвалились: в тележке ездит. Наняла слепого из половины, впрягла его и правит им, как лошадью, - смехота! Кормится всё-таки. Хорошая она баба, я скажу! То есть, ежели бы у меня не такая удивительная жена была, я бы на этой самой Матице необходимо женился! Я прямо скажу: на всей земле только и есть две бабы настоящие - с сердцем, - моя жена да Матица... Конечно, она пьянствует, но хороший человек всегда пьяница...

- А Машутка? - напомнил ему Илья.

При напоминании о дочери прибаутки и улыбки исчезали у сапожника, точно ветер осенний сухие листья с дерева срывал. Жёлтое лицо его вытягивалось, он сконфуженным, тихим голосом говорил:

- Мне про неё ничего не известно... Хренов прямо сказал мне: "И мимо не ходи, а то я её изувечу!.." Пожертвуй, Илья Яковлевич, на построение косушки или шкалика сооружение!..

- Пропадаешь ты, Перфилий, - сказал Илья с сожалением.

- Окончательно пропадаю, - спокойно согласился сапожник. - Многие обо мне, когда помру, пожалеть должны! - уверенно продолжал он. - Потому весёлый я человек, люблю людей смешить! Все они: ах да ох, грех да бог, - а я им песенки пою да посмеиваюсь. И на грош согреши - помрёшь, и на тысячи издохнешь, а черти всех одинаково мучить будут... Надо и весёлому человеку жить на земле...

Смеясь и балагуря, задорный, похожий на старого, ощипанного чижа, он исчезал, а Илья, проводив его, с улыбкой покачивал головой. Чувствуя, что ему жалко Перфишку, он понимал ненужность этой жалости и видел, что она мешает ему. Прошлое было недалеко сзади Лунёва, и всё, напоминавшее ему о прошлом, будило в нём беспокойное чувство. Он был похож на человека, который устал и, отдыхая, сладко дремлет, а осенние мухи назойливо гудят над его ухом и мешают ему отдохнуть. Разговаривая с Павлом или слушая рассказы Перфишки, Илья сочувственно улыбался, покачивал головой и ждал, когда они уйдут. Иногда ему становилось грустно и неловко слушать речи Павла; в такие моменты он торопливо и упрямо предлагал ему денег и, разводя руками, говорил:

- Чем иным помочь могу?.. Посоветовал бы: брось Веру...

- Бросить её нельзя, - тихо говорил Павел. - Бросают, что не нужно. А она мне нужна... Её у меня вырывают, - вот в чём дело... И может, я не душой люблю её, а злостью, обидой люблю. Она в моей жизни - весь мой кусок счастья. Неужто отдать её? Что же мне-то останется?.. Не уступлю, - врут! Убью, а не отдам.

Сухое лицо Грачёва покрывалось красными пятнами, и он крепко стискивал кулаки.

- Разве замечаешь, что похаживают около неё? - задумчиво спросил Илья.

- Этого не видно...

- Про кого же говоришь: вырывают?

160

- А есть такая сила, которая вырвать её хочет из моих рук... Эх, дьявол! Отец мой из-за бабы погиб и мне, видно, ту же долю оставил...

- Никак нельзя тебе помочь! - сказал Лунёв и почувствовал при этом какое-то удовлетворение. Павла ему было жалко ещё более, чем Перфишку, и, когда Грачёв говорил злобно, в груди Ильи тоже закипала злоба против кого-то. Но врага, наносящего обиду, врага, который комкал жизнь Павла, налицо не было, - он был невидим. И Лунёв снова чувствовал, что его злоба так же не нужна, как и жалость, - как почти все его чувства к другим людям. Все это были лишние, бесполезные чувства. А Павел, хмурясь, говорил:

- Я знаю - помочь мне нельзя...

И, глядя в лицо товарища, он с твёрдой и зловещей уверенностью продолжал:

- Вот ты забрался в уголок и - сиди смирно... Но я тебе скажу - уж кто-нибудь ночей не спит, соображает, как бы тебя отсюда вон швырнуть... Вышибут!.. А то - сам всё бросишь...

- Как же, брошу, дожидайся! - смеясь, сказал Илья. Но Грачёв стоял на своём. Он, зорко посматривая в лицо товарища, настойчиво убеждал его:

- А я тебе говорю - бросишь. Не такой у тебя характер, чтобы всю жизнь смирно в тёмной дыре сидеть. И уж наверно - или запьянствуешь ты, или разоришься... что-нибудь должно произойти с тобой...

- Да почему? - с удивлением воскликнул Лунёв.

- Так уж. Нейдёт тебе спокойно жить... Ты парень хороший, с душой... Есть такие люди: всю жизнь живут крепко, никогда не хворают и вдруг сразу хлоп!

- Что - хлоп?

- Упал, да и умер...

Илья засмеялся, потянувшись, расправил крепкие мускулы и глубоко, во всю силу груди, вздохнул.

- Чепуха всё это! - сказал он.

Но вечером, сидя за самоваром, он невольно вспомнил слова Грачёва и задумался о деловых отношениях с Автономовой. Обрадованный её предложением открыть магазин, он соглашался на всё, что ему предлагали. И теперь ему вдруг стало ясно, что хотя он вложил в дело больше её, однако он скорее приказчик на отчёте, чем компаньон. Это открытие поразило и взбесило его.

"Ага! Так ты меня затем крепко обнимаешь, чтобы в карман мне незаметно залезть?" - мысленно говорил он Татьяне Власьевне. И тут же решил, пустив в оборот все свои деньги, выкупить магазин у сожительницы, порвать связь с нею. Решить это ему было легко. Татьяна Власьевна и раньше казалась ему лишней в его жизни, и за последнее время она становилась даже тяжела ему. Он не мог привыкнуть к её ласкам и однажды прямо в глаза сказал ей:

- Экая ты, Танька, бесстыдница...

Она только расхохоталась в ответ ему.

Она по прежнему всё рассказывала ему о жизни людей её круга, и однажды Илья заметил:

- Коли всё это ты правду говоришь, Татьяна, так ваша порядочная жизнь ни к чёрту не годится!

- Почему это? Весело! - сказала Автономова, пожав плечиками.

- Велико веселье! Днём - одно крохоборство, а ночью - разврат...

- Какой ты наивный! - смеясь, воскликнула Татьяна Власьевна.

И вновь расхваливая пред ним чистую, мещански приличную, удобную жизнь, вскрывала её жестокость и грязь.

- Да разве это хорошо? - спрашивал Илья.

- Вот забавный человек! Я не говорю, что это хорошо, но если бы этого не было - было бы скучно!

Иногда она учила его:

- Тебе пора бросить эти ситцевые рубашки: порядочный человек должен носить полотняное бельё... Ты, пожалуйста, слушай, как я произношу слова, и учись. Нельзя говорить - тыща, надо - тысяча! И не говори - коли, надо говорить - если. Коли, теперя, сёдни - это всё мужицкие выражения, а ты уже не мужик.

Всё чаще она указывала ему разницу между ним, мужиком, и ею, женщиной образованной, и нередко эти указания обижали Илью. Живя с Олимпиадой, он иногда чувствовал, что эта женщина близка ему как товарищ. Татьяна Власьевна никогда не вызывала в нём товарищеского чувства; он видел, что она интереснее Олимпиады, но совершенно утратил уважение к ней. Живя на квартире у Автономовых, он иногда слышал, как Татьяна Власьевна, перед тем как лечь спать, молилась богу:

- "Отче наш, иже еси на небесех... - раздавался за переборкой её громкий, торопливый шёпот. - Хлеб наш насущный даждь нам днесь и остави нам долги наша..." Киря! встань и притвори дверь в кухню: мне дует в ноги...

- Зачем ты становишься коленями на голый пол? - лениво спрашивал Кирик.

- Оставь, не мешай мне!..

И снова Илья слышал быстрый, озабоченный шёпот:

- Упокой, господи, раба твоего Власа, Николая, схимонаха Мардария... рабу твою Евдокию, Марию, помяни, господи, о здравии Татиану, Кирика, Серафиму...

Торопливость её молитвы не нравилась Илье: он ясно понимал, что человек молится не по желанию, а по привычке.

- Ты, Татьяна, веришь в бога? - спросил он её однажды.

- Вот вопрос! - воскликнула она с удивлением. - Разумеется, верю! Почему ты спрашиваешь?

- Так... Больно ты всегда торопишься отделаться от него... - сказал Илья с улыбкой.

- Во-первых: не нужно говорить - больно, когда можно сказать - очень! А во-вторых: я так устаю за день, что бог не может не простить мне моей небрежности...

И, мечтательно подняв глаза кверху, она добавила с уверенностью:

- Он - всё простит. Он - милостив...

"Только затем он вам и нужен, чтобы было у кого прощенья просить", зло подумал Илья и вспомнил: Олимпиада молилась долго и молча. Она вставала пред образами на колени, опускала голову и так стояла неподвижно, точно окаменевшая... Лицо у неё в эти минуты было убитое, строгое.

Когда Лунёв понял, что в деле с магазином Татьяна Власьевна ловко обошла его, он почувствовал что-то похожее на отвращение к ней.

"Кабы она была мне чужой человек, - ну, пускай! - думалось ему. - Все стараются друг друга обманывать... Но ведь она - вроде жены... целует, ласкает... Кошка поганая! Эдак-то только гулящие девки делают... да и то не все..." Он стал относиться к ней сухо, подозрительно и под разными предлогами отказывался от свиданий с нею. В это время пред ним явилась ещё женщина - сестра Гаврика, иногда забегавшая в лавочку посмотреть на брата. Высокая, тонкая и стройная, она была некрасива, и, хотя Гаврик сообщил, что ей девятнадцать лет, Илье она казалась гораздо старше. Лицо у неё было длинное, жёлтое, истощённое; высокий лоб прорезывали тонкие морщины. Широкие ноздри утиного носа казались гневно раздутыми, тонкие губы маленького рта плотно сложены. Говорила она отчётливо, но как будто сквозь зубы, неохотно; походка у неё быстрая, и ходила она высоко подняв голову, точно хвастаясь некрасивым лицом. А может быть, голову ей оттягивала назад толстая и длинная коса тёмных волос... Большие чёрные глаза этой девушки смотрели строго и серьёзно, и все черты лица, сливаясь вместе, придавали её высокой фигуре что-то прямое и непреклонное. Лунёв чувствовал пред нею робость; она казалась ему гордой и внушала почтение к себе. Всякий раз, когда она являлась в лавке, он вежливо подавал ей стул, приглашая:

- Присядьте, пожалуйста!

- Благодарю! - кратко говорила она и, кивая ему головой, садилась. Лунёв украдкой рассматривал её лицо, резко отличное от всех женских лиц, которые он видел до сей поры, её коричневое платье, очень поношенное, её башмаки с заплатками и жёлтую соломенную шляпу. Она сидела, разговаривая с братом, и длинные пальцы её правой руки всегда

163

выбивали на её колене быструю, неслышную дробь. А левой рукой она раскачивала в воздухе ремни с книгами. Илье было странно видеть гордой девушку, так плохо одетую. Просидев в лавке две-три минуты, она говорила брату:

- Ну, прощай! Не очень шали...

И, молча кивнув головой хозяину лавки, уходила походкой храброго солдата, идущего на приступ.

- Какая у тебя сестра-то строгая! - сказал однажды Лунёв Гаврику.

Гаврик наморщил нос, дико вытаращил глаза, оттопырил губы, и от этого лицо его приняло карикатурно стремительное выражение, очень удачно напоминавшее лицо его сестры. Потом он с улыбкой объяснил Илье:

- Вот она какая... Только она это притворяется...

- Зачем же ей притворяться?

- Так уж, - любит! Я тоже - какую захочу скорчить рожицу, такую и скорчу...

Девушка сильно заинтересовала Илью, и, как раньше о Татьяне Власьевне, он думал о ней:

"Вот на такой бы жениться..."

Однажды она принесла с собой толстую книгу и сказала брату:

- На, читай...

- Что такое, позвольте взглянуть? - вежливо спросил Илья.

Она взяла книгу из рук брата и подала Лунёву, говоря:

- Дон-Кихот... История одного доброго рыцаря...

- А! Про рыцарей я много читал, - с любезной улыбкой сказал Илья, взглянув ей в лицо. У неё дрогнули брови, и она торопливо, сухим голосом заговорила:

- Вы читали сказки, а это прекрасная, умная книга. В ней описан человек, который посвятил себя защите несчастных, угнетённых несправедливостью людей... человек этот всегда был готов пожертвовать своей жизнью ради счастья других, - понимаете? Книга написана в смешном духе... но этого требовали условия времени, в которое она писалась... Читать её нужно серьёзно, внимательно...

- Так мы и почитаем, - сказал Илья.

Первый раз девушка говорила с ним; он чувствовал от этого какое-то особенное удовольствие и улыбался. Но она, взглянув на его лицо, сухо проговорила:

- Не думаю, что это понравится вам...

И ушла. Илье показалось, что слово "вам" она произнесла как-то особенно ясно. Это задело его, и он сердито сказал Гаврику, разглядывавшему картинки в книге:

- Ну, теперь читать не время...

164

- Да ведь покупателей нет? - возразил Гаврик, не закрывая книги. Илья посмотрел на него и промолчал. В памяти его звучали слова девушки о книге. А о самой девушке он с неудовольствием в сердце думал:

"Какая... фря!"

Время шло. Илья стоял за прилавком и, покручивая усы, торговал, но ему стало казаться, что дни идут медленно. Иногда у него возникало желание запереть лавку и пойти куда-нибудь гулять, но он знал, что это отразилось бы на торговле, и не ходил. Уходить вечером тоже было неудобно: Гаврик боялся оставаться один в магазине, да и опасно было оставлять магазин на него: он мог нечаянно поджечь или пустить какого-нибудь жулика. Торговля шла недурно; Илья подумывал о том, что, пожалуй, придётся нанять помощника. Связь с Автономовой постепенно ослабевала сама собой, и Татьяна Власьевна тоже как будто не имела ничего против этого. Она весело посмеивалась и очень тщательно проверяла книгу дневного оборота. И, когда она, сидя в комнате Ильи, щёлкала косточками счётов, он чувствовал, что эта женщина с птичьим лицом противна ему. Но иногда она являлась к нему весёлая, бойкая, шутила и, задорно играя глазами, называла Илью компаньоном. Он увлекался, и возобновлялось то, что он называл про себя поганой канителью. Заходил Кирик, разваливался на стуле у прилавка и балагурил со швейками, если они приходили при нём. Он уже снял с себя полицейскую форму, носил костюм из чечунчи и хвастался своими успехами на службе у купца.

- Шестьдесят рублей жалованья и столько же наживаю, - недурно, а? Наживаю осторожно, законно... Квартиру мы переменили, - слышал? Теперь у нас миленькая квартирка. Наняли кухарку, - велика-а-лепно готовит, бестия! С осени начнём принимать знакомых, будем играть в карты... приятно, чёрт возьми! Весело проведёшь время, и можно выиграть... нас двое играют, я и жена, кто-нибудь один всегда выигрывает! А выигрыш окупает приём гостей, хо-хо, душа моя! Вот что называется дешёвая и приятная жизнь!..

Он расплывался на стуле, закуривал папиросу и, попыхивая дымом, продолжал, понизив голос:

- Ездил я, братец, в деревню недавно, - слышал? И я тебе скажу: девочки там - такие - фью! Знаешь, - дочери природы эдакие... ядрёные, знаешь, не уколупнёшь её, шельму... И всё это дёшево, чёрт меня побери! Скляницу наливки, фунт пряников, и - твоя!

Лунёв слушал и молчал. Он почему-то жалел Кирика, жалел, не отдавая себе отчёта, за что именно жаль ему этого толстого и недалёкого парня? И в то же время почти всегда ему хотелось смеяться при виде Автономова. Он не верил рассказам Кирика об его деревенских похождениях: ему казалось, что Кирик хвастает, говорит с чужих слов. А находясь в дурном настроении, он, слушая речи его, думал:

"Крохобор!"

- Да-а, братец, великолепно это - заняться амуром на лоне природы, под сенью кущ, как выражаются в книжках.

- А если Татьяна Власьевна узнает? - спросил Илья.

- Она этого не захочет узнать, братец, - лукаво подмигивая ему, ответил Кирик. - Она знает, что ей это не нужно знать! Мужчина есть петух по природе своей... Ну, а ты, братец, как - имеешь даму сердца?

- Грешен! - усмехаясь, сказал Илья.

- Швеечку? Да? Эдакую брюнеточку?..

- Нет, не швейку...

- Кухарку? Кухарка - это тоже хорошо, она тёплая, сдобная...

Илья хохотал, как сумасшедший, и этот смех убеждал Кирика в существовании кухарки.

- Почаще меняй их, почаще меняй, - тоном знатока дела советовал он Илье.

- Да почему вы думаете, что кухарка или швейка? Разве другой какой-нибудь не достоин я? - спросил Лунёв сквозь смех.

- Они тебе, братец, подходят по твоему положению в обществе больше других... Ведь не можешь ты завести роман с дамой или девушкой приличного общества, согласись?

- Да почему?

- Ах, это так понятно... Я не хочу тебя обижать, но ты, мой друг, всё-таки, знаешь... простой человек... мужичок, так сказать...

- А... а я с дамой... - задыхаясь от смеха, сказал Илья.

- Шутник! - воскликнул Кирик и тоже захохотал. Но когда Автономов уходил, Лунёв, думая над его словами, испытывал чувство обиды. Ему было ясно, что хотя Кирик добрый парень, однако он считает себя каким-то особенным человеком, не равным ему, Илье, выше его, лучше. В то же время он с женой многим пользуется от него. Перфишка сообщил ему, что Петруха посмеивается над его торговлей и называет его жуликом... А Яков говорил сапожнику, что раньше он, Илья, был лучше, душевнее, не зазнавался, как теперь. И сестра Гаврика тоже постоянно убеждала Илью в том, что она не ровня ему. Дочь почтальона, одетая едва не в лохмотья, она смотрела на него так, точно сердилась на то, что он живёт на одной земле с нею. Самолюбие Ильи с той поры, как он открыл магазин, выросло, стало ещё более чутким, чем прежде. Его интерес к этой некрасивой, но особенной девушке всё развивался; ему хотелось понять, откуда в ней, бедной, эта гордость, пред которой он всё более робел. Она никогда не хотела заговорить с ним первая, и это задевало его. Ведь её

166

брат служит у него в мальчиках, и уже поэтому она бы должна смотреть на него, хозяина, поласковее! Он сказал ей однажды:

- Читаю вашу книгу о дон-Кихоте...

- Ну, и что же? Нравится? - спросила она, не взглянув на него.

- Очень нравится!.. Смешно... чудак был человек.

Илье показалось, что её чёрные, гордые глаза воткнулись в лицо ему с ненавистью.

- Я так и знала, что вы скажете что-нибудь в этом роде, - проговорила она медленно и внятно.

Илье почудилось что-то обидное, враждебное ему в этих словах.

- Человек я тёмный, - сказал он, пожав плечами. Она промолчала в ответ, точно не слышала его.

И вновь в душу Ильи стало вторгаться давно уже не владевшее ею настроение, - снова он злился на людей, крепко и подолгу думал о справедливости, о своём грехе и о том, что ждёт его впереди. Неужели он всегда будет жить вот так: с утра до вечера торчать в магазине, потом наедине со своими думами сидеть за самоваром и спать потом, а проснувшись, вновь идти в магазин? Он знал, что многие торговцы, а может быть, и все, живут именно так. Но у него и во внешней жизни и во внутренней было много причин считать себя человеком особенным, не похожим на других. Он вспомнил слова Якова: "Не дай бог тебе удачи... жаден ты..."

И эти слова казались ему глубоко обидными. Нет, он не жаден, - он просто хочет жить чисто, спокойно и чтобы люди уважали его, чтобы никто не показывал ему на каждом шагу: "Я выше тебя, Илья Лунёв, я тебя лучше..."

И снова он думал - что ждёт его впереди? Будет ему возмездие за убийство или нет? Иногда ему думалось, что, если возмездие за грех будет ему, - оно будет несправедливо. В городе живёт много человекоубийц, развратников, грабителей; все знают, что они по своей воле убийцы, развратники и мошенники, а - вот живут они, пользуются благами жизни, и наказания нет им до сей поры. А по справедливости - всякая обида, человеку нанесённая, должна быть возмещена обидчику. И в библии сказано: "Пусть бог воздаст ему самому, чтобы он знал". Эти мысли бередили старые царапины в его сердце, и сердце вспыхивало буйным чувством жажды отомстить за свою надломленную жизнь. Порой ему приходило на ум сделать ещё что-нибудь дерзкое: пойти поджечь дом Петрухи Филимонова, а когда дом загорится и прибегут люди, то крикнуть им: "Это я поджёг! Это я задавил купца Полуэктова!"

Люди схватят его, будут судить и сошлют в Сибирь, как сослали его отца... Это возмущало его, и он суживал свою жажду мести до желания рассказать Кирику о своей связи с его женой или пойти к старику Хренову и избить его за то, что он мучает Машу...

Иногда, лёжа в темноте на своей кровати, он вслушивался в глубокую тишину, и ему казалось, что вот сейчас всё задрожит вокруг него, повалится, закружится в диком вихре, с шумом, с дребезгом. Этот вихрь завертит и его силою своей, как сорванный с дерева лист, завертит и - погубит... И Лунёв вздрагивал от предчувствия чего-то необычайного...

Как-то вечером, когда Лунёв уже собирался запирать магазин, явился Павел и, не здороваясь, спокойным голосом сказал:

- Верка убежала...

Он сел на стул, облокотился о прилавок и тихо засвистал, глядя на улицу. Лицо у него было окаменевшее, но маленькие русые усики шевелились, как у кота.

- Одна или с кем-нибудь? - спросил Илья.

- Не знаю... Третий день нет её...

Илья смотрел на него и молчал. Спокойное лицо и голос Павла не позволяли ему понять, как относится Грачёв к бегству своей подруги. Но он чувствовал в этом спокойствии какое-то бесповоротное решение...

- Что же ты думаешь делать? - тихо спросил он, видя, что Павел не собирается говорить. Тогда Грачёв перестал свистать и, не оборачиваясь к товарищу, кратко объявил:

- Зарежу...

- Ну, опять за своё! - воскликнул Илья, досадливо махнув рукой.

- Я об неё всё сердце обломал, - вполголоса заговорил Павел. - Вот ножик.

Он вынул из-за пазухи небольшой хлебный нож и повертел его пред своим лицом.

- Хвачу её по горлу...

Но Илья вырвал нож и бросил за прилавок, сердито говоря:

- Вооружился на муху...

Павел вскочил со стула и повернулся лицом к нему. Глаза у него яростно горели, лицо исказилось, он весь вздрагивал. Но тотчас же снова опустился на стул и презрительно сказал:

- Дурак ты...

- Ты умён!..

- Сила не в ноже, а в руке...

- Говори!..

- И если б руки у меня отвалились, - зубами глотку ей перерву...

- Ишь как страшно!..

- Ты со мной не говори, Илья... - вновь спокойно и негромко сказал Павел. - Верь - не верь, но меня не дразни... Меня судьба довольно дразнит...

- Да ты, чудак, подумай, - убедительно и мягко заговорил Илья.

- Всё уж передумано... Впрочем, я уйду... Что с тобой говорить? Ты сыт... мне не товарищ...

- А ты брось безумство-то! - с укором крикнул Лунёв.

- Я же - и душой и телом голоден...

- Дивлюсь, как люди рассуждают! - пожав плечами, насмешливо заговорил Илья. - Баба для человека вроде скота... вроде лошади! Везёшь меня? Ну, старайся, бить не буду. Не хошь везти? Трах её по башке!.. Да, черти, ведь и баба - человек, и у неё свой характер есть...

Павел взглянул на него и хрипло засмеялся.

- А я кто? Не человек?..

- Да ты должен быть справедливым или нет?

- А поди ты ко всем чертям с этой самой справедливостью! - бешено закричал Грачёв, вскакивая со стула. - Будь ты справедлив: сытому это не мешает... Слыхал? Ну, и прощай...

Он быстро пошёл вон из магазина и в двери зачем-то снял с головы картуз. Илья выскочил из-за прилавка вслед за ним, но Грачёв уже шёл по улице, держа картуз в руке и возбуждённо размахивая им.

- Павел! - крикнул Лунёв. - Постой...

Он не остановился, даже не оглянулся и, повернув в проулок, исчез. Илья медленно прошёл за прилавок, чувствуя, что от слов товарища его лицо так горит, как будто он в жарко растопленную печь посмотрел.

- Ка-акой злой! - раздался голос Гаврика.

Илья усмехнулся.

- Кого это он резать собрался? - спросил Гаврик, подходя к прилавку. Руки у него были заложены за спину, голова поднята вверх и шероховатое лицо покраснело.

- Жену свою, - сказал Илья, глядя на мальчика. Гаврик помолчал, потом как-то принатужился и тихо, вдумчиво сообщил хозяину:

- А у нас соседка на рождестве мужа мышьяком отравила... Портного...

- Бывает... - медленно проговорил Лунёв, думая о Павле.

- А этот - он вправду зарежет?

- Отстань, Гаврик!..

Мальчик повернулся, пошёл к двери и по дороге пробормотал:

- А женятся, черти!

Уже вечерний сумрак влился в улицу, и в окнах дома напротив лавочки Лунёва зажгли огонь.

- Запирать пора!.. - тихо сказал Гаврик.

Илья смотрел на освещённые окна. Снизу их закрывали цветы, сверху белые шторы. Сквозь листву цветов было видно золотую раму на стене. Когда окна были открыты, из них на улицу вылетали звуки гитары, пение и громкий смех. В этом доме почти каждый вечер пели, играли и

169

смеялись. Лунёв знал, что там живёт член окружного суда Громов, человек полный, румяный, с большими чёрными усами. Жена у него была тоже полная, белокурая, голубоглазая; она ходила по улице важно, как сказочная королева, а разговаривая - всегда улыбалась. Ещё у Громова была сестра-невеста, высокая, черноволосая и смуглая девица; около неё увивалось множество молодых чиновников; все они смеялись, пели чуть не каждый вечер.

- Право, запирать пора, - настойчиво проговорил Гаврик.

- Запирай...

Мальчик затворил дверь, и в магазине стало темно. Потом загремело железо замка.

"Как в тюрьме", - подумал Илья.

Обидные слова товарища о сытости воткнулись ему в сердце занозой. Сидя за самоваром, он думал о Павле с неприязнью, и ему не верилось, что Грачёв может зарезать Веру.

"Напрасно я за неё заступился всё-таки... Пёс с ними!.. Сами не умеют жить, другим мешают..." - с ожесточением подумал он.

Гаврик громко схлёбывал чай с блюдечка и двигал под столом ногами.

- Зарезал или нет ещё? - вдруг спросил он хозяина.

Лунёв сумрачно посмотрел на него и сказал:

- А ты - пей, да спать иди...

Самовар шипел и гудел так, точно готовился спрыгнуть со стола.

Вдруг пред окном встала тёмная фигура, и робкий, дрожащий голос спросил:

- Здесь живёт Илья Яковлевич?..

- Здесь, - крикнул Гаврик и, вскочив со стула, бросился к двери на двор так быстро, что Илья, не успел ничего сказать ему.

В двери явилась тонкая фигурка женщины в платочке на голове. Одной рукой она упёрлась в косяк, а другой теребила концы платка на шее. Стояла она боком, как бы готовясь тотчас же уйти.

- Входите, - недовольно сказал Лунёв, глядя на неё и не узнавая.

Вздрогнув от его голоса, она подняла голову, и бледное, маленькое лицо её улыбнулось...

- Маша! - крикнул Илья, вскочив со стула.

Она тихонько засмеялась и шагнула к нему.

- Не узнал... не узнали даже... - проговорила она, останавливаясь среди комнаты.

- Господи боже! Да разве узнаешь! Какая ты...

С преувеличенной вежливостью Илья взял её за руку, вёл к столу, наклоняясь и заглядывая ей в лицо и не решаясь сказать, какая она стала. А она была невероятно худая и шагала так, точно ноги у неё подламывались.

- Ах ты... какая! - бормотал он, бережно усаживая её на стул и всё заглядывая в лицо ей.

- Вот как меня... - сказала она, взглянув в глаза Ильи.

Теперь, когда она села против лампы, он хорошо видел её. Она оперлась на спинку стула, свесив тонкие руки, и, склонив голову набок, учащённо дышала своей плоской грудью. Была она какая-то бесплотная, казалась составленной из одних костей. Ситец её платья обрисовывал угловатые плечи, локти, колени, лицо у неё было страшно от худобы. Синеватая кожа туго натянулась на висках, скулах и подбородке, рот был болезненно полуоткрыт, тонкие губы не скрывали зубов, и на её маленьком, удлинённом лице застыло выражение тупой боли. А глаза смотрели тускло и мёртво.

- Хворала ты? - тихо спросил Илья.

- Не-ет, - ответила она. - Я совсем здоровая... это он меня отделал...

Её протяжные, негромкие слова звучали, как стоны, оскаленные зубы придавали лицу что-то рыбье...

Гаврик, стоя около Маши, смотрел на неё, сжав губы, с боязнью в глазах.

- Иди, спи! - сказал ему Лунёв.

Мальчик ушёл в магазин, повозился там с минуту, и потом из-за косяка двери высунулась его голова.

Маша сидела неподвижно, только глаза её, тяжело вращаясь в орбитах, передвигались с предмета на предмет. Лунёв наливал ей чай, смотрел на неё и не мог ни о чём спросить подругу.

- Очень он мучает меня... - заговорила она. Губы у ней вздрогнули и глаза закрылись на секунду. А когда она открыла их, - из-под ресниц выкатились большие, тяжёлые слёзы.

- Не плачь... - сказал Илья, отвернувшись от неё. - Ты лучше... пей чай... и рассказывай мне всё... легче будет...

- Боюсь - придёт он... - покачав головой, сказала Маша.

- Ты ушла от него?..

- Да-а... Я уж четвёртый раз... Когда не могу больше терпеть... убегаю... Прошлый раз я в колодец было хотела... а он поймал... и так бил, так мучил...

Глаза у неё стали огромные от ужаса, нижняя челюсть задрожала.

- Ноги он мне всё ломает...

- Эх! - воскликнул Илья. - Да - что же ты? В полицию заяви... истязует! За это в острог сажают...

- Н-ну-у, он сам и судья, - безнадёжно сказала Маша.

- Хренов? Какой он судья, - что ты?

- Уж я знаю! Он в суде недавно сидел две недели кряду... всё судил...

171

Приходил оттуда злой, голодный... Взял да щипцами самоварными грудь мне ущемил и вертит и крутит... гляди-ка!

Она дрожащими пальцами расстегнула платье и показала Илье маленькие дряблые груди, покрытые тёмными пятнами, точно изжёванные.

- Застегнись, - угрюмо сказал Илья. Ему было неприятно видеть это избитое, жалкое тело и не верилось, что пред ним сидит подруга детских дней, славная девочка Маша. А она, обнажив плечо, говорила ровным голосом:

- А плечи-то как исколотил! И всю как есть... живот исщипал весь, волосы подмышками выщипал...

- Да за что? - спросил Лунёв.

- Говорит - ты меня не любишь? И щиплет...

- Может, ты... не девушка уж была, как за него вышла?

- Ну-у, как же это? С тобой да с Яшей жила я... никто меня не трогал никогда... Да и теперь я... к тому неспособна... больно мне и противно... тошнит всегда...

- Молчи, Маша, - тихонько попросил её Илья. Она замолчала и снова окаменела, сидя на стуле с обнажённой грудью.

Илья взглянул из-за самовара на её худое, избитое тело и повторил:

- Застегнись...

- Мне тебя не стыдно, - беззвучно ответила она, застёгивая кофту дрожащими пальцами.

Стало тихо. Потом из магазина донеслись громкие всхлипыванья. Илья встал, подошёл к двери и притворил её, сказав угрюмо:

- Перестань, Гаврюшка...

- Это - мальчик? - спросила Маша. - Он - что?

- Плачет...

- Боится?

- Н-нет... жалеет, должно быть.

- Кого?

- Тебя...

- Ишь какой, - равнодушно сказала Маша, её безжизненное лицо осталось неподвижным. Потом она стала пить чай, а руки у неё тряслись, блюдечко стучало о зубы её. Илья смотрел на неё из-за самовара и не знал - жалко ему Машу или не жалко?

- Что ты будешь делать? - спросил он после долгого молчания.

- Не знаю, - ответила она и вздохнула. - Что мне делать?..

- Жаловаться надо, - решительно сказал Лунёв.

- Он и ту жену тоже так... - заговорила Маша. - За косу к кровати привязывал и щипал... всё так же... Спала я, вдруг стало больно мне... проснулась и кричу. А это он зажёг спичку да на живот мне и положил...

Лунёв вскочил со стула и громко, с бешенством заговорил о том, что она должна завтра же идти в полицию, показать там все свои синяки и требовать, чтоб мужа её судили. Она же, слушая его речь, беспокойно задвигалась на стуле и, пугливо озираясь, сказала:

- Ты не кричи, пожалуйста! Услышат...

Его слова только пугали её. Он понял это.

- Ну ладно, - сказал он, снова усаживаясь на стул. - Я сам возьмусь за это... Ты, Машутка, ночуешь у меня. Ляжешь на моей постели... а я в магазин уйду...

- Мне бы лечь... устала я...

Он молча отодвинул стол от кровати; Маша свалилась на неё, попробовала завернуться в одеяло, но не сумела и тихонько улыбнулась, говоря:

- Смешная я какая... ровно пьяная...

Илья бросил на неё одеяло, поправил подушку под головой её и хотел уйти в магазин, но она беспокойно заговорила:

- Посиди со мной! Я боюсь одна... мерещится мне что-то...

Он сел на стул рядом с нею и, взглянув на её бледное лицо, осыпанное кудрями, отвернулся. Стало совестно видеть её едва живой. Вспомнил он просьбы Якова, рассказы Матицы о жизни Маши и низко наклонил голову.

В доме напротив пели в два голоса, и слова песни влетали через открытое окно в комнату Ильи. Крепкий бас усердно выговаривал:

Рра-ззо-очарован-ному чу-у-уждy...

- Вот я уж и засыпаю, - бормотала Маша. - Хорошо как у тебя... поют... хорошо они поют.

- Н-да, распевают... - угрюмо усмехаясь, сказал Лунёв. - С одних шкуры дерут, а другие воют...

И н-не м-мог-гу пре-да-ть-ся вновь...

"Р-раз и-и-и-и..." - Высокая нота красиво зазвенела в тишине ночи, взлетая к высоте легко и свободно...

Лунёв встал и с досадой закрыл окно: песня казалась ему неуместной, она обижала его. Стук рамы заставил Машу вздрогнуть. Она открыла глаза и, с испугом приподняв голову, спросила:

- Кто это?

- Я... окно закрыл...

- Господи Исусе!.. Ты уходишь?

- Нет, не бойся...

Она поворочала головой по подушке и снова задремала. Малейшее движение Ильи, звук шагов на улице - всё беспокоило её; она тотчас же открывала глаза и сквозь сон вскрикивала:

- Сейчас... ох!.. сейчас...

Стараясь сидеть неподвижно и глядя в окно, снова открытое им, Лунёв соображал, как помочь Маше, и угрюмо решил не отпускать её от себя до поры, пока в дело не вмешается полиция...

"Нужно через Кирика действовать..."

- Просим, просим! - вырвались из окон квартиры Громова оживлённые крики. Кто-то хлопал в ладоши. Маша застонала, а у Громова опять запели:

Пар-ра гнедых, запр-ряжённых с зар-рёю...

Лунёв почти с отчаянием замотал головой... Это пение, весёлые крики, смех - мешали ему. Облокотясь на подоконник, он смотрел на освещённые окна против себя со злобой, с буйным негодованием и думал, что хорошо бы выйти на улицу и запустить в одно из окон булыжником. Или выстрелить в этих весёлых людей дробью. Дробь - долетит. Он представил себе испуганные, окровавленные морды, смятение, визг и - улыбнулся с дикой радостью в сердце. Но слова песни невольно лезли в уши, он повторял их про себя и с удивлением понял, что эти весёлые люди распевают о том, как хоронили гулящую женщину. Это поразило его. Он стал слушать с большим вниманием и, слушая, думал:

"Зачем это они поют? Какое веселье в эдакой песне? Вот выдумали, дураки! А тут, в пяти саженях от них, живой замученный человек лежит... и никому о муках его не известно..."

- Браво! Бра-во-о! - разнеслось по улице.

Лунёв улыбался, поглядывая то на Машу, то на улицу. Ему уже казалось смешным то, что люди веселятся, распевая песню про похороны распутницы.

- Василий... Василич... - бормотала Маша.

Она заметалась на постели, как обожжённая, сбросила одеяло на пол и, широко раскинув руки, замерла. Рот у неё был полуоткрыт, она хрипела. Лунёв быстро наклонился над нею, боясь, что она помирает; потом, успокоенный её дыханием, он покрыл её одеялом, влез на подоконник с ногами и прислонился лицом к железу решётки, разглядывая окна Громова. Там всё пели - то в один голос, то в два, пели хором. Звучала музыка, раздавался смех. В окнах мелькали женщины, одетые в белое, розовое и голубое. Илья прислушивался к песням и с недоумением думал, как они, эти люди, могут петь протяжные, тоскливые песни про Волгу, похороны, нераспаханную полосу и после каждой песни смеяться как ни в чём не бывало, точно это и не они пели... Неужто они и тоской забавляются?

А каждый раз, когда Маша напоминала ему о себе, он тупо смотрел на неё и думал, что будет с нею. Вдруг зайдёт Татьяна и увидит её... Что ему делать с Машей? Он чувствовал себя так, точно угорел. Когда он захотел спать, то слез с подоконника и растянулся на полу, рядом с кроватью, положив под голову пальто. Во сне он видел, что Маша умерла и лежит среди большого сарая на земле, а вокруг неё стоят белые, голубые и розовые барыни и поют над ней. И когда они поют грустные песни, то все хохочут не в лад пению, а запевая весёлое, горько плачут, грустно кивая головами и вытирая слёзы белыми платочками. В сарае темно, сыро, в углу его стоит кузнец Савёл и куёт железную решётку, громко ударяя молотом по раскалённым прутьям. По крыше сарая кто-то ходит и кричит:

- И-лья, И-лья!..

А он, Илья, лежит тут же в сарае, туго связанный чем-то, ему трудно поворотиться, и он не может говорить...

- Илья! Встань, пожалуйста...

Он открыл глаза и узнал Павла Грачёва. Сидя на стуле, Павел толкал ногой его ноги. Яркий луч солнца смотрел в комнату, освещая кипевший на столе самовар. Лунёв прищурился, ослеплённый.

- Слушай, Илья!..

Голос у Павла хрипел, как после долгого похмелья, лицо было жёлтое, волосы растрёпаны. Лунёв взглянул на него и вскочил с пола, крикнув вполголоса:

- Что?

- Попалась!.. - тряхнув головой, сказал Павел.

- Что такое? Где она? - спросил Лунёв, наклоняясь к нему и схватив его за плечо. Грачёв пошатнулся и растерянно проговорил:

- По-осадили в тюрьму...

- За что? - громким шёпотом спросил Илья.

Проснулась Маша и, вздрогнув при виде Павла, уставилась в лицо ему испуганными глазами. Из двери магазина смотрел Гаврик, неодобрительно скривив губы.

- Говорят... у какого-то купца... украла бумажник...

Илья толкнул товарища в плечо и молча отошёл от него.

- Помощника частного... по роже ударила...

- Н-ну, конечно, - сурово усмехнувшись, сказал Илья. - Коли уж в острог, так - обеими ногами...

Поняв, что всё это её не касается, Маша улыбнулась и тихо сказала:

- Меня бы вот в острог...

Павел взглянул на неё, потом на Илью.

- Не узнаёшь? - спросил Илья. - Машу, Перфишки дочь, помнишь?

- А-а, - равнодушно протянул Павел и отвернулся от Маши, хотя она, узнав его, улыбалась ему.

- Илья! - угрюмо сказал Грачёв. - А что, если это она для меня постаралась?

Лунёв, немытый и растрёпанный, сел на кровать в ногах Маши и, поглядывая то на неё, то на Павла, чувствовал себя ошеломлённым.

- Я знал, - медленно говорил он, - что эта история добром не кончится.

- Не слушала меня, - убитым голосом сказал Павел.

- Во-от! - насмешливо воскликнул Лунёв. - В том всё и дело, что она тебя не слушалась! А что ты сказать ей мог?

- Я её любил...

- А на кой чёрт она нужна, твоя любовь?

Лунёв начал горячиться. Все эти истории - Павлова, Машина - возбуждали в нём злобу. И, не зная, куда направить это чувство, он направил его на товарища...

- Всякому хочется жить чисто, весело... ей тоже... А ты ей: я тебя люблю, стало быть, живи со мной и терпи во всём недостаток... Думаешь, так и следует?

- А как мне надо поступать? - спросил Павел кротко и тихо.

Этот вопрос несколько охладил Лунёва. Он невольно задумался.

Из магазина выглянул Гаврик.

- Отпирать магазин?

- Ну его к чёрту! - с раздражением крикнул Лунёв. - Какая тут торговля?

- Мешаю я тебе? - сказал Павел.

Он сидел на стуле согнувшись, положив локти на колени и глядя в пол. На виске у него напряжённо билась какая-то жилка, туго налившаяся кровью.

- Ты? - воскликнул Лунёв, посмотрев на него. - Ты мне не мешаешь... и Маша не мешает... Тут - что-то всем нам мешает... тебе, мне, Маше... Глупость или что - не знаю... только жить по-человечески нет никакой возможности! Я не хочу видеть никакого горя, никаких безобразий... грехов и всякой мерзости... не хочу! А сам...

Он замолчал и побледнел.

- Ты всё про себя... - заметил Павел.

- А ты - про кого? - насмешливо спросил Илья, - Всяк человек своей язвой язвлён, своим голосом и стонет... Я не про себя, а про всех... потому все меня беспокоят...

- Уйду, - сказал Грачёв и тяжело поднялся со стула.

- Эх! - крикнул Илья. - Пойми ты, а не обижайся...

- Меня, брат, как кирпичом по голове ударило... Верку жаль... Что делать?

- Ничего не поделаешь! - решительно сказал Илья. - О ней пиши пропала! Засудят её...

Грачёв опять сел на стул.

- А ежели я объявлю, что она для меня это? - спросил он.

- Ты - принц? Скажи, тогда и тебя в тюрьму сунут... Вот что... надо нам привести себя в порядок. Маша, мы уйдём в магазин, а ты встань, приберись... чаю нам налей...

Маша вздрогнула и, приподняв голову с подушки, спросила Илью:

- Домой идти мне?..

- Дом у человека там... где его хоть не мучают...

Когда они вошли в магазин, Павел сумрачно спросил:

- Зачем она у тебя? Дохлая какая...

Лунёв кратко рассказал ему, в чём дело. К его удивлению, история Маши как бы оживила Грачёва.

- Ишь, старый чёрт! - обругал он лавочника и даже улыбнулся.

Илья стоял рядом с ним и осматривал свой магазин, говоря:

- Ты недавно сказал, что меня вся эта музыка не успокоит...

Он повёл по магазину широким жестом и с неприятной усмешкой кивнул головой.

- Верно! Не успокаивает... Какой мне выигрыш в том, что я, на одном месте стоя, торгую? Свободы я лишился. Выйти нельзя. Бывало, ходишь по улицам, куда хочешь... Найдёшь хорошее, уютное местечко, посидишь, полюбуешься... А теперь торчу здесь изо дня в день и - больше ничего...

- Вот бы тебе Веру в приказчицы взять, - сказал Павел.

Илья взглянул на него и замолчал.

- Идите! - позвала их Маша.

За чаем они все трое почти не разговаривали. На улице светило солнце, по тротуару шлёпали босые ноги ребятишек, мимо окон проходили продавцы овощей.

Всё говорило о весне, о хороших, тёплых и ясных днях, а в тесной комнате пахло сыростью, порою раздавалось унылое, негромкое слово, самовар пищал, отражая солнце...

- Сидим, как на поминках, - сказал Илья.

- По Верке, - добавил Грачёв. - Сижу и думаю: "А ну, как это я её в тюрьму вогнал?"

- И даже очень это можт быть, - безжалостно подтвердил Илья.

Грачёв с укором посмотрел на товарища.

- Злой ты...

- А с чего это мне быть добрному? - закричал Илья. - Кто меня по головке гладил?.. Был, может быть, один человек, который меня любил... Да и то распутная баба!

От прилива жгучего раздражения лицо у него, покраснело, глаза налились кровью; он вскочил со стула в порыве злобы, охваченный желанием кричать, ругаться, бить кулаками о стол и стены.

Но Маша, испуганная им, громко и жалобно заплакала, как дитя.

- Я уйду... пустите меня, - говорила она сквозь слёзы дрожащим голосом и болтала головой, точно желая спрятать её куда-то.

177

Лунёв замолчал. Он видел, что и Павел смотрел на него неприязненно.

- Ну, чего плакать? - сердито сказал он. - Ведь не на тебя я закричал... И некуда тебе идти... Я вот - уйду... Мне нужно... А Павел посидит с тобой... Гаврило! Если придёт Татьяна Власьевна... это кто ещё?

В дверь со двора постучали. Гаврик вопросительно взглянул на хозяина.

- Отпирай! - сказал Илья.

На пороге двери явилась сестра Гаврика. Несколько секунд она стояла неподвижно, прямая, высоко закинув голову и оглядывая всех прищуренными глазами. Потом на её некрасивом, сухом лице явилась гримаса отвращения, и, не ответив на поклон Ильи, она сказала брату:

- Гаврик, выйди на минутку ко мне...

Илья вспыхнул. От обиды кровь с такой силой бросилась ему в лицо, что глазам стало горячо.

- А вы, барышня, кланяйтесь, когда вам кланяются, - сдержанно и внушительно сказал он.

Она ещё выше подняла голову, брови у неё сдвинулись. Плотно сжав губы, она смерила Илью глазами и не сказала ни слова. Гаврик тоже сердито взглянул на хозяина.

- Вы не к пьяным пришли, не к жуликам, - продолжал Лунёв, вздрагивая от напряжения, - вас встречают уважительно... и, как барышня образованная, вы должны ответить тем же...

- Не фордыбачь, Сонька, - вдруг сказал Гаврик примиряющим голосом и, подойдя к ней, встал рядом, взяв её за руку.

Наступило неловкое молчание. Илья и девушка смотрели друг на друга с вызовом и чего-то ждали. Маша тихонько отошла в угол. Павел тупо мигал глазами.

- Ну, говори, Сонька, - нетерпеливо сказал Гаврик. - Ты думаешь, они тебя обидеть хотят? - спросил он. И, неожиданно улыбнувшись, добавил: - Они - чудаки!

Сестра дёрнула его за руку и спросила Лунёва сухо и резко:

- Что вам от меня угодно?

- Ничего, только...

Но тут в голове его родилась хорошая, светлая мысль. Он шагнул к девушке и, как мог вежливо, заговорил:

- Позвольте вам предложить... видите ли, нас здесь - трое... люди тёмные, невежи... вы - человек образованный.

Он торопился изложить свою мысль и не мог. Его смущал прямой, строгий взгляд её глаз;, они как будто отталкивали его от себя. Илья опустил глаза и смущённо, с досадой пробормотал:

- Я не умею сразу это сказать... если время у вас есть... пройдите, присядьте...

И отступил перед нею.

- Постой тут, Гаврик, - сказала девушка и, оставив брата у двери, прошла в комнату. Лунёв толкнул к ней табурет. Она села. Павел ушёл в магазин, Маша пугливо жалась в углу около печи, а Лунёв неподвижно стоял в двух шагах пред девушкой и всё не мог начать разговора.

- Ну-с? - сказала она.

- Вот... в чём дело, - тяжело вздохнув, заговорил Илья. - Видите девушка, - не девушка, а замужняя... за стариком... Он её - тиранит... вся избитая, исщипанная убежала она... пришла ко мне... Вы, может, что худое думаете? Ничего нет...

Путаясь в словах, он сбивчиво говорил и двоился между желанием рассказать историю Маши и выложить пред девушкой свои мысли по поводу этой истории. Ему особенно хотелось передать слушательнице именно свои мысли. Она смотрела на него, и взгляд её становился мягче.

- Я понимаю, - остановила она его речь. - Вы не знаете, как поступить? Прежде всего надо к доктору... пусть он осмотрит... У меня есть знакомый доктор, - хотите, я её свезу? Гаврик, взгляни, сколько время? Одиннадцатый? Хорошо, это часы приема... Гаврик, позови извозчика... А вы - познакомьте меня с нею...

Но Илья не тронулся с места. Он не ожидал, что эта серьёзная, строгая девушка умеет говорить таким мягким голосом. Его изумило и лицо её: всегда гордое, теперь оно стало только озабоченным, и, хотя ноздри на нём раздулись ещё шире, в нём было что-то очень хорошее, простое, раньше не виданное Ильей. Он рассматривал девушку и молча, смущённо улыбался.

А она уже отвернулась от него, подошла к Маше и тихо говорила с нею:

- Вы не плачьте, голубчик, не бойтесь... Доктор - славный человек, он вас осмотрит и выдаст бумагу такую... только и всего! Я вас привезу сюда... Ну, милая, не плачьте же...

Она положила свои руки на плечи Маши и хотела привлечь её к себе.

- Ой... больно, - тихонько застонала Маша.

- Что тут у вас?

Лунёв слушал и всё улыбался.

- Это... чёрт знает что такое! - возмущённо вскрикнула девушка, отходя от Маши. Лицо у неё побледнело, в глазах сверкал ужас, негодование.

- Как она избита... о!

- Вот как живём! - воскликнул Лунёв, снова вспыхивая. - Видели? А то ещё могу другого показать, - вон стоит! Позвольте познакомить: товарищ мой Павел Савельич Грачёв...

Павел протянул руку девушке, не глядя на неё.

- Медведева, Софья Никоновна, - сказала она, разглядывая унылое лицо Павла. - А вас зовут - Илья Яковлевич? - обратилась она к Лунёву.

- Точно так, - оживлённо подтвердил Илья, крепко стиснув её руку, и, не выпуская руки, продолжал: - Вот что... уж коли вы такая... то есть если вы взялись за одно, - не побрезгуйте и другим! Тут тоже петля.

Она внимательно и серьёзно смотрела на его красивое, взволнованное лицо, потихоньку пытаясь освободить свою руку из его пальцев. Но он рассказывал ей о Вере, о Павле, рассказывал горячо, с, увлечением. И сильно встряхивал её руку и говорил:

- Сочинял стихи, да какие ещё! Но в этом деле- весь сгорел... И она тоже... вы думаете, если она... такая, то тут и всё? Нет, вы не думайте этого! Ни в добром, ни в худом никогда человек не весь!

- Как? - переспросила девушка.

- То есть ежели и плох человек - есть в нём своё хорошее, ежели и хорош - имеет в себе плохое... Души у нас у всех одинаково пёстрые... у всех!

- Это вы хорошо говорите! - одобрила его девушка, с важным видом качнув головой. - Но, пожалуйста, пустите мою руку - больно!

Илья стал просить у неё прощения. А она уже не слушала его, убедительно поуча Павла:

- Это стыдно, так нельзя! Нужно действовать! Нужно искать ей защитника, адвоката, понимаете? Я вам найду, слышите? И ничего ей не будет, потому что оправдают... Даю вам честное слово!

Лицо её раскраснелось, волосы на висках растрепались, и глаза горели.

Маша, стоя рядом с нею, смотрела на неё с доверчивым любопытством ребёнка. А Лунёв поглядывал на Машу и Павла победоносно, с важностью, чувствуя какую-то гордость от присутствия этой девушки в его комнате.

- Если вы в самом деле можете помочь, - дрогнувшим голосом заговорил Павел, - помогите!

- Вы приходите ко мне в семь часов, хорошо? Вот Гаврик скажет где...

- Я приду... Слов у меня для благодарности нет...

- Оставим это. Люди должны помогать друг другу.

- Помогут они! - с иронией вскричал Илья.

Девушка быстро обернулась к нему. Но Гаврик, видимо, чувствуя себя в этой сумятице единственным солидным и здравомыслящим человеком, дёрнул сестру за руку и сказал:

- Да уезжай ты!

180

- Маша, одевайтесь!

- Мне не во что, - робко заявила Маша.

- Ах... Ну всё равно! Идёмте... Вы придёте, Грачёв, да? До свидания, Илья Яковлевич!

Товарищи почтительно и молча пожали ей руку, и она пошла, ведя за руку Машу. Но у двери снова обернулась и, высоко вскинув голову, сказала Илье:

- Я забыла... Я не поздоровалась с вами... Это - свинство, я извиняюсь! слышите?

Лицо её вспыхнуло румянцем, глаза конфузливо опустились. Илья смотрел на неё, и в сердце у него играла музыка.

- Извиняюсь... Мне показалось, у вас тут... кутёж...

Она остановилась, как бы проглотив какое-то слово.

- А когда вы... упрекнули меня, я думала - это говорит хозяин... и ошиблась! Очень рада! Это было чувство человеческого достоинства.

Она вдруг вся засветилась хорошей, ясной улыбкой и сердечно, с наслаждением, как бы смакуя слова, выговорила:

- Я - очень рада, всё вышло так... ужасно хорошо! Ужасно хорошо!

И исчезла, улыбаясь, точно маленькая серая тучка, освещённая лучами утренней зари. Товарищи смотрели вслед ей. Рожи у обоих были торжественные, хотя немножко смешные. Потом Лунёв оглянул комнату и сказал, толкнув Пашку:

- Чисто?

Тот тихонько засмеялся.

- Н-ну... фигура! - легко вздыхая, продолжал Лунёв. - Как она... а?

- Как ветром всё смела!..

- Вот - видал? - с торжеством говорил Илья, взбивая жестом руки свои курчавые волосы. - Извинялась как, а? Вот что значит настоящий образованный человек, который всякого может уважать... но никому сам первый не поклонится! Понимаешь?

- Личность хорошая, - улыбаясь, подтвердил Грачёв.

- Звездой сверкнула!

- Н-да. И сразу всё разобрала - кому куда и как...

Лунёв возбуждённо смеялся. Он был рад, что гордая девушка оказалась такой простой, бойкой, и был доволен собою за то, что сумел достойно держаться перед нею.

Гаврик вертелся около них и скучал.

- Гаврилка! - поймав его за плечо, сказал Илья. - Сестра у тебя молодчина!

- Она добрая! - сказал мальчик снисходительно. - Торговать сегодня будем? А то - пусть будет вроде праздника... я бы в поле пошёл тогда!

181

- Нет сегодня торговли! Павел, идём, брат, и мы с тобой гулять!

- Я пойду в полицию, - сказал Грачёв, снова хмурясь, - может, свидание дадут...

- А я - гулять!

Бодрый и радостный, он не спеша шёл по улице, думая о девушке и сравнивая её с людьми, которые ему встречались до сей поры. В памяти его звучали слова её извинения пред ним, он представлял себе её лицо, выражавшее каждой чертою своей непреклонное стремление к чему-то...

"А как она сначала-то обрывала меня?" - с улыбкой вспомнил он и крепко задумался, почему она, не зная его, ни слова не сказав с ним по душе, начала относиться к нему так гордо, сердито?

Вокруг него кипела жизнь. Шли гимназисты и смеялись, ехали телеги с товарами, катились пролётки, ковылял нищий, громко стукая деревянной ногой по камням тротуара. Двое арестантов в сопровождении конвойного несли на рычаге ушат с чем-то, лениво шла, высунув язык, маленькая собака... Грохот, треск, крики, топот ног - всё сливалось в живой, возбуждающий гул. В воздухе носилась тёплая пыль и щекотала ноздри. В небе, чистом и глубоком, горело солнце, обливая всё на земле жарким блеском. Лунёв смотрел на всё с удовольствием, какого не испытывал давно уже, всё было какое-то особенное, интересное. Вот быстро идёт куда-то красивая девушка с бойким, румяным лицом и смотрит на Илью так ясно и хорошо, точно хочет сказать ему: "Какой ты славный!.."

Лунёв улыбнулся ей.

Мальчик из магазина бежит с медным чайником в руках, льёт холодную воду, обрызгивая ею ноги встречных, крышка чайника весело гремит. Жарко, душно, шумно на улице, и густая зелень старых лип городского кладбища манит к себе, в тишину и прохладную тень. Окружённая белой каменной оградой пышная растительность старого кладбища могучей волной поднимается к небу, вершина волны увенчана, как пеной, зелёным кружевом листьев. Там, высоко, каждый лист чётко рисуется в синеве небес, и, тихо вздрагивая, он как будто тает...

Вступив в ограду кладбища, Лунёв медленно пошёл по широкой аллее, вдыхая глубоко душистый запах лип. Между деревьев, под тенью их ветвей, стояли памятники из мрамора и гранита, неуклюжие, тяжёлые, плесень покрывала их бока. Кое-где в таинственном полумраке тускло блестели золочёные кресты, полустёртые временем буквы надписей. Кусты жимолости, акации, боярышника и бузины росли в оградах, скрывая ветвями могилы. Кое-где в густых волнах зелени мелькал серый деревянный крест, тонкие ветки обнимали его со всех сторон. Белые стволы молодых берёз просвечивали бархатом своим сквозь сеть густой листвы; милые и скромные, они как будто нарочно прятались в тени -

затем, чтоб быть виднее. За решётками оград, на зелёных холмах, пестрели цветы, в тишине жужжала оса, две белые бабочки играли в воздухе, бесшумно носились какие-то мошки... И всюду из земли мощно пробивались к свету травы и кусты, скрывая собою печальные могилы, вся зелень кладбища была исполнена напряжённого стремления расти, развиваться, поглощать свет и воздух, претворять соки жирной земли в краски, запахи, в красоту, ласкающую сердце и глаза. Жизнь везде побеждает, жизнь всё победит!..

Лунёву было приятно гулять среди тишины, вдыхая полной грудью сладкие запахи лип и цветов. В нём тоже всё было тихо, спокойно, - он отдыхал душой и ни о чём не думал, испытывая удовольствие одиночества, давно уже неведомое ему.

Он свернул с аллеи влево на узкую тропу и пошёл по ней, читая надписи на крестах и памятниках. Его тесно обступили ограды могил, все богатые, вычурные ограды, кованые и литые.

"Под сим крестом покоится прах раба божия Вонифантия", - прочитал он и улыбнулся: имя показалось ему смешным. Над прахом Вонифантия был поставлен огромный камень из серого гранита. А рядом с ним в другой ограде покоился Пётр Бабушкин, двадцати восьми лет...

"Молодой", - подумал Илья.

На скромном белом мраморе в виде колонны он прочитал:

Одним цветком земля беднее стала...

Одной звездой - богаче небеса!

Лунёв задумался над этим двустишием, чувствуя в нём что-то трогательное. Но вдруг его как будто толкнуло чем-то прямо в сердце, и он, пошатнувшись, крепко закрыл глаза. Но и закрытыми глазами он ясно видел надпись, поразившую его. Блестящие золотые буквы с коричневого камня как бы врезались в его мозг: "Здесь покоится тело второй гильдии купца Василия Гавриловича Полуэктова".

Через несколько секунд он уже испугался своего испуга и, быстро открыв глаза, подозрительно начал всматриваться в кусты вокруг себя... Никого не было видно, только где-то далеко служили панихиду. В тишине расплывался тенорок церковнослужителя, возглашавший:

- По-омоли-имси-а-а...

Густой, как бы чем-то недовольный голос отвечал:

- По-ми-луй!

И чуть слышно доносилось звяканье кадила.

Прислонясь спиной к стволу клёна, Лунёв смотрел на могилу убитого им человека. Он прижал свою фуражку затылком к дереву, и она поднялась у него со лба. Брови его нахмурились, верхняя губа вздрагивала, обнажая зубы. Руки он засунул в карманы пиджака, а ногами упёрся в землю.

Памятник Полуэктова изображал гробницу, на крыше была высечена развёрнутая книга, череп и кости голеней, положенные крестом. Рядом, в этой же ограде, помещалась другая гробница, поменьше; надпись гласила, что под нею покоится раба божия Евпраксия Полуэктова, двадцати двух лет.

"Первая жена", - подумал Лунёв. Он подумал это какой-то маленькой частицей мозга, которая оставалась свободной от напряжённой работы его памяти. Он весь был охвачен воспоминаниями о Полуэктове, - о первой встрече с ним, о том, как он душил его, а старик мочил слюной своей его руки. Но, вызывая всё это в памяти, Лунёв не чувствовал ни страха, ни раскаяния, - он смотрел на гробницу с ненавистью, с обидой в душе, с болью. И безмолвно, с жарким негодованием в сердце, с глубокой уверенностью в правде своих слов, он говорил купцу:

"Из-за тебя, проклятый, всю свою жизнь изломал я, из-за тебя!.. Старый демон ты! Как буду жить?.. Навсегда я об тебя испачкался..."

Ему хотелось громко, во всю силу кричать, он едва мог сдерживать в себе это бешеное желание. Пред ним стояло маленькое, ехидное лицо Полуэктова, сердитая лысая голова Строганого с рыжими бровями, самодовольная рожа Петрухи, глупый Кирик, седой Хренов, курносый, с маленькими глазками, - целая вереница знакомых. В ушах у него шумело, и казалось ему, что все эти люди окружают, теснят его, лезут на него непоколебимо прямо.

Он оттолкнулся от дерева, - фуражка с головы его упала. Наклоняясь, чтоб поднять её, он не мог отвести глаз с памятника меняле и приёмщику краденого. Ему было душно, нехорошо, лицо налилось кровью, глаза болели от напряжения. С большим усилием он оторвал их от камня, подошёл к самой ограде, схватился руками за прутья и, вздрогнув от ненависти, плюнул на могилу... Уходя прочь от неё, он так крепко ударял в землю ногами, точно хотел сделать больно ей!..

Домой идти ему не хотелось, - на душе было тяжко, немощная скука давила его. Он шёл медленно, не глядя ни на кого, ничем не интересуясь, не думая. Прошёл одну улицу, механически свернул за угол, прошёл ещё немного, понял, что находится неподалёку от трактира Петрухи Филимонова, и вспомнил о Якове. А когда поравнялся с воротами дома Петрухи, то ему показалось, что зайти сюда нужно, хотя и нет желания заходить. Поднимаясь по лестнице чёрного крыльца, он услыхал голос Перфишки:

- Эхма, люди добры, пожалейте ваши ручки, не ломайте мои рёбры...

Лунёв встал в открытой двери; сквозь тучу пыли и табачного дыма он видел Якова за буфетом. Гладко причёсанный, в куцем сюртуке с короткими рукавами, Яков суетился, насыпая в чайники чай, отсчитывал куски сахару, наливал водку, шумно двигал ящиком конторки. Половые подбегали к нему и кричали, бросая на буфет марки:

- Полбутылки! Пару пива! Поджарку за гривенник!

"Наловчился!" - с каким-то злорадством подумал Лунёв, видя, как быстро мелькают в воздухе красные руки товарища.

- Эх! - с удовольствием воскликнул Яков, когда Лунёв подошёл к буфету, и тотчас беспокойно оглянулся на дверь сзади себя. Лоб у него был мокр от пота, щёки жёлтые, с красными пятнами на них. Он схватил руку Ильи и тряс её, кашляя сухим кашлем.

- Как живёшь? - спросил Лунёв, заставив себя улыбнуться. - Впрягли?

- Что поделаешь?

Плечи у Якова опустились, он как будто стал ниже ростом.

- Да-авно мы не видались! - говорил он, глядя в лицо Ильи добрыми и грустными глазами. - Поговорить бы... отца, кстати, нет... Вот что: ты проходи-ка сюда... а я мачеху попрошу поторговать...

Он приотворил дверь в комнату отца и почтительно крикнул:

- Мамаша!.. Пожалуйте на минутку...

Илья прошёл в ту комнату, где когда-то жил с дядей, и пристально осмотрел её: в ней только обои почернели да вместо двух кроватей стояла одна и над ней висела полка с книгами. На том месте, где спал Илья, помещался какой-то высокий неуклюжий ящик.

- Ну, вот я освободился на часок! - радостно объявил Яков, входя и запирая дверь на крючок. - Чаю хочешь? Хорошо... Ива-ан, - чаю! - Он крикнул, закашлялся и кашлял долго, упираясь рукой в стену, наклонив голову и так выгибая спину, точно хотел извергнуть из груди своей что-то.

- Здорово ты бухаешь! - сказал Лунёв.

- Чахну... Рад же я, что опять вижу тебя... Вон ты стал какой... важный... Ну, каково живёшь?

- Я - что? - не сразу ответил Лунёв. - Живу... ты, вот, интересно знать...

Лунёв не чувствовал желания рассказывать о себе, да и вообще ему не хотелось говорить. Он разглядывал Якова и, видя его таким испитым, жалел товарища. Но это была холодная жалость - какое-то бессодержательное чувство.

- Я, брат... терплю мою жизнь кое-как... - вполголоса сказал Яков.

- Высосал из тебя отец кровь-то...

Н-на что тебе рупь?

А ты даром приголубь!

- отчеканивал за стеной Перфишка, подыгрывая на гармонии.

- Что это за ящик? - спросил Илья.

- Это? Это - фисгармония. Отец купил за четвертную, для меня... "Вот, говорит, учись. А потом, хорошую куплю, говорит, поставим в трактире, и

185

будешь ты для гостей играть... А то-де никакой от тебя пользы нет..." Это он ловко рассчитал - теперь в каждом трактире орган есть, а у нас нет. И мне приятно играть-то...

- Экий он подлец! - сказал Лунёв, усмехаясь.

- Нет, что же? Пускай его... Ведь я и в самом деле бесполезный для него человек...

Илья сурово взглянул на товарища и сказал со злобой:

- Посоветуй-ка ты ему: когда, мол, я, дорогой папаша, помирать буду, так ты меня в трактир вытащи и за посмотрение на смерть мою хоть по пятаку с рыла возьми, с желающих... Вот и принесёшь ты ему пользу...

Яков сконфуженно засмеялся и снова стал кашлять, хватая руками то грудь, то горло.

А Перфишка рассказывал про кого-то бойким говорком:

Посты строго соблюдал,
Каждый день недоедал.
В пустом брюхе кишки ныли,
Зато чистенькие были...

- И-эх-ты... Святость! - И его звучная гармония осыпала весёлые слова песенки отчаянно задорными трелями.

- Как ты с названным братом живёшь? - спросил Илья, когда Яков прокашлялся. Тот, задыхаясь, поднял своё синее с натуги лицо и ответил:

- Он с нами не живёт: начальство не велит ему... Дескать - трактир... Он... барином держится...

Яков понизил голос и с грустью продолжал:

- Книгу-то помнишь? Ту?.. Отнял он её у меня... Говорит - редкая, больших, дескать, денег стоит. Унёс... Просил я его: оставь! Не согласился...

Илья захохотал. Потом товарищи начали пить чай. Обои в комнате потрескались, и сквозь щели переборки из трактира в комнату свободно текли и звуки и запахи. Всё заглушая, в трактире раздавался чей-то звонкий, возбуждённый голос:

- Митрь Николаич! Не перетолковывай ты мои честные слова на жульнический манер!

- Читаю я теперь, брат, одну историю, - говорил Яков, - называется "Юлия, или подземелье замка Мадзини"... Очень интересно!.. А ты как по этой части?

- Наплевать мне в это подземелье! Сам невысоко живу над землёй-то... угрюмо ответил Лунёв.

Яков участливо взглянул на него и спросил:

- Али тоже что-нибудь неладно?

186

Лунёв думал - рассказать Якову про Машу или не надо? Но Яков сам заговорил кротким голосом:

- Ты вот всё того, Илья... ершишься, злобишься... Ну, напрасно это, по-моему. Видишь ли, никто ни в чём не виноват!

Лунёв пил чай и молчал.

- И ведь "коемуждо воздастся по делом его" - это верно! Примерно, отец мой... Надо прямо говорить - мучитель человеческий! Но явилась Фёкла Тимофеевна и - хоп его под свою пяту! Теперь ему так живётся - ой-ой-ой! Даже выпивать с горя начал... А давно ли обвенчались? И каждого человека за его... нехорошие поступки какая-нибудь Фёкла Тимофеевна впереди ждёт...

Илье стало скучно слушать, - он нетерпеливо двинул свою чашку по подносу и вдруг неожиданно для самого себя спросил товарища:

- Ты теперь чего ждёшь?

- Откуда? - широко раскрыв глаза, тихим голосом молвил Яков.

- Ну из... от... впереди - чего ждёшь? - резко повторил Илья свой вопрос.

Яков молча опустил голову и задумался.

- Ну? - вполголоса сказал Илья, ощущая в сердце жгучее беспокойство и желание уйти скорее из трактира.

- Что мне ждать? - тихонько и не глядя на него, заговорил Яков. Ждать... нечего! Помру... вот и всё.

Он вскинул голову и с тихой, довольной улыбкой на измученном лице продолжал:

- Голубые сны вижу я... Понимаешь - всё будто голубое... Не только небо, а и земля, и деревья, и цветы, и травы - всё! Тишина такая... Как будто и нет ничего, до того всё недвижимо... и всё голубое. Идёшь будто куда-то, без усталости идёшь, далеко, без конца... И невозможно понять есть ты или нет? Очень легко... Голубые сны - это перед смертью.

- Прощай! - сказал Лунёв, вставая со стула.

- Куда ты? Посиди!

- Нет, прощай!

Яков тоже встал.

- Ну... иди!..

Лунёв стиснул его горячую руку и молча уставился в лицо ему, не зная, что сказать товарищу на прощанье. А сказать что-то такое хотелось, так хотелось, что даже сердце щемило от этого желания.

- А Машутка-то? Тоже... слышь, пло-охо живёт... - грустно сказал Яков.

- Да...

- Видно, всем нам - одна судьба... Тебе тоже - тяжело, а?

Яков говорил и улыбался слабой улыбкой. И звук его голоса, и слова

187

речей - всё в нём было какое-то бескровное, бесцветное... Лунёв разжал свою руку, - рука Якова слабо опустилась.

- Ну, Яша, прости...
- Бог простит! Заходи?

Илья вышел, не ответив.

На улице ему стало легче. Он ясно понимал, что скоро Яков умрёт, и это возбуждало в нём чувство раздражения против кого-то. Якова он не жалел, потому что не мог представить, как стал бы жить между людей этот тихий парень. Он давно смотрел на товарища как на обречённого к исчезновению. Но его возмущала мысль: за что измучили безобидного человека, за что прежде времени согнали его со света? И от этой мысли злоба против жизни - теперь уже основа души - росла и крепла в нём.

Ночью ему не спалось. В комнате, несмотря на открытое окно, было душно... Он вышел на двор и лёг на землю под вязом, у забора. Лёжа на спине, он смотрел в ясное небо и чем пристальнее смотрел, тем больше видел в нём звёзд. Млечный путь серебристой тканью разостлался по небу от края до края, - смотреть на него сквозь ветви дерева было приятно и грустно. В небе, где нет никого, сверкают звёзды, а земля... чем украшена? Илья прищуривал глаза - тогда казалось, что ветви поднимаются выше и выше. На голубом, усеянном яркими звёздами бархате небес чёрные узоры листвы были похожи на чьи-то руки, простёртые к небу в попытке достичь его высот. Илье вспоминались голубые сны товарища, и пред ним вставал образ Якова, тоже весь голубой, лёгкий, прозрачный, с яркими и добрыми, как звёзды, глазами... Вот: жил человек, и его замучили за то, что он смирно жил... А мучители живут, как хотят...

Сестра Гаврика стала ходить в лавочку Лунёва почти каждый день. Она являлась постоянно озабоченная чем-то, здороваясь с Ильёй, крепко встряхивала его руку и, перекинувшись с ним несколькими словами, исчезала, оставляя после себя что-то новое в мыслях Ильи. Однажды она спросила его:

- Вам нравится торговать?
- Не так, чтобы - очень, - пожимая плечами, ответил Лунёв. - Однако надо чем-нибудь жить...

Она внимательно посмотрела в его лицо серьёзными глазами своими, её лицо как-то ещё больше выдвинулось вперёд.

- А вы не пробовали жить каким-нибудь трудом? - спросила девушка.

Илья не понял её вопроса:

- Как вы сказали?
- Вы работали когда-нибудь?
- Всегда. Всю жизнь. Вот - торгую... - с недоумением ответил Лунёв.

Она улыбнулась, - и в улыбке её было что-то обидное.

- Вы думаете - торговля труд? Вы думаете - это всё равно? - быстро спросила она.

- А как же?

Глядя на её лицо, Лунёв чувствовал, что она говорит серьёзно, не шутит.

- О нет, - снисходительно улыбаясь, продолжала девушка. - Труд - это когда человек создаёт что-нибудь затратой своей силы... когда он делает... тесёмки, ленты, стулья, шкафы... понимаете?

Лунёв молча кивнул головой и покраснел: ему было стыдно сказать, что он не понимает.

- А торговля - какой же труд? Она ничего не даёт людям! - с убеждением сказала девушка, пытливо разглядывая лицо Ильи.

- Конечно, - медленно и осторожно заговорил он, - это вы верно... Торговать не очень трудно... кто привык... Но только и торговля даёт... не давала бы барыша, зачем и торговать?

Она замолчала, отвернулась от него, заговорила с братом и скоро ушла, простившись с Ильёй только кивком головы. Лицо у неё было такое, как раньше, - до истории с Машей, - сухое, гордое. Илья задумался: не обидел ли он её неосторожным словом? Он вспомнил всё, что сказал ей, и не нашёл ничего обидного. Потом задумался над её словами, они занимали его. Какую разницу видит она между торговлей и трудом?

Он не мог понять, отчего у неё такое сердитое, задорное лицо, когда она добрая и умеет не только жалеть людей, но даже помогать им. Павел ходил к ней в дом и с восторгом нахваливал её и все порядки в её доме.

- Придёшь это к ним... "А, здравствуйте!" Обедают - садись обедать, чай пьют - пей чай! Простота! Народищу всякого - уйма! Весело, - поют, кричат, спорят про книжки. Книжек - как в лавке. Тесно, толкаются, смеются. Народ всё образованный - адвокат там один, другой скоро доктором будет, гимназисты и всякие эдакие фигуры. Совсем забудешь, кто ты есть, и тоже заодно с ними и хохочешь, и куришь, и всё. Хороший народ! Весёлый, а сурьёзный...

- Меня вот, небойсь, не позовёт... - сумрачно сказал Лунёв. Гордячка...

- Она? - воскликнул Павел. - Я тебе говорю - простота! Ты зову не жди, а вали прямо... Придёшь и - кончено! У них всё равно как в трактире, ей-богу! Свободно... Я тебе говорю - что я против их? Но с двух раз - свой человек... Интересно! Играючи живут...

- Ну, а Машутка как? - спросил Илья.

- Ничего, отдышалась немного... Сидит, улыбается. Лечат её чем-то... молоком поят... Хренову-то попадёт за неё!.. Адвокат говорит - здорово влепят старому чёрту... Возят Машку к следователю... Насчёт моей тоже хлопочут, чтобы скорее суд... Нет, хорошо у них!.. Квартира маленькая, людей - как дров в печи, и все так и пылают...

189

- А она, сама-то? - допрашивал Лунёв.

О ней Павел рассказывал, как в детстве об арестантах, научивших его грамоте. Он весь напрягался и внушительно сообщал, пересыпая речь междометиями:

- Она, брат, ого-го! Она всем командует, а чуть кто не так сказал, или что - она фрр!.. Как кошка...

- Это мне известно... - сказал Илья и усмехнулся. Он завидовал Павлу: ему очень хотелось побывать у строгой гимназистки, но самолюбие не позволяло ему действовать прямо.

Стоя за прилавком, он упорно думал: "Людей много, и каждый норовит пользоваться чем-нибудь от другого. А ей - какая польза брать под свою защиту Машутку, Веру?.. Она - бедная. Чай, каждый кусок в доме-то на счету... Значит, очень добрая... А со мной говорит эдак... Чем я хуже Павла?"

Эти думы так крепко охватили его, что он стал относиться ко всему остальному почти равнодушно. В темноте его жизни как бы открылась некая щель, и сквозь неё он скорее чувствовал, чем видел, вдали мерцание чего-то такого, с чем он ещё не сталкивался.

- Мой друг, - суховато и внушительно говорила ему Татьяна Власьевна, тесьмы шерстяной узкой надо бы прикупить. Гипюр тоже на исходе... Мало и ниток чёрных номер пятидесятый... Пуговицы перламутровые предлагает одна фирма, - комиссионер у меня был... Я послала сюда. Приходил он?

- Нет, - кратко ответил Илья. Эта женщина стала для него противной. Он подозревал, что Татьяна Власьевна взяла к себе в любовники Корсакова, недавно произведённого в пристава. Ему она назначала свидания всё реже, хотя относилась так же ласково и шутливо, как и раньше. Но и от этих свиданий Лунёв, под разными предлогами, отказывался. Видя, что она не сердится на него за это, он ругал её про себя: "Блудня... гадина..."

Она особенно гадка была ему, когда приходила в магазин проверять товар. Вертясь по лавочке, как волчок, она вскакивала на прилавок, доставала с верхних полок картонки, чихала от пыли, встряхивала головой и пилила Гаврика:

- Мальчик при магазине должен быть ловок и услужлив. Его не за то кормят хлебом, что он сидит целый день у двери и чистит себе пальцем в носу. А когда говорит хозяйка, он должен слушать внимательно и не смотреть букой...

Но у Гаврика был свой характер. Слушая щебетанье хозяйки, он пребывал в полном равнодушии. Разговаривал он с нею грубо, без признаков почтения к её сану хозяйки. А когда она уходила, он замечал хозяину:

- Ускакала пигалица...

- Так нельзя говорить про хозяйку, - внушал ему Илья, стараясь не улыбаться.

- Какая она хозяйка? - протестовал Гаврик. - Придёт, натрещит и ускачет... Хозяин - вы.

- И она... - слабо возражал Илья, любивший солидного и прямодушного мальчонку.

- А она - пигалица... - не уступал Гаврик.

- Вы не учите мальчика, - говорила Автономова Илье, - и вообще... я должна сказать, что за последнее время всё у нас идёт как-то... без увлечения, без любви к делу...

Лунёв молчал и, ненавидя её всей душой, думал: "Хоть бы ты, анафема, ногу себе вывихнула, прыгая тут..."

Он получил письмо от дяди и узнал, что Терентий был не только в Киеве, но и у Сергия, чуть было не уехал в Соловки, попал на Валаам и скоро воротится домой.

"Вот ещё удовольствие, - с досадой подумал Илья. - Наверно, со мной захочет жить..."

Явились покупатели, а когда он занимался с ними, вошла сестра Гаврика. Устало, едва переводя дыхание, она поздоровалась с ним и спросила, кивая головой на дверь в комнату:

- Там - вода есть?

- Сейчас подам! - сказал Илья.

- Я сама...

Она прошла в комнату и осталась там до поры, пока Лунёв, отпустив покупателей, не вошёл к ней. Он застал её стоящей пред "Ступенями человеческой жизни". Повернув голову навстречу Илье, девушка указала глазами на картину и проговорила:

- Какая пошлость...

Лунёв почувствовал себя сконфуженным её замечанием и улыбнулся, чувствуя себя в чём-то виноватым, но, прежде чем он успел спросить у неё объяснения, она ушла...

Через несколько дней она брату принесла бельё и сделала ему выговор за то, что он слишком небрежно относится к одежде, - рвёт, пачкает.

- Ну-ну, - строптиво сказал Гаврик, - поехала. Меня хозяйка всегда кусает, да ты ещё будешь теперь!..

- Что он - очень шалит? - спросила гимназистка Илью.

- Не больше, сколько умеет... - любезно ответил Лунёв.

- Я - совсем смирный, - отрекомендовался мальчик.

- Язычок у него длинноват, - сказал Илья.

- Слышишь? - спросила Гаврика сестра, нахмурив брови.

- Ну и слышу, - сердито отозвался тот.

- Это ничего... - снисходительно заговорил Илья. - Человек, который хоть огрызнуться умеет, всё же в выигрыше против других... Другого бьют, а он молчит, и забивают его, бессловесного, в гроб...

Девушка слушала его слова, а на лице её явилось что-то вроде удовольствия. Илья заметил это.

- Что я вас хочу спросить, - сказал он и немножко смутился.

- Что?

Она подошла почти вплоть к нему, глядя прямо в его глаза. Взгляда её он не мог выносить, опустил голову и продолжал:

- Вы, понял я, торговцев не любите?

- Да!..

- За что?

- Они живут чужим трудом... - отчётливо объяснила девушка.

Илья высоко вскинул голову и поднял брови. Эти слова не только удивляли, но уже прямо обижали его. А она сказала их так просто, внятно...

- Это - неправда-с, - громко объявил Лунёв, помолчав.

Теперь её лицо вздрогнуло, покраснело.

- Сколько стоит вам вон та лента? - сухо и строго спросила она.

- Эта?.. Семнадцать копеек аршин...

- Почём продаёте?

- Двадцать...

- Ну вот... Три копейки, которые берёте вы, принадлежат не вам, а тому, кто ленту работал. Понимаете?

- Нет! - откровенно сознался Лунёв.

Тогда в глазах девушки вспыхнуло что-то враждебное ему. Он ясно видел это и оробел пред нею, но тотчас же рассердился на себя за эту робость.

- Да, я думаю, вам не легко понять такую простую мысль, - говорила она, отступив от прилавка к двери. - Но - представьте себе, что вы рабочий, вы делаете всё это...

Широким жестом руки она повела по магазину и продолжала рассказывать ему о том, как труд обогащает всех, кроме того, кто трудится. Сначала она говорила так, как всегда, - сухо, отчётливо, и некрасивое лицо её было неподвижно, а потом брови у ней дрогнули, нахмурились, ноздри раздулись, и, высоко вскинув голову, она в упор кидала Илье крепкие слова, пропитанные молодой, непоколебимой верой в их правду.

- Торгаш стоит между рабочим и покупателем... он ничего не делает, но увеличивает цену вещи... торговля - узаконенное воровство.

Илья чувствовал себя оскорблённым, но не находил слов, чтоб возразить этой дерзкой девушке, прямо в глаза ему говорившей, что он

192

бездельник и вор. Он стиснул зубы, слушал и не верил её словам, не мог верить. И, отыскивая в себе такое слово, которое сразу бы опрокинуло все её речи, заставило бы замолчать её, - он в то же время любовался её дерзостью... А обидные слова, удивляя его, вызывали в нём тревожный вопрос: "За что?"

- Всё это - не так-с! - громким голосом прервал он её наконец, ибо почувствовал, что больше уже не может безответно слушать её речь. - Нет... я не согласен!

В груди его вскипало бурное раздражение, лицо покрылось красными пятнами.

- Возражайте! - спокойно сказала девушка, садясь на табурет, и, перебросив свою длинную косу на колени себе, она стала играть ею.

Лунёв вертел головой, чтоб не встречаться с её недружелюбным взглядом.

- И возражу! - не сдерживаясь больше, крикнул он. - Я... всей жизнью возражу!! Я... может быть, великий грех сделал, прежде чем до этого дошёл...

- Тем хуже... Но это не возражение... - сказала девушка и точно холодной водой плеснула в лицо Ильи. Он опёрся руками о прилавок, нагнулся, точно хотел перепрыгнуть через него, и, встряхивая курчавой головой, обиженный ею, удивлённый её спокойствием, смотрел на неё несколько секунд молча. Её взгляд и неподвижное, уверенное лицо сдерживали его гнев, смущали его. Он чувствовал в ней что-то твёрдое, бесстрашное. И слова, нужные для возражения, не шли ему на язык.

- Ну, что же вы? - хладнокровно вызывая его, спросила она. Потом усмехнулась и с торжеством сказала: - Возражать мне нельзя, потому что я сказала истину!

- Нельзя? - глухо переспросил Лунёв.

- Да, нельзя! Что вы можете возражать?

Она снова улыбнулась снисходительной улыбкой.

- До свиданья!

И ушла, подняв голову ещё выше, чем всегда.

- Это пустяки! Неверно-с! - крикнул Лунёв вслед ей. Но она не обернулась на его крик.

Илья опустился на табурет. Гаврик, стоя у двери, смотрел на него и, должно быть, был очень доволен поведением сестры, - лицо у него было важное, победоносное.

- Что смотришь? - сердито крикнул Лунёв, чувствуя, что этот взгляд неприятен ему.

- Ничего! - ответил мальчик.

- То-то!.. - угрожающим голосом произнёс Лунёв и, помолчав, добавил: Иди... гуляй!

Но и оставшись наедине, он не мог собраться с мыслями. Он не вдумывался в смысл того, что сказала ему девушка, её слова прежде всего были обидны.

"Что я ей сделал?.. Пришла, осудила и ушла... Ну-ка, приди-ка ещё? Я тебе отвечу..."

Грозя ей, искал - за что она обидела его? Ему вспомнилось, как Павел рассказывал о её уме, простоте.

"Пашку, небойсь, не обижает..."

Приподняв голову, он увидал себя в зеркале. Чёрные усики шевелились над его губой, большие глаза смотрели устало, на скулах горел румянец. Даже и теперь его лицо, обеспокоенное, угрюмое, но всё-таки красивое грубоватой красотой, было лучше болезненно жёлтого, костлявого лица Павла Грачёва.

"Неужто Пашка ей больше меня нравится? - подумал он. И тотчас же возразил сам себе: - А что ей до моей рожи? Не жених..."

Он пошёл в комнату, выпил стакан воды, оглянулся. Яркое пятно картины бросилось в глаза ему, он уставился на размеренные "Ступени человеческого века", Думая: "Обман это... Разве так живут?"

И вдруг добавил безнадёжно: "Да и так если - тоже скука!.."

Медленно подойдя к стене, он сорвал с неё картину и унёс в магазин. Там, разложив её на прилавке, он снова начал рассматривать превращения человека и смотрел теперь с насмешкой, пока от картины зарябило в глазах. Тогда он смял её, скомкал и бросил под прилавок; но она выкатилась оттуда под ноги ему. Раздражённый этим, он снова поднял её, смял крепче и швырнул в дверь, на улицу...

На улице было шумно. По той стороне, тротуаром, кто-то шёл с палкой. Палка стукала по камням не в раз с ногой идущего, казалось, что у него три ноги. Ворковали голуби. Где-то громыхало железо, - должно быть, трубочист ходил по крыше. Мимо магазина проехал извозчик. Он дремал, и голова у него качалась. И всё качалось вокруг Ильи. Он взял счёты, посмотрел на них и положил - двадцать копеек. Посмотрел ещё и - семнадцать скинул. Осталось три копейки. Он щёлкнул по косточкам ногтем; косточки завертелись на проволоке с тихим шумом и, разъединившись, остановились.

Илья вздохнул, отодвинул счёты прочь, навалился грудью на прилавок и замер, слушая, как бьётся его сердце.

На другой день сестра Гаврика опять пришла. Она была такая же, как всегда: в том же стареньком платье, с тем же лицом.

"Ишь ты", - неприязненно подумал Лунёв, наблюдая её из комнаты.

На поклон девушки он неохотно склонил пред ней голову. А она вдруг улыбнулась доброй улыбкой и ласково спросила его:

- Вы что какой бледный? Нездоровы, да?

194

- Здоров, - кратко ответил Илья, стараясь не выдавать пред нею чувства, возбуждённого её вниманием. А чувство было хорошее, радостное: улыбка и слова девушки коснулись его сердца так мягко и тепло, но он решил показать ей, что обижен, тайно надеясь, что девушка скажет ему ещё ласковое слово, ещё улыбнётся. Решил - и ждал, надутый, не глядя на неё.

- Вы, кажется, обиделись на меня? - раздался её твёрдый голос. Он так резко отличался от тех звуков, которыми она сказала свои первые слова, что Илья тревожно взглянул на неё, а она уж вновь была такая, как всегда, что-то заносчивое, задорное было в её тёмных глазах.

- Я к обидам привык, - сказал Лунёв и усмехнулся в лицо ей вызывающей улыбкой, чувствуя холод разочарования в груди.

"А, ты играешь! - думалось ему. - Погладишь да прибьёшь? Ну нет..."

- Я не хотела обижать вас...

- Вам меня обидеть трудно! - дерзко и громко заговорил он. - Я ведь вам цену знаю-с: птица вы невысокого полёта!

Она выпрямилась при этих словах, удивлённая, широко открыв глаза. Но Илья уже не видел ничего: буйное желание отплатить ей охватило его, как огнём, и, намеренно не торопясь, он обкладывал её тяжёлыми и грубыми словами:

- Барство ваше, гордость эта - вам недорого обходятся, в гимназиях всяк может этого набраться... А без гимназий - швея вы, горничная... По бедности вашей ничем другим быть не можете, - верно-с?

- Что вы говорите? - тихо воскликнула она.

Илья смотрел ей в лицо и с удовольствием видел, как раздуваются её ноздри, краснеют щёки.

- Говорю, что думаю! А думаю я так, что дешёвому вашему барству - грош цена!

- Во мне нет барства! - звенящим голосом крикнула девушка. Братишка подбежал к ней, схватил её за руку и, злыми глазами глядя на хозяина, тоже закричал:

- Уйдём, Сонька!

Лунёв окинул их взглядом и уже с ненавистью, хладнокровно сказал:

- Да-с, - уйдите-ка! Ни я вам, ни вы мне... не нужны.

Они оба как-то странно мелькнули в его глазах и исчезли. Он засмеялся вслед им. Потом, оставшись один в магазине, несколько минут стоял неподвижно, упиваясь острой сладостью удавшейся мести. Возмущённое, недоумевающее, немного испуганное лицо девушки хорошо запечатлелось в его памяти.

"Мальчишка-то... какой..." - вертелась у него в голове бессвязная мысль: поступок Гаврика немножко мешал ему, нарушая его настроение.

"Вот тебе и спесь!.. - внутренне усмехаясь, думал он. - Танечка бы пришла теперь... я бы и ей... заодно..."

Он ощущал в себе желание растолкать всех людей прочь от себя, растолкать их грубо, обидно, без пощады...

Но Танечка не пришла, весь день он пробыл один, и день этот был странно длинен. Ложась спать, Илья чувствовал себя одиноким и обиженным этим одиночеством ещё более, чем словами девушки. Закрыв глаза, он вслушивался в тишину ночи и ждал звуков, а когда звук раздавался, Илья вздрагивал и, пугливо приподняв голову с подушки, смотрел широко открытыми глазами во тьму. Вплоть до утра он не мог уснуть, чего-то ожидая, чувствуя себя точно запертым в погребе, задыхаясь от жары и неуклюжих, бессвязных мыслей. Он встал с тяжёлой головой, хотел поставить самовар, но не поставил, а, умывшись, выпил ковш воды и открыл магазин.

Около полудня явился Павел, сердитый, с нахмуренными бровями. Не здороваясь с товарищем, он прямо спросил его:

- Ты что это зазнаёшься?

Илья понял, о чём он говорит, и, безнадёжно тряхнув головой, промолчал, думая:

"И этот против меня..."

- За что ты Софью Никоновну обидел? - строго допрашивал Павел, стоя перед ним. В надутом лице Грачёва и в укоряющих его глазах Илья видел осуждение себе, но отнёсся к нему равнодушно.

Медленно, усталым голосом он сказал:

- Ты бы прежде поздоровался, что ли... да и шапку сними - здесь икона...

Но Павел схватил фуражку за козырёк, надвинул её на голову плотнее, задорно скривил губы и заговорил торопливо, горячо, вздрагивающим голосом:

- Форси! Разбогател! Наелся! Вспомнил бы, как говорил - "нет человека для нас!" А вот он нашёлся - гонишь его... Эх ты, купец!

Тупое чувство какой-то лени мешало Лунёву отвечать на слова товарища. Безразличным взглядом он рассматривал возбуждённое, насмешливое лицо Павла и чувствовал, что укоры не задевают его души. Жёлтые волоски в усах и на подбородке Грачёва были как плесень на его худом лице, и Лунёв смотрел на них, равнодушно соображая:

"Разве я её очень обидел? Мог хуже..."

- Она всё понимает, всё может объяснить... а ты с ней... эх! - говорил Павел, по обыкновению густо пересыпая свою речь междометиями.

- Перестань, - сказал Лунёв. - Что ты меня учишь? Как хочу, так и делаю... Как хочу, так и живу... Надоели вы мне все... Ходите, говорите...

И, тяжело прислоняясь к полкам с товаром, Лунёв задумчиво, как бы спрашивая сам себя, выговорил:

- А что вы можете сказать?

- Она всё может! - с глубоким убеждением воскликнул Павел и даже руку поднял кверху, точно готовясь принять присягу. - Они знают всё!

- Ну, и ступай к ним! - равнодушно посоветовал ему Илья. И слова и возбуждение Павла были неприятны ему, но возражать товарищу он не имел желания. Скука, тяжёлая и липкая, мешала ему говорить и думать, связывала его.

- И уйду! - угрожая, говорил Павел. - Уйду, потому что понимаю: мне только около них и можно жить... около них можно всё для себя найти, да!

- Не ори! - сказал ему Лунёв негромко и бессильно.

Пришла девочка и спросила дюжину пуговиц рубашечных. Илья, не торопясь, дал ей просимое, взял из её руки двугривенный, потёр его между пальцами и возвратил покупательнице, сказав:

- Сдачи нет, - после принесёшь...

Сдача была в конторке, но ключ лежал в комнате, и Лунёву не хотелось пойти за ним. Когда девочка ушла, Павел не возобновлял разговора. Стоя у прилавка, он хлопал себя по колену снятым с головы картузом и смотрел на товарища, как бы ожидая от него чего-то. Но Лунёв, отвернувшись в сторону, тихо свистел сквозь зубы.

- Ну, что же ты? - вызывающе спросил Павел.

- Ничего, - не сразу ответил Лунёв.

- Так-таки - ничего?

- Отстань Христа ради! - воскликнул Лунёв нетерпеливо.

Грачёв кинул картуз на голову себе и ушёл. Илья проводил его глазами и снова засвистал.

Большая рыжая собака заглянула в дверь, помахала хвостом и исчезла. Потом явилась в двери старуха-нищая, с большим носом. Она кланялась и говорила вполголоса:

- Подайте, батюшка, милостыньку!..

Лунёв молча кивнул ей головой, отказывая в милостыне. По улице в жарком воздухе колебался шум трудового дня. Казалось, топится огромная печь, трещат дрова, пожираемые огнём, и дышат знойным пламенем. Гремит железо - это едут ломовики: длинные полосы, свешиваясь с телег, задевают за камни мостовой, взвизгивают, как от боли, ревут, гудят. Точильщик точит ножи - злой, шипящий звук режет воздух...

Каждая минута рождает что-нибудь новое, неожиданное, и жизнь поражает слух разнообразием своих криков, неутомимостью движения, силой неустанного творчества. Но в душе Лунёва тихо и мертво: в ней всё как будто остановилось, - нет ни дум, ни желаний, только тяжёлая усталость. В таком состоянии он провёл весь день и потом ночь, полную кошмаров... и много таких дней и ночей. Приходили люди, покупали, что надо было им, и уходили, а он их провожал холодной мыслью: "Я им не нужен, и они мне не нужны... Буду жить один..."

Вместо Гаврика ему ставила самовар и носила обед кухарка домохозяина, женщина угрюмая, худая, с красным лицом. Глаза у неё были бесцветные, неподвижные. Иногда, взглянув на нее, Лунёв ощущал где-то в глубине души возмущение: "Неужто ничего хорошего так и не увижу я?"

Он уже привык к разнородным впечатлениям, и хотя они волновали, злили его, но с ними всё же лучше было жить. Их приносили люди. А теперь люди исчезли куда-то, - остались одни покупатели. Потом ощущение одиночества и тоска о хорошей жизни снова утопали в равнодушии ко всему, и снова дни тянулись медленно, в какой-то давящей духоте.

Однажды поутру Илья только что проснулся и сидел на постели, думая, что вот опять день пришёл - нужно его прожить...

В дверь со двора постучали дробным, частым стуком.

Илья встал, думая, что это кухарка за самоваром пришла, отпер дверь и очутился лицом к лицу с горбуном.

- Эге-ге! - качая головой и улыбаясь, заговорил Терентий. - Девятый час, а у тебя, торговец, лавка не отперта!

Илья стоял пред ним, мешая ему войти в дверь, и тоже улыбался. Лицо у Терентия загорело, но как-то обновилось; глаза смотрели радостно и бойко. У ног его лежали мешки, узлы, и он сам среди них казался узлом.

- Пускай, что ли, в жильё-то!

Илья молча начал втаскивать узлы, а Терентий отыскал глазами образ, осенил себя крестом и, поклонясь, сказал:

- Слава тебе, господи, - вот я и дома! Ну, здравствуй, Илья!

Обнимая дядю, Лунёв почувствовал, что тело горбуна стало крепким, сильным.

- Умыться бы мне, - говорил Терентий, оглядывая комнату. Хождение с котомкой за плечами как будто оттянуло его горб книзу.

- Как поживаешь? - спрашивал он племянника, бросая пригоршнями воду на своё лицо.

Илье было приятно видеть дядю таким обновлённым. Он хлопотал около стола, приготовляя чай, но отзывался на вопросы горбуна сдержанно, осторожно.

- Ты - как?

- Я? Хорошо! - Терентий закрыл глаза и с довольной улыбкой покачал головой. - Так-то ли хорошо я сходил, - лучше не надо! Живой водицы испил, словом сказать...

Он уселся за стол, намотал свою бородку на палец и, склонив голову набок, стал рассказывать:

- Был я у Афанасья Сидящего и у переяславльских чудотворцев, и у Митрофания Воронежского, и у Тихона Задонского... ездил на Валаам остров... множество земли исходил. Многиим угодникам молился, а сейчас был: у Петра Фавроньи в Муроме...

Должно быть, он испытывал большое удовольствие, перечисляя имена угодников и города, - лицо у него было сладкое, глаза смотрели гордо. Слова своей речи он произносил на тот певучий лад, которым умелые рассказчики сказывают сказки или жития святых.

- В пещерах святой лавры тишь стоит непоколебимая, тьма в них страховитая, а во тьме детскими глазыньками лампадочки блещут, и святым миром пахнет...

Вдруг хлынул дождь, за окном раздался вой, визг, железо крыш гудело, вода, стекая с них, всхлипывала, и в воздухе как бы дрожала сеть толстых нитей стали.

- Та-ак, - медленно протянул Илья. - Ну, что же - облегчился?

Терентий замолчал на минуту, потом, наклоняясь к Илье, пониженным голосом сказал ему:

- Примером скажу: как сапог ногу, жал мне сердце грех этот, невольный мой... Невольный, - потому, не послушал бы я в ту пору Петра, он бы меня швырь вон! Вышвырнул бы... Верно?

- Верно! - согласился Илья.

- Ну вот!.. А как я пошёл... эдакая лёгкость на душе явилась... Иду и говорю: "Господи, видишь? Иду ко угодникам твоим..."

- Значит - рассчитался? - спросил Лунёв с улыбкой.

- Как он примет мою молитву - не ведаю! - сказал горбун, подняв глаза кверху.

- Да совесть-то как? Спокойна?

Терентий подумал, как бы прислушиваясь к чему-то, и сказал:

- Молчит...

Илья встал, подошёл к окну. Широкие ручьи мутной воды бежали около тротуара; на мостовой, среди камней, стояли маленькие лужи; дождь сыпался на них, они вздрагивали: казалось, что вся мостовая дрожит. Дом против магазина Ильи нахмурился, весь мокрый, стёкла в окнах его потускнели, и цветов за ними не было видно. На улице было пусто и тихо, - только дождь шумел и журчали ручьи. Одинокий голубь прятался под карнизом, усевшись на наличнике окна, и отовсюду с улицы веяло сырой, тяжёлой скукой.

"Осень начинается", - мелькнуло в голове Лунёва.

- Чем иным оправдаться можно, как не молитвой? - говорил Терентий, развязывая свой мешок.

- Просто очень, - хмуро заметил Илья, не оборачиваясь к дяде. Согрешил, помолился - чист! Валяй опять - греши...

- За-ачем? Живи строго...

- Чего ради?

- А - совесть чистая?

- А что в ней толку?

- Н-ну-у... - неодобрительно протянул Терентий. - Как ты это говоришь...

- Так и говорю, - настойчиво и твёрдо продолжал Илья, стоя спиной к дяде.

- Грех!

- Ну и грех...

- Наказан будешь!

- Нет...

Теперь он отвернулся от окна и смотрел в лицо Терентия. Горбун, чмокая губами, долго искал слова, чтобы возразить, и, найдя его, внушительно выговорил:

- Будешь!.. Вот я - согрешил и был наказан...

- Чем это? - угрюмо спросил Илья.

- Страхом! Жил и всё боялся - вдруг узнают?

- А я вот согрешил, а не боюсь, - объявил Илья, усмехаясь.

- Дуришь ты, - сказал Терентий строгим голосом.

- Не боюсь! Жить мне трудно однако...

- А-а! - воскликнул Терентий с торжеством. - Вот и наказание!

- За что? - крикнул Илья почти с бешенством. Челюсть у него тряслась. Терентий смотрел на него испуганно, помахивая в воздухе какой-то верёвочкой.

- Не кричи, не кричи! - говорил он вполголоса.

Но Илья кричал. Давно уже он не говорил с людьми и теперь выбрасывал из души всё, что накопилось в ней за эти дни одиночества.

- Не только грабь, - убивай! - ничего не будет! Некому наказывать... Наказывают неумеющих, а кто умеет - тот всё может делать, всё!

Вдруг за дверью что-то грохнуло, покатилось, затрещало и остановилось где-то близко, у самой двери. Они оба, вздрогнув, замолчали.

- Что это? - тихо и пугливо сказал горбун.

Илья подошёл к двери, отворил её и выглянул на двор. В комнату влетел тихий свист, хрип, шёпот, вихрь звуков.

- Ящики развалились, - сказал Лунёв, затворяя дверь и снова проходя к окну.

Терентий присел на пол разбирать свои мешки, говоря:

- Нет, ты подумай! Ты такие слова кричишь, ой-ой, брат! Безбожием бога не прогневаешь, но себя погубишь... Слова - мудрые, - я дорогой слыхал их от одного человека... Сколько мудрости слышал я!

Он снова начал рассказывать о своём путешествии, искоса поглядывая на Илью. А Илья слушал его речь, как шум дождя, и думал о том, как он будет жить с дядей...

Зажили недурно. Терентий сделал себе из ящиков кровать между печью и дверью, в углу, где по ночам тьма сгущалась плотнее, чем в других местах комнаты. Присмотревшись к жизни Лунёва, он взял на себя обязанности Гаврика - ставил самовары, убирал магазин и комнату, ходил в трактир за обедом и всегда мурлыкал себе под нос акафисты. Вечерами он рассказывал племяннику о том, как Аллилуиева жена спасла Христа от врагов, бросив в горящую печь своего ребёнка, а Христа взяв на руки вместо него. Рассказывал о том, как монах триста лет слушал пение птички; о Кирике и Улите и о многом другом. Лунёв, слушая его, думал свои думы... По вечерам он уходил гулять, и всегда его манило за город. Там, в поле, ночью было тихо, темно и пустынно, как в его душе.

Чрез неделю после его возвращения Терентий сходил к Петрухе Филимонову и вернулся от него обескураженный, обиженный. Но когда Илья спросил - что с ним? - он ответил торопливо:

- Ничего, ничего! Был, значит, видел всё, стало быть... поговорили...

- Что Яков? - спросил Илья.

- Он, Яков-то, того... помирать хочет... Жёлтый... кашляет...

Терентий замолчал, глядя в угол, грустный и жалкий.

Жизнь шла ровно, однообразно: дни походили один на другой, как медные пятаки чеканки одного года. Угрюмая злоба хоронилась в глубине души Лунёва, как большая змея, и пожирала все впечатления этих дней. Никто из старых знакомых не приходил к нему: Павел и Маша, видимо, нашли себе другую дорогу в жизни; Матицу сшибла лошадь, и баба умерла в больнице; Перфишка исчез, точно провалился сквозь землю. Лунёв всё собирался пойти к Якову и не мог собраться, чувствуя, что ему не о чем говорить с умирающим товарищем. Утром он читал газету, а днём сидел в магазине, глядя, как осенний ветер гоняет по улице жёлтые листья, сорванные с деревьев. Иногда и в магазин залетал такой лист...

- Преподобие отче Тихоне, моли бога о на-ас... - хрустевшим, как сухие листья, голосом напевал Терентий, возясь в комнате.

Однажды в воскресенье, развернув газету, Илья увидал на первой её странице стихотворение: "Прежде и теперь. Посвящается С.П. М-ой", подписанное "П. Грачёв".

В недуге тяжком и в бреду
Я годы молодости прожил.
Вопрос - куда, слепой, иду?

201

Ума и сердца не тревожил.
Мрак мою душу оковал
И ослепил мне ум и очи...
Но я всегда - и дни и ночи
О чём-то светлом тосковал!..
Вдруг - светом внутренним полна,
Ты предо мною гордо встала
И, дрогнув, мрака пелена
С души и глаз моих упала!
Да будет проклят этот мрак!
Свободный от его недуга,
Я чувствую - нашёл я друга!
И ясно вижу - кто мой враг!..

Лунёв прочитал и с сердцем отодвинул газету от себя.

"Сочиняй! Выдумывай! Друг... враг!.. Кто - дурак, тому всякий враг... да!" - он криво усмехнулся. И как-то вдруг, точно другим сердцем, подумал: "А что, ежели я туда махну? Приду и скажу... вот пришёл! Извините..."

"За что?" - тотчас же спросил он себя. И закончил всё это решительным и угрюмым словом:

"Прогонит..."

Потом он, с обидой и завистью в сердце, снова прочитал стихи и снова задумался о девушке...

"Гордая... Посмотрит эдак... ну и - уйдёшь с чем пришёл..."

В этой же газете, в справочном отделе, он прочитал, что на двадцать третье сентября в окружном суде назначено к слушанию дело по обвинению Веры Капитановой в краже. Злорадное чувство вспыхнуло в нём, и, мысленно обращаясь к Павлу, он сказал: "Стихи сочиняешь? А она - в тюрьме всё сидит?.."

- Боже! Милостив буди ми грешному, - вздохнув, прошептал Терентий, грустно качая головой. Потом он взглянул на племянника, шуршавшего газетой, и окрикнул его: - Илья...

- Ну?

- Петруха-то...

Горбун жалобно улыбнулся и замолчал.

- Что? - спросил Лунёв.

- О-ограбил он меня, - тихо, виноватым голосом сообщил Терентий и уныло хихикнул. Илья равнодушно поглядел на лицо дяди и спросил:

- Сколько украли вы?

Дядя отодвинулся от стола вместе со стулом, наклонил голову и, держа руки на коленях, стал шевелить пальцами, то сгибая, то разгибая их.

- Тысяч десять, что ли? - вновь спросил Лунёв. Горбун вскинул голову и с удивлением протянул:

- Деся-ать? Что ты, господь с тобой! Всего-навсего три тыщи шестьсот с мелочью, а ты - десять! Хватил!..

- У дедушки больше десяти было, - сказал Илья, усмехаясь.

- Врё-ё?

- Ну, вот ещё... он сам говорил...

- Да он считать-то умел ли?

- Не хуже вас с Петром...

Терентий задумался, и вновь голова его низко опустилась.

- Сколько Петруха недодал? - спросил Илья.

- Около семисот... - со вздохом сказал Терентий. - Так - больше десяти? Где же такая уйма деньжищ спрятана была? Мы, кажись бы, всё забрали... А может, Петруха-то ещё и тогда надул меня... а?

- Молчал бы ты! - сурово сказал Лунёв.

- Да, уж теперь не стоит говорить! - согласился Терентий и тяжело вздохнул.

А Лунёв подумал о жадности человека, о том, как много пакостей делают люди ради денег. Но тотчас же представил, что у него - десятки, сотни тысяч, о, как бы он показал себя людям! Он заставил бы их на четвереньках ходить пред собой, он бы... Увлечённый мстительным чувством, Лунёв ударил кулаком по столу, - вздрогнул от удара, взглянул на дядю и увидал, что горбун смотрит на него, полуоткрыв рот, со страхом в глазах.

- Задумался я, - хмуро сказал он, вставая из-за стола.

- Бывает, - недоверчиво согласился тот.

Когда Илья пошёл в магазин, он пытливо смотрел вслед ему, и губы его беззвучно шевелились... Илья не видел, но чувствовал этот подозрительный взгляд за своей спиной: он уже давно заметил, что дядя следит за ним, хочет что-то понять, о чём-то спросить. Это заставляло Лунёва избегать разговоров с дядей. С каждым днём он всё более ясно чувствовал, что горбатый мешает ему жить, и всё чаще ставил пред собою вопрос: "Долго это будет тянуться?"

В душе Лунёва словно назревал нарыв; жить становилось всё тошнее. Всего хуже было то, что ему ничего не хотелось делать: никуда его не тянуло, но казалось порою, что он медленно и всё глубже опускается в тёмную яму.

Вскоре после того, как приехал Терентий, явилась Татьяна Власьевна, уезжавшая куда-то из города. При виде горбатого мужичка, в коричневой рубахе из бумазеи, она брезгливо поджала губы и спросила Илью:

- Это ваш дядя?

- Да, - коротко ответил Лунёв.

- С вами будет жить?

- Обязательно...

Татьяна Власьевна, почувствовав что-то вызывающее в ответах компаньона, перестала обращать внимание на горбуна; а Терентий, стоя у двери, на месте Гаврика, покручивал бородку и любопытными глазами следил за тоненькой, одетой в серое фигуркой женщины. Лунёв тоже смотрел, как она воробушком прыгает по магазину, и молча ждал, что она ещё спросит, готовый закидать её тяжёлыми, обидными словами. Но она, искоса поглядывая на его злое лицо, не спрашивала ни о чём. Стоя за конторкой, она перелистывала книгу дневной выручки и говорила о том, как приятно жить в деревне, как это дёшево стоит и хорошо действует на здоровье.

- Там была маленькая речушка, - тихая такая! И весёлая компания... один телеграфист превосходно играл на скрипке... Я выучилась грести... Но мужицкие дети! Это наказание! Вроде комаров - ноют, клянчат... Дай, дай! Это их отцы учат и матери...

- Никто не учит, - сухо заговорил Илья. - Отцы и матери работают. А дети - без призора живут... Неправду вы говорите...

Татьяна Власьевна удивлённо взглянула на него, открыла рот, желая что-то сказать, но в это время Терентий почтительно улыбнулся и заявил:

- Господа в деревне теперь - диковина... Допрежде в каждой деревне барин весь век свой был, а теперь наездом бывают...

Автономова перевела глаза на него, потом снова на Илью и, не сказав ни слова, уставилась в книгу. Терентий сконфузился и стал одёргивать рубашку. С минуту в магазине все молчали, - был слышен только шелест листов книги да шорох - это Терентий тёрся горбом о косяк двери...

- А ты, - вдруг раздался сухой и спокойный голос Ильи, - прежде чем с господами в разговор вступать, спроси: "Позвольте, мол, поговорить, сделайте милость..." На колени встань...

Книга вырвалась из-под руки Татьяны Власьевны и поехала по конторке, но женщина поймала её, громко хлопнула по ней рукой и засмеялась. Терентий, наклонив голову, вышел на улицу... Тогда Татьяна Власьевна исподлобья с улыбкой взглянула на угрюмое лицо Лунёва и вполголоса спросила:

- Сердишься? За что?

Лицо у неё было плутоватое, ласковое, глаза блестели задорно... Лунёв, протянув руку, взял её за плечо... В нём вспыхнула ненависть к ней, зверское желание обнять её, давить на своей груди и слушать треск её тонких костей.

Оскалив зубы, он притягивал её к себе, а она, схватив его руку, старалась оторвать её от своего плеча и шептала:

- Ой... пусти! Больно!.. Ты с ума сошёл? Здесь нельзя обниматься... И...

послушай! Дядю неудобно иметь: он горбатый... его будут бояться... пусти же! Его надо куда-нибудь пристроить, - слышишь?

Но он уже обнял её и медленно наклонял голову над её лицом с расширенными глазами.

- Что ты? Здесь нельзя... оставь!

Она вдруг опустилась и выскользнула из его рук, гибкая, как рыба. Лунёв сквозь горячий туман в глазах видел её у двери на улицу. Оправляя кофточку дрожащими руками, она говорила:

- Ах, какой ты грубый! Разве не можешь подождать?

У него в голове шумело, точно там ручьи текли. Неподвижно, сцепивши крепко пальцы рук, он стоял за прилавком и смотрел на неё так, точно в ней одной видел всё зло, всю тяжесть своей жизни.

- Это хорошо, что ты страстный, но, голубчик, надо же быть сдержанным...

- Уйди! - сказал Илья.

- Ухожу... Сегодня я не могу принять тебя... но послезавтра - двадцать третьего - день моего рожденья... придёшь?

Говоря, она ощупывала пальцами брошь и не смотрела на Илью.

- Уйди! - повторил он, вздрагивая от желания поймать её и мучить.

Она ушла. Тотчас же явился Терентий и почтительно спросил:

- Это вот и есть - компаньонка?

Лунёв кивнул головой, облегчённо вздыхая.

- Какая... ишь ты! Маленькая, а...

- Поганая! - сказал Илья густым голосом.

- Мм... - недоверчиво промычал Терентий. Илья почувствовал на своём лице пытливый, догадывающийся взгляд дяди и с сердцем спросил:

- Ну, что смотришь?

- Я? Господи, помилуй! Ничего...

- Я знаю, что говорю... Сказал - поганая, и - кончено! Хуже скажу - и то правда будет...

- Вон оно что-о... - протянул горбун соболезнующим голосом.

- Что? - сурово крикнул Илья.

- Стало быть...

- Что - стало быть?

Терентий стоял пред ним, переступая с ноги на ногу, испуганный и оскорблённый криками: лицо у него было жалкое, глаза часто мигали.

- Стало быть - ты лучше знаешь... - сказал он, помолчав.

На улице было невесело. Несколько дней кряду шёл дождь. Серые чистенькие камни мостовой скучно смотрели в серое небо, они были похожи на лица людей. Во впадинах между ними лежала грязь, оттеняя собою их холодную чистоту... Жёлтый лист на деревьях вздрагивал предсмертной дрожью. Где-то частыми ударами палки выбивали пыль из ковров или меховой одежды - дробные звуки сыпались в воздух. В конце улицы, из-за крыш домов на небо поднимались густые, сизые и белые облака. Тяжело, огромными клубами они лезли одно на другое, всё выше и выше, постоянно меняя формы, то похожие на дым пожара, то - как горы или как мутные волны реки. Казалось, что все они только за тем поднимаются в серую высоту, чтобы сильнее упасть оттуда на дома, деревья и на землю. Лунёв смотрел на их живую стену пред собой, вздрагивая от скуки и холода.

"Надо бросить... магазин и всё... Пусть дядя торгует с Танькой... а я - уйду..."

Ему представилось огромное, мокрое поле, покрытое серыми облаками небо, широкая дорога с берёзами по бокам. Он идёт с котомкой за плечами, его ноги вязнут в грязи, холодный дождь бьёт в лицо. А в поле, на дороге, нет ни души... даже галок на деревьях нет, и над головой безмолвно двигаются синеватые тучи...

"Удавлюсь", - равнодушно подумал он.

Проснувшись утром через день, он увидал на отрывном календаре чёрную цифру двадцать три и... вспомнил, что сегодня судят Веру. Он обрадовался возможности уйти из магазина и почувствовал горячее любопытство к судьбе девушки. Наскоро выпив чаю, почти бегом он пошёл в суд. В здание не пускали, - кучка народа жалась у крыльца, ожидая, когда отворят двери. Лунёв тоже встал у дверей, прислонясь спиной к стене. Широкая площадь развёртывалась пред судом, среди неё стояла большая церковь. Лик солнца, бледный и усталый, то появлялся, то исчезал за облаками. Почти каждую минуту вдали на площадь ложилась тень, ползла по камням, лезла на деревья, и такая она была тяжёлая, что ветви деревьев качались под нею; потом она окутывала церковь от подножия до креста, переваливалась через неё и без шума двигалась дальше на здание суда, на людей у двери его...

Люди были какие-то серые, с голодными лицами; они смотрели друг на друга усталыми глазами и говорили медленно. Один из них - длинноволосый, в лёгком пальто, застёгнутом до подбородка, в измятой шляпе - озябшими, красными пальцами крутил острую рыжую бороду и нетерпеливо постукивал о землю ногами в худых башмаках. Другой, в заплатанной поддёвке и картузе, нахлобученном на глаза, стоял, опустив голову на грудь, сунувши одну руку за пазуху, а другую в карман. Он казался дремлющим. Чёрненький человечек в пиджаке и высоких сапогах, похожий на жука, беспокоился: поднимал острую бледную мордочку кверху, смотрел в небо, свистал, морщил брови, ловил языком усы и разговаривал больше всех.

- Отпирают? - восклицал он и, склонив голову набок, прислушивался. Нет... гм!.. А времени много уж... Вы, моншер, в библиотеку не заходили?

- Нет, рано... - в два удара, но в один тон ответил длинноволосый.

- Чёрт возьми... холодно, знаете!

Длинноволосый сочувственно крякнул и сказал задумчиво:

- Где бы мы грелись, если бы не было суда и библиотеки?

Черненький молча передёрнул плечами. Илья рассматривал этих людей и вслушивался в их разговор. Он видел, что это - "шалыганы", "стрелки", люди, которые живут тёмными делами, обманывают мужиков, составляя им прошения и разные бумаги, или ходят по домам с письмами, в которых просят о помощи.

Пара голубей опустилась на мостовую, неподалёку от крыльца. Толстый голубь с отвисшим зобом, переваливаясь с ноги на ногу, начал ходить вокруг голубки, громко воркуя.

- Фь-ю! - резко свистнул черненький человечек. Человек в поддёвке вздрогнул и поднял голову. Лицо у него было опухшее, синее, со стеклянными глазами.

- Терпеть не могу голубей! - воскликнул черненький, глядя вслед улетавшим птицам. - Жирные... вроде богатых лавочников... воркуют... прротивно! Судитесь? - неожиданно спросил он Илью.

- Нет...

Черненький человек осмотрел Лунёва с ног до головы и в нос себе проговорил:

- Странно...

- Чего же странного? - спросил Илья, усмехнувшись.

- У вас лицо обвиняемого, - скороговоркой сказал человек. - А, отпирают...

Он первый нырнул в открытую дверь суда. Задетый его словом, Илья пошёл за ним и в дверях толкнул плечом длинноволосого.

- Тише, невежа, - спокойно сказал длинноволосый и, в свою очередь, тоже толкнув Илью, опередил его.

Но этот толчок не обидел Илью, а только удивил его.

"Чудно! - подумал он. - Толкается, как будто барин и везде может первым идти, а сам вон какой..."

В зале суда было сумрачно и тихо. Длинный стол, крытый зелёным сукном, кресла с высокими спинками, золото рам, огромный, в рост человека, портрет царя, малиновые стулья для присяжных, большая деревянная скамья за решёткой, - всё было тяжёлое и внушало уважение. Окна глубоко уходили в серые стены; занавески толстыми складками висели над окнами, а стёкла в них были мутные. Тяжёлые двери отворялись бесшумно, и без шума, быстро расхаживали люди в мундирах. Лунёв осматривался, жуткое чувство щемило ему сердце, а когда чиновник объявил - "суд идёт", Илья вздрогнул и вскочил на ноги раньше всех, хотя и не знал, что нужно было встать. Один из четырёх людей, вошедших в зал, был Громов, - человек, что жил в доме против магазина Ильи. Он уселся в среднее кресло, провёл обеими руками по волосам, взъерошил их и поправил воротник, густо шитый золотом. Его лицо несколько успокоило Илью: оно было такое же румяное и благодушное, как всегда, только концы усов Громов закрутил кверху. Справа от него сидел славный старичок с маленькой седой бородкой, курносый, в очках, а слева - человек лысый, с раздвоенной рыжей бородой и жёлтым неподвижным лицом. У конторки стоял молодой судья, круглоголовый, гладко остриженный, с чёрными глазами навыкате. Все они некоторое время молчали, перебирая бумаги на столе, а Лунёв смотрел на них с уважением и ждал, что вот сейчас кто-нибудь из них встанет и скажет нечто громко, важно...

Но вдруг, повернув голову влево, Илья увидел знакомое ему толстое, блестящее, точно лаком покрытое лицо Петрухи Филимонова. Петруха сидел в первом ряду малиновых стульев, опираясь затылком о спинку стула, и спокойно поглядывал на публику. Раза два его глаза скользнули по лицу Ильи, и оба раза Лунёв ощущал в себе желание встать на ноги, сказать что-то Петрухе, или Громову, или всем людям в суде.

"Вор!.. Сына забил!.." - вспыхивало у него в голове, а в горле у себя он чувствовал что-то похожее на изжогу...

- Вы обвиняетесь в том, - ласковым голосом говорил Громов, но Илья не видел, кому Громов говорит: он смотрел в лицо Петрухи, подавленный тяжёлым недоумением, не умея примириться с тем, что Филимонов - судья...

- Скажите, подсудимый, - ленивым голосом спрашивал прокурор, потирая себе лоб, - вы говорили... лавочнику Анисимову: "Погоди! я тебе отплачу!"

Где-то вертелась форточка и взвизгивала:

- Й-у... й-у... й-у...

Среди присяжных Илья увидал ещё два знакомых лица. Выше Петрухи и сзади него сидел штукатур - подрядчик Силачев, - мужик большой, с длинными руками и маленьким, - сердитым лицом, приятель Филимонова, всегда игравший с ним в шашки. Про Силачева говорили, что однажды на работе, поссорившись с мастером, он столкнул его с лесов, - мастер похворал и помер. А в первом ряду, через человека от Петрухи, сидел Додонов, владелец большого галантерейного магазина. Илья покупал у него товар и знал, что это человек жестокий, скупой, дважды плативший по гривеннику за рубль...

- Свидетель! Когда вы увидали, что изба Анисимова горит...

- Й-у... ию-ю-ю, - ныла форточка, и в груди Лунёва тоже ныло.

- Дурак! - раздался рядом с ним тихий шёпот. Он взглянул - с ним рядом сидел чёрненький человечек, презрительно скривив губы.

- Кто? - шепнул Илья, тупо взглянув на него.

- Арестант... Имел прекрасный случай опрокинуть свидетеля, пропустил! Я бы... эх!

Илья взглянул на арестанта. Это был высокого роста мужик с угловатой головой. Лицо у него было тёмное, испуганное, он оскалил зубы, как усталая, забитая собака скалит их, прижавшись в угол, окружённая врагами, не имея силы защищаться. А Петруха, Силачев, Додонов и другие смотрели на него спокойно, сытыми глазами. Лунёву казалось, что все они думают о мужике: "Попался, - значит, виноват..."

- Скучно! - шепнул ему сосед. - Неинтересное дело... Подсудимый глуп, прокурор - мямля, свидетели - болваны, как всегда... Будь я прокурором - я бы в десять минут его скушал...

- Виноват? - шёпотом спросил Лунёв, вздрагивая от какого-то озноба.

- Едва ли... Но осудить - можно... Не умеет защищаться. Мужики вообще не умеют защищаться... Дрянь народ! Кость и мясо, - а ума, ловкости - ни капли!

- Это - верно...

- У вас есть двугривенный? - вдруг спросил человечек.

- Есть...

- Дайте мне...

Илья вынул кошелёк и дал монету раньше, чем успел сообразить - следует ли дать? А когда уже дал, то с невольным уважением подумал, искоса поглядывая на соседа: "Ловок..."

- Господа присяжные! - мягко и внушительно говорил прокурор. Взгляните на лицо этого человека, - оно красноречивее показаний свидетелей, безусловно установивших виновность подсудимого... оно не может не убедить вас в том, что пред вами стоит типичный преступник, враг законопорядка, враг общества...

"Враг общества" сидел, но, должно быть, ему неловко стало сидеть, когда про него говорили, что он стоит, - он медленно поднялся на ноги, низко опустив голову. Его руки бессильно повисли вдоль туловища, и вся серая длинная фигура изогнулась, как бы приготовляясь нырнуть в пасть правосудия...

Когда Громов объявил перерыв заседания, Илья вышел в коридор вместе с черненьким человечком. Человечек достал из кармана пиджака смятую папироску и, расправляя её пальцами, заговорил:

- Божится, дурак, не поджигал, говорит. Тут - не божись, а прямо снимай штаны да ложись... Дело строгое! Обидели лавочника...

- Виноват мужик-то, по-вашему? - задумчиво спросил Илья.

- Должно быть, виноват, потому что глуп. Умные люди виноватыми не бывают... - спокойной скороговоркой отрезал человечек, форсисто покуривая свою папироску.

- Тут, в присяжных, - тихо и с напряжением заговорил Илья, - сидят люди...

- Лавочники больше, - спокойно поправил его чёрненький. Илья взглянул на него и повторил:

- Некоторых я знаю...

- Ага!..

- Народ - аховый... ежели прямо говорить...

- Воры, - подсказал ему собеседник.

Говорил он громко. Бросив папироску, он, складывая губы трубой, густо свистал, смотрел на всех нагло, и всё в нём - каждая косточка - так ходуном и ходила от голодного беспокойства.

- Это бывает. Вообще, так называемое правосудие есть в большинстве случаев лёгонькая комедия, комедийка, - говорил он, передёргивая плечами. Сытые люди упражняются в исправлении порочных наклонностей голодных людей. В суде бываю часто, но не видал, чтобы голодные сытого судили... если же сытые сытого судят, - это они его за жадность. Дескать - не всё сразу хватай, нам оставляй.

- Говорится: сытый голодного не разумеет, - сказал Илья.

- Пустяки! - возразил ему собеседник. - Великолепно разумеет, - оттого и строг...

- Ну, если сытый да честный - ничего ещё! - вполголоса говорил Илья, а когда сытый да подлый, - как может он судить человека?

- Подлецы - самые строгие судьи, - спокойно заявил чёрненький человечек. - Ну-с, будем слушать дело о краже.

- Знакомая моя... - тихо сказал Лунёв.

- А! - воскликнул человечек, мельком взглянув на него. - Па-асмотрим вашу знакомую...

В голове Ильи всё путалось. Он хотел бы о многом спросить этого бойкого человечка, сыпавшего слова, как горох из лукошка, но в человечке было что-то неприятное и пугавшее Лунёва. В то же время неподвижная мысль о Петрухе-судье давила собою всё в нём. Она как бы железным кольцом обвилась вокруг его сердца, и всему остальному в сердце стало тесно...

Когда он подошёл к двери зала, в толпе пред нею он увидал крутой затылок и маленькие уши Павла Грачёва. Он обрадовался, дёрнул Павла за рукав пальто и широко улыбнулся в лицо ему, Павел тоже улыбнулся неохотно, с явным усилием.

Они несколько секунд стояли друг пред другом молча и, должно быть, оба почувствовали в эти секунды что-то, заставившее их заговорить обоих сразу.

- Смотреть пришёл? - спросил Павел, криво усмехаясь.

- А эта - здесь? - спросил Илья смущённо.

210

- Кто?

- Твоя Софья...

- Она не моя, - сухо ответил Павел, перебивая его речь.

Они вошли в зал.

- Садись рядом? - предложил Лунёв.

Павел замялся и ответил:

- Видишь ли... я - в компании...

- Ну... ладно...

- До свиданья!

Грачёв быстро отошёл в сторону. Илья смотрел вслед ему с таким чувством, как будто Павел крепко потёр ему рукой своей ссадину на теле. Горячая боль охватила его. И было неприятно видеть на товарище крепкое, новое пальто, видеть, что лицо Павла за эти месяцы стало здоровее, чище. На той скамье, где сидел Павел, сидела и сестра Гаврика. Вот он сказал что-то, она быстро повернула голову к Лунёву. Увидав её стремительное, подавшееся вперёд лицо, он отвернулся в сторону, и душа его ещё более плотно и густо окуталась обидой, злобой...

Привели Веру: она стояла за решёткой в сером халате до пят, в белом платочке. Золотая прядь волос лежала на её левом виске, щека была бледная, губы плотно сжаты, и левый глаз её, широко раскрытый, неподвижно и серьёзно смотрел на Громова.

- Да... да... нет, - тускло звучал её голос в ушах Ильи.

Громов смотрел на неё ласково, говорил с ней негромко, мягко, точно кот мурлыкал.

- А признаете вы, Капитанова, виновной себя в том, что в ночь... подползал к Вере его гибкий и сочный голос.

Лунёв взглянул на Павла, тот сидел согнувшись, низко опустив голову, и мял в руках шапку. Его соседка держалась прямо и смотрела так, точно она сама судила всех, - и Веру, и судей, и публику. Голова её то и дело повёртывалась из стороны в сторону, губы были брезгливо поджаты, гордые глаза блестели из-под нахмуренных бровей холодно и строго...

- Признаю, - сказала Вера. Голос её задребезжал, и звук его был похож на удар по тонкой чашке, в которой есть трещина.

Двое присяжных - Додонов и его сосед, рыжий, бритый человек, наклонив друг к другу головы, беззвучно шевелили губами, а глаза их, рассматривая девушку, улыбались. Петруха Филимонов подался всем телом вперёд, лицо у него ещё более покраснело, усы шевелились. Ещё некоторые из присяжных смотрели на Веру, и все - с особенным вниманием, - оно было понятно Лунёву и противно ему.

"Судят, а сами щупают её глазищами-то", - думал он, крепко сжимая зубы. И ему хотелось крикнуть Петрухе: "Ты, жулик! О чём думаешь?"

211

К горлу его подкатывалось что-то удушливое, тяжёлый шар, затруднявший дыхание...

- Скажите мне... э, Капитанова, - лениво двигая языком и выкатив глаза, как баран, страдающий от жары, говорил прокурор, - да-авно вы занимаетесь проституцией?

Вера провела рукой по лицу, точно этот вопрос приклеился к её покрасневшим щекам.

- Давно.

Она ответила твёрдо. В публике раздался шёпот, как будто змеи поползли. Грачёв наклонился ещё ниже, точно хотел спрятаться, и всё мял картуз.

- Как именно давно?

Вера молчала, глядя в лицо Громова широко раскрытыми глазами серьёзно, строго...

- Год? Два? Пять? - настойчиво допрашивал прокурор.

Она всё молчала. Серая, как из камня вырубленная, девушка стояла неподвижно, только концы платка на груди её вздрагивали.

- Вы имеете право не отвечать, если не хотите, - сказал Громов, поглаживая усы.

Тут вскочил адвокат, худенький человек с острой бородкой и продолговатыми глазами. Нос у него был тонкий и длинный, а затылок широкий, отчего лицо его похоже было на топор.

- Скажите, Капитанова, что заставляло вас заниматься этим ремеслом? спросил он звонко и резко.

- Ничто не заставляло, - ответила Вера, глядя на судей.

- Мм... это не совсем так!.. Видите ли... мне известно... вы рассказывали мне...

- Ничего вам не известно, - сказала Вера. Она повернула к нему голову и, строго взглянув на него, продолжала сердито, с неудовольствием в голосе: - Ничего я вам не рассказывала...

Быстро окинув публику одним взглядом, она обернулась к судьям и спросила, кивая головой на защитника:

- Можно не разговаривать с ним?

Снова в зале поползли змеи, теперь уже громче и явственнее.

Илья дрожал от напряжения и смотрел на Грачёва.

Он ждал от него чего-то, уверенно ждал. Но Павел, выглядывая из-за плеча человека, сидевшего впереди его, молчал, не шевелился. Громов, улыбаясь, говорил что-то скользкими, масляными словами... Потом, негромко и твёрдо стала говорить Вера...

- Просто - разбогатеть захотела... и взяла, вот и всё... А больше ничего не было... И всегда была такая...

Присяжные стали перешёптываться друг с другом: лица у них

212

нахмурились, и на лицах судей тоже явилось что-то недовольное. В зале стало тихо; с улицы донёсся мерный и тупой шум шагов по камням, - шли солдаты.

- В виду сознания подсудимой полагал бы... - говорил прокурор.

Илья чувствовал, что не может больше сидеть тут. Он встал, шагнул...

- Тиш-ше! - громко заметил пристав.

Тогда он снова сел и, как Павел, тоже низко наклонил голову. Он не мог видеть красное лицо Петрухи, теперь важно надутое, точно обиженное чем-то, а в неизменно ласковом Громове за благодушием судьи он чувствовал, что этот весёлый человек привык судить людей, как столяр привыкает деревяшки строгать. И в душе Ильи родилась теперь жуткая, тревожная мысль:

"Сознайся я - и меня так же вот будут... Петруха будет судить... Меня - в каторгу, а сам останется..."

Он остановился на этих думах и сидел, ни на кого не глядя, ничего не слушая.

- Н...не хочу я, чтобы говорили об этом! - раздался дрожащий, обиженный крик Веры, и она завыла, хватая руками грудь свою, сорвав с головы платок.

Мутный шум наполнил залу. Все в ней засуетилось от криков девушки, а она, как обожжённая, металась за решёткой и рыдала, надрывая душу.

Илья вскочил и бросился вперёд, но публика шла навстречу ему, и как-то незаметно для себя он очутился в коридоре.

- Обнажили душу, - услыхал он голос чёрненького человека.

Павел Грачёв, бледный и растрёпанный, стоял у стены, челюсть у него тряслась. Илья подошёл к нему и угрюмо, злыми глазами заглянул в лицо товарища.

- Что? Каково? - спросил он.

Павел взглянул на него, открыл рот и не сказал ни слова.

- Погубил человека? - продолжал Лунёв. Тогда Павел вздрогнул, будто его кнутом ударили, поднял руку, положил её на плечо Лунёва и возбуждённо заговорил:

- Разве я? Мы ещё подадим жалобу...

Илья стряхнул с плеча его руку и хотел сказать ему: "Ты! Не закричал, небойсь, что для тебя она украла?" - но вместо этого он сказал:

- А судит Филимонов Петрушка... Правильно это, а? - и усмехнулся.

Павел выпрямился, лицо его вспыхнуло, и он торопливо начал говорить что-то, но Лунёв, не слушая, отошёл прочь. Так, с усмешкой на лице, он вышел на улицу, и медленно, вплоть до вечера, как бродячая собака, он шлялся из улицы в улицу до поры, пока не почувствовал, что его тошнит от голода.

В окнах домов зажигались огни, на улицу падали широкие, жёлтые полосы света, а в них лежали тени цветов, стоявших на окнах. Лунёв остановился и, глядя на узоры этих теней, вспомнил о цветах в квартире Громова, о его жене, похожей на королеву сказки, о печальных песнях, которые не мешают смеяться... Кошка осторожными шагами, отряхивая лапки, перешла улицу.

"Пойду в трактир", - решил Илья и вышел на средину мостовой.

- Берегись! - крикнули ему. Чёрная морда лошади мелькнула у его лица и обдала его тёплым дыханием... Он прыгнул в сторону, прислушался к ругани извозчика и пошёл прочь от трактира.

"Легковой извозчик до смерти не задавит, - спокойно подумал он. - Надо поесть... Вера теперь совсем пропадёт... Тоже гордая... Про Пашку не захотела сказать... видит, что некому сказать-то... Она лучше всех... Олимпиада бы... Нет, Олимпиада тоже хорошая... а вот Танька..."

Ему вспомнилось, что именно сегодня Татьяна празднует день рождения. Сначала мысль о том, чтобы пойти к ней, показалась ему отвратительной, но почти тотчас же одно острое, жгучее чувство коснулось его сердца...

Крикнув извозчика, он поехал и через несколько минут, прищуривая глаза от света, стоял в двери столовой Автономовых, тупо улыбался и смотрел на людей, тесно сидевших вокруг стола в большой комнате.

- А-а! Явился еси!.. - воскликнул Кирик. - Конфект принёс? Подарок новорожденной, а? Что ж ты, братец мой?

- Откуда вы? - спросила хозяйка.

Кирик схватил его за рукав и повёл вокруг стола, знакомя с гостями. Лунёв пожимал чьи-то тёплые руки, а лица гостей слились в его глазах в одно длинное, улыбающееся лицо с большими зубами. Запах жареного щекотал ноздри, трескучий разговор женщин звучал в ушах, глазам было жарко, какой-то пёстрый туман застилал их. Когда он сел, то почувствовал, что у него от усталости ломит ноги и голод сосёт его внутренности. Он молча взял кусок хлеба и стал есть. Кто-то из гостей громко фыркнул, в то же время Татьяна Власьевна заметила ему:

- Вы не хотите меня поздравить? Хорош! Пришёл, не сказал ни слова, уселся и ест...

Под столом она сильно толкнула ногой его ногу и наклонила лицо над чайником, доливая его.

Тогда он положил кусок хлеба на стол, крепко потёр себе руки и громко сказал:

- А я целый день в суде просидел...

Его голос покрыл шум разговора. [Гости замолчали] Лунёв сконфузился, чувствуя их взгляды на лице своём, и тоже исподлобья оглядел их. На него смотрели недоверчиво, видимо, каждый сомневался в том, что этот широкоплечий, курчавый парень может сказать что-нибудь интересное. Неловкое молчание наступило в комнате.

Обрывки каких-то мыслей кружились в голове Ильи, - бессвязные, серые, они вдруг точно провалились куда-то, исчезая во тьме его души.

- В суде иногда очень любопытно, - кислым голосом заметила Фелицата Грызлова и, взяв коробку с мармеладом, стала ковырять в ней щипчиками.

На щеках Татьяны Власьевны вспыхнули красные пятна, а Кирик громко высморкался и сказал:

- Что ж ты, братец, замахнулся, а не бьёшь? Ну, был в суде...

"Конфужу я их", - сообразил Илья, и губы его медленно раздвинулись в улыбку. Гости снова заговорили сразу в несколько голосов.

- Я однажды слушал в суде дело об убийстве, - рассказывал молодой телеграфист, бледный, черноглазый, с маленькими усиками.

- Я ужасно люблю читать и слушать про убийства! - воскликнула Травкина.

А её муж посмотрел на всех и сказал:

- Гласный суд - благодетельное учреждение...

- Судился мой товарищ Евгениев... Он, видите ли, стоя на дежурстве у денежного ящика, шутил с мальчиком да вдруг и застрелил его...

- Ах, ужас какой! - вскричала Татьяна Власьевна.

- Наповал! - с каким-то удовольствием добавил телеграфист.

- А я однажды был свидетелем по одному делу, - заговорил Травкин своим шумящим, сухим голосом, - а по другому делу судился человек, который совершил двадцать три кражи! Недурно?

Кирик громко захохотал. Публика разделилась на две группы: одни слушали рассказ телеграфиста об убийстве мальчика, другие - скучное сообщение Травкина о человеке, совершившем двадцать три кражи. Илья наблюдал за хозяйкой, чувствуя, что в нём тихо разгорается какой-то огонёк, - он ещё ничего не освещает, но уже настойчиво жжёт сердце. С той минуты, когда Лупёв понял, что Автономовы опасаются, как бы он не сконфузил их пред гостями, его мысли становились стройнее.

Татьяна Власьевна хлопотала в другой комнате около стола, уставленного бутылками. Алая шёлковая кофточка ярким пятном рисовалась на белых обоях стены, маленькая женщина носилась по комнате подобно бабочке, на лице у неё сияла гордость домовитой хозяйки, у которой всё идёт прекрасно. Раза два Илья видел, что она ловкими, едва заметными знаками зовёт его к себе, но он не шёл к ней и чувствовал удовольствие от сознания, что это беспокоит её.

- Что, брат, сидишь, как сыч? - вдруг обратился к нему Кирик. - Говори что-нибудь... не стесняйся... здесь люди образованные, они, в случае чего, не взыщут с тебя.

- Судили сегодня, - сразу начал Илья громким голосом, - девушку одну, знакомую мне... она из гулящих, но хорошая девушка...

Он снова обратил на себя общее внимание, снова все гости уставились на него. Зубы Фелицаты Егоровны обнажились широкой и насмешливой улыбкой, телеграфист, закрыв рот рукою, начал покручивать усики, почти все старались казаться серьёзными, внимательно слушающими. Шум ножей и вилок, вдруг рассыпанных Татьяной Власьевной, отозвался в сердце Ильи громкой, боевой музыкой... Он спокойно обвёл лица гостей широко раскрытыми глазами и продолжал:

- Вы что улыбаетесь? Среди них есть очень хорошие...

- Есть-то есть, - перебил его Кирик, - только ты не того... не очень откровенно...

- Вы люди образованные, - сказал Илья, - обмолвлюсь - не взыщите!

В нём вдруг точно вспыхнул целый сноп ярких искр. Он улыбался острой улыбочкой, и сердце его замирало в живой игре слов, внезапно рождённых его умом.

- Украла эта девушка деньги у одного купца...

- Час от часу не легче, - воскликнул Кирик, комически сморщивши лицо, и уныло покачал головой.

- Сами понимаете, когда и как могла она украсть... а может, ещё и не украла, а подарок взяла...

- Танечка! - вскричал Кирик. - Иди сюда! Тут Илья такие анекдоты разводит...

Но Татьяна Власьевна уже стояла рядом с Ильей. Натянуто улыбаясь, она проговорила, пожимая плечиками:

- Что ж такое? Очень обыкновенно всё... ты знаешь таких историй сотни... барышень здесь нет... Но - это после... а пока - пожалуйте закусить, господа!

- Прошу! - закричал Кирик. - И я с вами закушу, хе-хе! Не фигурен каламбурчик, а весёленький...

- Аппетит возбуждает... - сказал Травкин и погладил себе горло.

Все отвернулись от Ильи. Он понял, что гости не желают его слушать, потому что хозяева этого не хотят, и это ещё более возбудило его. Вставши со стула и обращаясь ко всем, он продолжал:

- И вот судят эту девицу люди, которые, может, сами не раз пользовались ею... некоторые из них известны мне... Жуликами назвать их мало...

- Позвольте! - строго сказал Травкин, поднимая палец кверху. - Так нельзя-с! Это - присяжные заседатели... и я сам...

- Вот - присяжные! - воскликнул Илья. - Но могут ли они справедливы быть, ежели...

- Па-азвольте-с! Суд присяжных есть, так сказать, великая реформа,

216

введённая на всеобщую пользу императором Александром вторым-с! Как можете вы подвергать поношению учреждение государственное-с?

Он хрипел в лицо Илье, и его жирные бритые щёки вздрагивали, а глаза вращались справа налево и обратно. Все окружили их тесной толпой и стояли в дверях, охваченные приятным предчувствием скандала. Хозяйка, побледнев, тревожно дёргала гостей за рукава, восклицая:

- Господа, оставим это! Право же - неинтересно! Кирик, да попроси же...

Кирик растерянно хлопал глазами и просил:

- Пожалуйста!.. ну их к богу, реформы, проформы и всю эту философию...

- Это не философия, а по-ли-ти-ка-с! - хрипел Травкин. - Люди, рассуждающие подобным образом, именуются по-ли-ти-че-ски не-благо-надёжными-с!

Горячий вихрь охватил Илью. Любо ему было стоять против толстенького человечка с мокрыми губами на бритом лице и видеть, как он сердится. Сознание, что Автономовы сконфужены пред гостями, глубоко радовало его. Он становился всё спокойнее, стремление идти вразрез с этими людьми, говорить им дерзкие слова, злить их до бешенства, - это стремление расправлялось в нём, как стальная пружина, и поднимало его на какую-то приятно страшную высоту. Всё спокойнее и твёрже звучал его голос.

- Называйте меня, как желательно вам, - вы человек образованный, но я от своего не отступлюсь!.. Разумеет ли сытый голодного?.. Пусть голодный вор, но и сытый - вор...

- Кирик Никодимович? - захрипел Травкин. - Что такое? Это-с...

Но Татьяна Власьевна просунула свою руку под его и, увлекая за собой возмущённого человека, стала громко говорить ему:

- Любимые ваши тартинки - селёдка, яйца вкрутую и зелёный лук, растёртый со сливочным маслом...

- М-да! Это - я знаю-с! - обиженно воскликнул Травкин, громко чмокнув губами. Его жена уничтожающе посмотрела на Илью и, подхватив мужа под другую руку, сказала ему:

- Не волнуйся, Антон, из-за пустяков...

А Татьяна Власьевна продолжала успокаивать дорогого гостя:

- Стерлядки маринованные с помидорами...

- Нехорошо, молодой вы человек! - вдруг обернувши голову к Илье и упираясь ногами в пол, заговорил Травкин укоризненно и великодушно. - Надо уметь ценить... надо понимать, да-с!

- А я не понимаю! - воскликнул Илья. - Оттого и говорю... Почему Петрушка Филимонов - хозяин жизни?..

Гости проходили мимо Лунёва, стараясь не коснуться его. А Кирик подошёл вплоть к нему и сказал грубо, обиженно:

- Чёрт тебя дери, болван ты - и больше ничего.

Илья вздрогнул, у него потемнело в глазах, как от удара по голове, и, крепко сжимая кулаки, он шагнул к Автономову. Но Кирик быстро отвернулся от него, не заметив его движения, и прошёл к закуске. Илья тяжело вздохнул...

Стоя в двери, он видел спины людей, тесно стоявших у стола, слышал, как они чавкают. Алая кофточка хозяйки окрашивала всё вокруг Ильи в цвет, застилавший глаза туманом.

- Мм! - мычал Травкин. - Это удивительно вкусно... удивительно!..

- Хотите перцу? - спросила хозяйка нежным голосом.

"Я тебе задам перцу!" - с холодной злобой решил Лунёв и, высоко вскинув голову, в два шага стоял у стола. Схватив чей-то стакан вина, он протянул его Татьяне Власьевне и внятно, точно желая ударить словами, сказал ей:

- Выпьем, Танька!..

Это подействовало на всех так, как будто что-то оглушительно треснуло или огонь в комнате погас и всех сразу охватила густая тьма, - и люди замерли в этой тьме, кто как стоял. Открытые рты, с кусками пищи в них, были как гнойные раны на испуганных, недоумевающих лицах этих людей.

- Выпьем, ну! Кирик Никодимович, скажи моей любовнице, чтобы пила она со мной! Что там?.. Зачем всё втихомолку пакостничать? Будем открыто! Вот я решил - открыто чтобы...

- Негодяй! - резким, визгливым голосом крикнула женщина.

Илья видел, как она взмахнула рукой, и отбил кулаком в сторону тарелку, брошенную ею. Треск разбитой тарелки как будто ещё более оглушил гостей. Медленно, беззвучно они отодвигались в стороны, оставляя Илью лицом к лицу с Автономовыми. Кирик держал в руке какую-то рыбку за хвост и мигал глазами, бледный, жалкий и тупой. Татьяна Власьевна дрожала, грозя Илье кулаками; лицо её сделалось такого же цвета, как кофточка, и язык не выговаривал слов:

- Ты-ы... врёш-шь... врёш-шь... - шипела она, вытягивая шею к Илье.

- А хочешь - я скажу, какова ты нагая? - спокойно говорил Илья. - Сама же ты все родинки твои мне показала... Муж узнает, вру я или нет...

Раздался чей-то подавленный смех. Автономова взмахнула руками, схватила себя за шею и без звука упала на стул.

- Полицию! - крикнул телеграфист.

Кирик обернулся к нему и вдруг, наклонив голову, пошёл, как бык, на Лунёва.

Илья вытянул руку, толкнул его в лоб и сурово сказал:

- Куда? Ты сырой... я ударю тебя - свалишься... Ты - слушай!.. И вы все, тоже - слушайте... Вам правды негде услыхать.

Но, отшатнувшись от Ильи, Кирик снова нагнул голову и пошёл на него. Гости молча смотрели. Никто не двинулся с места, только Травкин, ступая на носки сапог, тихо отошёл в угол, сел там на лежанку и, сложив руки ладонями, сунул их между колен.

- Смотри, ударю! - угрюмо предупреждал Илья Кирика. - Мне обижать тебя не за что! Ты - глупый... безвредный... Я не видал худого от тебя... отойди!

Он снова оттолкнул его уже сильнее и сам отошёл к стене. Там, прислонясь спиной, он продолжал, поглядывая на всех.

- Твоя жена сама на шею мне бросилась. Она умная... Подлее её женщины на свете нет! Но и вы тоже- все подлецы. Я в суде был... научился судить...

Он так много хотел сказать, что не мог привести в порядок мыслей своих и кидал ими, как обломками камней.

- Я ведь не Таньку обличаю... Это так вышло... само собой... у меня всю жизнь всё само собой выходило!.. Я даже человека удушил нечаянно... Не хотел, а удушил. Танька! На те самые деньги, которые я у человека убитого взял, мы с тобой и торгуем...

- Он сумасшедший! - радостно крикнул Кирик и, прыгая по комнате от одного к другому, он кричал тревожно и радостно:

- Видите? Сошёл с ума!.. Ах, Илья!.. ах ты! А-ах, братец!

Илья захохотал. Ему стало ещё легче и спокойнее, когда он сказал про убийство. Он стоял, не чувствуя под собою пола, как на воздухе, и ему казалось, что он тихо поднимается всё выше. Плотный, крепкий, он выгнул грудь вперёд и высоко вскинул голову. Курчавые волосы осыпали его большой бледный лоб и виски, глаза смотрели насмешливо и зло...

Татьяна встала, пошатываясь, подошла к Фелицате Егоровне и вздрагивающим голосом говорила ей:

- Я видела давно... он давно уже... дикие глаза... страшный...

- Если сошёл с ума, нужно позвать полицию, - внушительно сказала Фелицата, присматриваясь к лицу Лунёва.

- Сошёл, сошёл! - кричал Кирик.

- Перебьёт всех ещё... - прошептал Грызлов, беспокойно оглядываясь. Они боялись выйти из комнаты.

Лунёв стоял рядом с дверью, и нужно было идти мимо него. Он всё смеялся. Ему приятно было видеть, что эти люди боятся его; он замечал, что гостям не жалко Автономовых, что они с удовольствием стали бы всю ночь слушать его издевательства, если б не боялись его.

- Я не сумасшедший, - заговорил он, сурово сдвигая брови, - только вы погодите, постойте! Я вас не пущу никуда... а броситесь на меня - бить буду... насмерть... Я сильный...

Протянув свою длинную руку с большим, крепким кулаком на конце, он потряс им в воздухе и опустил руку.

- Скажите мне - что вы за люди? Зачем живёте? Крохоборы вы... сволочь какая-то...

- Ты! - крикнул Кирик. - Молчать!..

- Сам молчи! А я поговорю... Я вот смотрю на вас, - жрёте вы, пьёте, обманываете друг друга... никого не любите... чего вам надо? Я - порядочной жизни искал, чистой... нигде её нет! Только сам испортился... Хорошему человеку нельзя с вами жить. Вы хороших людей до смерти забиваете... Я вот - злой, сильный, да и то среди вас - как слабая кошка среди крыс в тёмном погребе... Вы - везде... и судите, и рядите, и законы ставите... Гады однако вы...

В это время телеграфист отскочил от стены, как мяч, и бросился вон из комнаты, проскользнув мимо Лунёва.

- Эх! упустил одного! - сказал Илья, усмехаясь.

- За полицией! - крикнул телеграфист.

- Ну, зови! Всё равно... - сказал Илья.

Мимо него прошла Татьяна Власьевна, шатаясь, как сонная, не взглянув на него.

- Ушиб! - продолжал Лунёв, кивая на неё головой. - Она стоит того... гадина...

- Молчать! - крикнул Автономов из угла. Там он стоял на коленях и рылся в ящике комода.

- Не кричи, дурачок! - ответил ему Илья, усаживаясь на стул и скрестив руки на груди. - Что кричишь? Ведь я жил с ней, знаю её... И человека я убил... Купца Полуэктова... Помнишь, я с тобой не один раз про Полуэктова заговаривал? Это потому, что я его удушил... А ей-богу, на его деньги магазин-то открыт...

Илья оглядел комнату. У стен её молча стояли испуганные, жалкие люди. Он почувствовал в груди презрение к ним, обиделся на себя за то, что сказал им об убийстве, и крикнул:

- Вы думаете - каюсь я перед вами? Дожидайтесь. Смеюсь я над вами, вот что.

Из угла выскочил Кирик, красный, растрёпанный. Он размахивал револьвером и, дико вращая глазами, кричал:

- Теперь - не уйдёшь! Ага-а! Ты - убил?

Женщины ахнули. Травкин, сидя на лежанке, заболтал ногами и захрипел:

- Господа-а! Я больше не могу! Отпустите... Это ваше семейное дело...

Но Автономов не слышал его голоса. Он прыгал пред Ильей, совал в него револьвером и орал:

- Каторга! Мы тебе покажем!..

- Да ведь и пистолетишко-то, чай, не заряжен? - спросил его Илья, равнодушно, усталыми глазами глядя на него. - Что ты бесишься? Я не ухожу... Некуда мне идти... Каторгой грозишь? Ну... каторга, так каторга...

- Антон, Антон! - раздавался громкий шёпот жены Травкина, - иди...

- Я не могу, матушка...

Она взяла его под руку. Рядом друг с другом они прошли мимо Ильи, наклонив головы. В соседней комнате рыдала Татьяна Власьевна, взвизгивая и захлёбываясь.

В груди Лунёва как-то вдруг выросла пустота - тёмная, холодная, а в ней, как тусклый месяц на осеннем небе, встал холодный вопрос: "А дальше что?"

- Вот и вся моя жизнь оборвалась! - сказал он задумчиво и негромко.

Автономов стоял пред ним и торжествуя вскрикивал:

- Не разжалобишь!

- Да я и не пытаюсь... чёрт вас всех возьми! Я сам скорее собаку пожалею, чем вас... Вот если бы мог я... уничтожить вас... всех! Ты бы, Кирик, прочь отошёл, а то глядеть на тебя противно...

Гости тихонько выползли из комнаты, пугливо взглядывая на Илью. Он видел, как мимо него проплывают серые пятна, не возбуждая в нём ни мысли, ни чувства. Пустота в душе его росла и проглатывала всё. Он помолчал с минуту, вслушиваясь в крики Автономова, и вдруг с усмешкой предложил ему:

- Давай, Кирик, поборемся?

- Пулю в башку! - заревел Кирик.

- Да нет у тебя пули! - насмешливо возразил Лунёв и уверенно добавил: - А как бы я тебя шлёпнул!

Потом, оглянув публику, он просто, ровным голосом сказал:

- Кабы знал я, какой силой раздавить вас можно! Не знаю!..

И после этих слов он уже не говорил ничего, сидя неподвижно.

Наконец пришли двое полицейских с околоточным.

А сзади них явилась Татьяна Власьевна и, протянув к Илье руку, сказала задыхающимся голосом:

- Он сознался нам... что убил менялу Полуэктова... тогда, помните?

- Можете подтвердить? - быстро спросил околоточный.

- Что ж? Можно и подтвердить... - ответил Лунёв спокойно и устало.

Околоточный сел за стол и начал что-то писать, полицейские стояли по бокам Лунёва; он посмотрел на них и, тяжело вздохнув, опустил голову. Стало тихо, скрипело перо на бумаге, за окнами ночь воздвигла непроницаемо чёрные стены. У одного окна стоял Кирик и смотрел во тьму, вдруг он бросил револьвер в угол комнаты и сказал околоточному:

- Савельев! Дай ему по шее и отпусти, - он сумасшедший.

Околоточный взглянул на Кирика, подумал и ответил:

- Н-нельзя... эдакое заявление!

- Эх... - вздохнул Автономов.

- Добрый ты, Кирик Никодимыч! - презрительно усмехаясь, сказал Илья. Собаки вот есть такие - её бьют, а она ласкается... А может, ты не жалеешь меня, а боишься, что я на суде про жену твою говорить буду? Не бойся... этого не будет! мне и думать про неё стыдно, не то что говорить...

Автономов быстро вышел в соседнюю комнату и там шумно уселся на стул.

- Ну-с, вот, - заговорил околоточный, обращаясь к Илье, - бумажку эту можете подписать?

- Могу...

Он взял перо и, не читая бумаги, вывел на ней крупными буквами: Илья Лунёв. А когда поднял голову, то увидал, что околоточный смотрит на него с удивлением. Несколько секунд они молча разглядывали друг друга, - один заинтересованный и чем-то довольный, другой равнодушный, спокойный.

- Совесть замучила? - спросил околоточный вполголоса.

- Совести нет, - твёрдо ответил Илья.

Помолчали. Потом из соседней комнаты раздался голос Кирика:

- Он с ума сошёл...

- Пойдёмте! - предложил околоточный, передёрнув плечами. - Рук связывать вам не буду... только вы не того... не убегайте!

- Куда бежать? - кратко спросил Илья.

- Побожитесь, что не убежите... ей-богу!

Лунёв взглянул на сморщенное, сожалеющее лицо околоточного и угрюмо сказал:

- В бога не верю...

Околоточный махнул рукой.

- Идите, ребята!..

Когда ночная тьма и сырость охватили Лунёва, он глубоко вздохнул, остановился и посмотрел в небо, почти чёрное, низко опустившееся к земле, похожее на закопчённый потолок тесной и душной комнаты.

- Иди! - сказал ему полицейский.

Он пошёл... Дома стояли по бокам улицы, точно огромные камни, грязь всхлипывала под ногами, а дорога опускалась куда-то вниз, где тьма была ещё более густа... Илья споткнулся о камень и чуть не упал. В пустоте его души вздрогнула надоедливая мысль:

"А дальше что будет? Петрухин суд?"

222

И тотчас же пред ним встала картина суда, - ласковый Громов, красная рожа Петрухи Филимонова...

Пальцы его ноги болели от удара о камень. Он пошёл медленнее. В ушах его звучали бойкие слова чёрненького человечка о сытых людях: "Прекрасно разумеют, оттого и строги..."

Потом он вспомнил благодушный звук голоса Громова: "А признаёте вы себя виновным..."

А прокурор тягуче говорил: "Скажите нам, обвиняемый..."

Красная рожа Петрухи хмурилась, и толстые губы на ней двигались...

Невыразимая словами и острая, как нож, тоска впилась в сердце Ильи.

Он прыгнул вперёд и побежал изо всей силы, отталкиваясь ногами от камней. Воздух свистел в его ушах, он задыхался, махал руками, бросая своё тело всё дальше вперёд, во тьму. Сзади него тяжело топали полицейские, тонкий, тревожный свист резал воздух, и густой голос ревел:

- Держи-и!

Всё вокруг Ильи - дома, мостовая, небо - вздрагивало, прыгало, лезло на него чёрной, тяжёлой массой. Он рвался вперёд и не чувствовал усталости, окрылённый стремлением не видеть Петруху. Что-то серое, ровное выросло пред ним из тьмы и повеяло на него отчаянием. Он вспомнил, что эта улица почти под прямым углом повёртывает направо, на главную улицу города... Там люди, там схватят...

- Эх вы, ловите! - крикнул он во всю грудь и, наклонив голову вперёд, бросился ещё быстрее... Холодная, серая каменная стена встала пред ним. Удар, похожий на всплеск речной волны, раздался во тьме ночи, он прозвучал тупо, коротко и замер...

Потом ещё две тёмные фигуры скатились к стене. Они бросились на третью, упавшую у подножия стены, и скоро обе выпрямились... С горы ещё бежали люди, раздавались удары их ног, крики, пронзительный свист...

- Разбился? - задыхаясь, спросил один полицейский.

Другой зажёг спичку, присел на землю. У ног его лежала рука, пальцы её, крепко стиснутые в кулак, тихо расправлялись.

- Совсем, кажись... башка лопнула...

- Гляди - мозг...

Чёрные фигуры каких-то людей выскакивали из тьмы...

- Ах, леший... - тихо выговорил полицейский, стоявший на ногах. Его товарищ поднялся с земли и, крестясь, устало, задыхающимся голосом сказал:

- Упокой, господи... всё-таки.

www.ingramcontent.com/pod-product-compliance
Lightning Source LLC
Chambersburg PA
CBHW020554020726
47494CB00006B/2065